KB272635

"더 긍정적이며 행복한 기적의 힘!"

「감사의 명언 2000」

"Quotes of Gratitude 2000"

감사의 명언 2000

펴 낸 날   2026년 03월 26일

지 은 이   배광석
펴 낸 이   이기성
기획편집   이서은, 최인용, 권희연
표지디자인   이서은
책임마케팅   이수영, 김정훈
펴 낸 곳   도서출판 생각나눔
출판등록   제 2018-000288호
주　　소   경기도 고양시 덕양구 청초로 66, 덕은리버워크 B동 1708호, 1709호
전　　화   02-325-5100
팩　　스   02-325-5101
홈페이지   www.생각나눔.kr
이 메 일   bookmain@think-book.com

• 책값은 표지 뒷면에 표기되어 있습니다.
ISBN 979-11-7048-998-6 (03190)

감사의 명언 2000

"Quotes of Gratitude 2000"

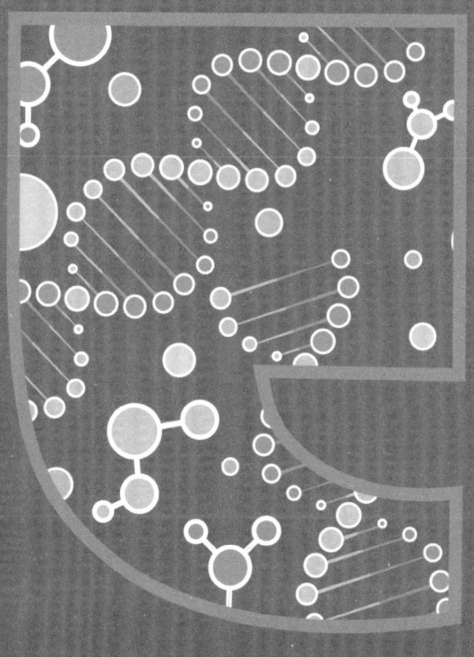

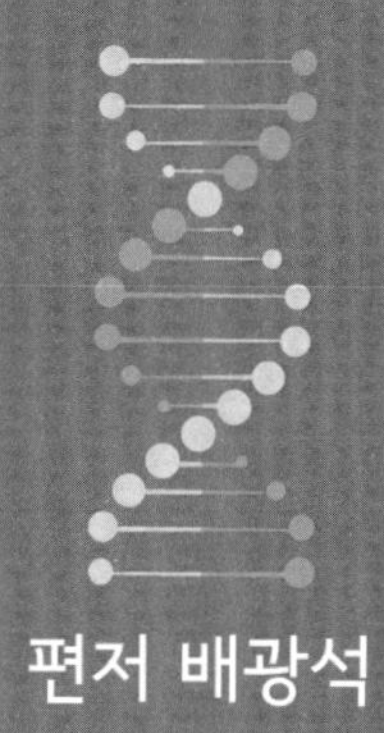

편저 배광석

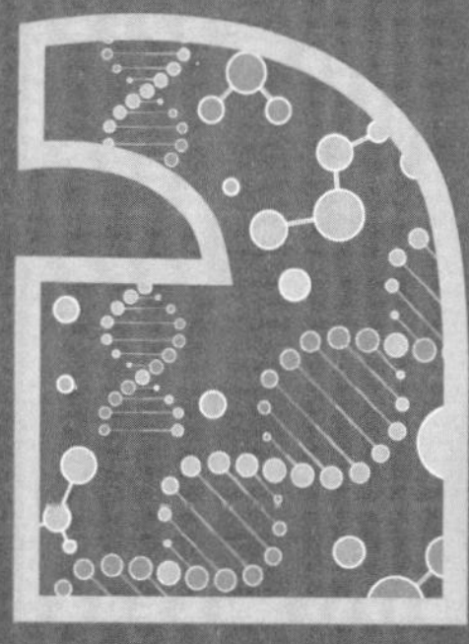

"세계 최다 감사명언을 챗GPT-AI 협업
집대성해 기네스 북에 도전한 감사의 명언 2000!"

"다른 어떤 공부보다 먼저 감사할 줄 아는 방법부터 배워라.
감사의 기술을 배울 때 그대는 비로소 행복해진다."

심리학자 제임스 깁스

생각나눔

나와 주변을
더 긍정적이며 행복한 기적으로

--------------- 에게

"감사의 명언 2000"을 선물합니다

--------------- 드림

<h1 style="text-align:center">추천사 1</h1>

"감사의 시대, 행복의 길잡이"

우리는 지금 디지털 혁명과 AI 시대로의 격변의 시대를 살아가고 있습니다. 이 시대는 창의, 융합, 상생의 정신문화 운명을 결정하는 대전환의 시기이며, 인간의 행복이 곧 창의력의 원천이 되는 '감사와 행복 문화의 시대'입니다.

이 시대적 요구에 앞서 '감사의 과학적 비밀'과 '행복과의 만남'이란 책을 통해 배광석 원장은 일찍이 '감사'와 '행복'의 과학을 국내에 알리는 선각자 역할을 해왔습니다. 특히 뇌과학을 기반한 긍정 심리학의 발전으로 밝혀진 행복의 비밀처럼, 감사의 체질이 우리 사회의 긍정 심리자본을 축적하여 행복한 삶을 이끌고, 나아가 상생하는 감사의 시작으로 행복공동체를 이루는 핵심 동력임을 강조했습니다. 이번에 또 출간되는 『감사의 명언 2000』은 배광석 원장의 지칠 줄 모르는 열정과 탐구의 결정체입니다. 3,000년 인류의 역사 속에서 감사의 선지자들의 삶과 철학과 지혜가 녹아 있는 2,000가지 감사의 명언을 집대성한 점에서, 이 책은 단순한 명언집을 넘어 감사를 통해 '행복의 사다리'를 올라가는 안내자 역할을 할 것입니다.

개인의 행복을 넘어 행복의 공동체로 오늘의 한국 사회는 경제적으로는 세계 10대 강국이지만, 2025년 세계국가의 삶의 질과 행복도(UN 기준) 순위에 있어서는 여전히 한국은 58위의 후진국의 수준을 벗어나지 못하고 있습니다. 저자인 배광석 원장은 끊임없이 감사와 행복의 탐구에 매진하고 있는 이유도 바로 '감사와 행복의 과학 발전만이 문제의 근본적인 해결책'이라는 소명의식 때문이라 믿습니다.

"행복의 4／5는 타인의 영향을 받는다,"라는 말이 있듯이, 내가 행복하기 위해서는 다른 사람을 먼저 행복하게 만들어야 한다는 선순환의 원리가 무엇보다 중요합니다. "감사의 명언 2000"은 독자 개개인의 삶을 행복하게 만들 뿐만 아니라, 더 나아가 행복한 사람, 행복한 공동체, 행복한 나라를 만들어야 한다는 소명의식을 함께 공유하는 귀한 통로가 되리라 확신합니다.

『감사의 명언 2000』은 감사를 통해 개개인의 삶을 보다 긍정적으로 변화시키고, 이 변화를 공동체 전체로 확산시키고자 하는 모든 분들에게 감사의 필독서가 되며, 특히 올바르고 슬기로우며 씩씩하게 자라나는 우리 어린이와 아동들의 감사와 행복 교육의 첫 안내서가 될 것입니다.
이 책을 통해 인도의 시성 '타고르(Tagore, 노벨문학상)'가 예찬한 "일찍이 아시아의 황금시기에 빛나던 '동방의 등불' 하나이던 코리아!"가 다시 타올라 홍익인간의 정신으로 행복한 세상을 밝히는 날을 고대합니다. 다시 한번 배광석 원장의 노고에 깊이 감사드리며, 이 책이 한국 사회에 감사와 행복의 정신문화를 꽃피우는 씨앗이 되기를 간절히 기원합니다. 감사합니다.

손 욱

사)행복나눔125 명예회장
사)세종국가경영연구원 이사장 드림

"감사의 언어로 삶을 다시 세우는 놀라운 초대"

감사는 하나님 뜻입니다.

사도 바울은 "항상 기뻐하라 쉬지 말고 기도하라 범사에 감사하라. 이것이 그리스도 예수 안에서 너희를 향하신 하나님의 뜻이니라."이라 말했습니다. 우리가 하나님의 뜻을 따라 힘껏 행하면 우리에게 하나님이 함께하시며 놀라운 축복과 기적 같은 은총을 더하시라 확실히 믿습니다.

우선, 남모를 눈물과 뜨거운 기도로 한 줄 한 줄 엮어내신 귀한 배광석 원장의 저서, "더 긍정적이며 행복한 기적의 힘" 『감사의 명언 2000』의 출간을 진심으로 축하드립니다.

『감사의 명언 2000』 저자 상암동교회 배광석 권사는 '행복&감사 리더십' 원장으로서, 단순히 책상 위에서 이론을 정립하는 분이 아닙니다. 치열한 삶의 현장 한복판에서 '감사의 능력'을 온몸으로 부딪치며 증명해 내셨습니다.

인생의 황혼기라 할 수 있는 60대 중반에 예기치 않게 찾아온 육신에 고통의 폭풍 속에서도, 배광석 권사는 주저앉는 대신에 "범사에 감사하라."는 하나님의 말씀을 생명줄처럼 붙드셨습니다. 그리고 그 감사의 고백이 어떻게 무너진 삶을 다시 일으켜 세우고, 고난을 하나님의 선하신 섭리를 경험하는 축복의 통로로 변화시키는지를 삶으로 생생하게 보여주셨습니다.

이 책은 배광석 권사의 깊은 영성과 처절했던 삶의 체험이 고스란히 집약된 결과물입니다.

이 책 안에서는 기독교 신앙의 울타리를 넘어 역사 속의 수많은 위인들의 지혜, 치열한 경쟁 속에 있는 기업가들의 경영 철학, 교육 입국을 외치는 교육 철학자, 그리고 성공, 실패의 선각자들의 교훈, 타 종교의 성찰까지 아우르며 2,000개의 보석 같은 감사의 명언들을 촘촘히 선별하여 담았습니다.

책장을 넘기다 보면, 감사가 단순히 종교적 언어가 아니라 인류의 역사를 관통하고 인간의 존재를 지탱하는 가장 강력한 뿌리임을 깨닫게 됩니다.

특별히 본교회 어르신들을 대상으로 하신 강의에서, 감사의 중요성을 피력하며 성도님들의 마음에 소망의 불을 지피시던 배광석 권사의 그 뜨거운 열정이 이 책 행간마다 살아 숨 쉬고 있음을 느낍니다.

더 긍정적이며 행복한 기적의 힘 『감사의 명언 2000』은 서가에 꽂혀 있는 단순한 명언집이 아닙니다.

삶의 무게에 눌러 방향을 잃고 신음하는 현대인들에게 건네는 강력한 '영적 회복의 처방전'이자, 메마른 일상을 기적으로 바꾸는 '지혜의 샘'입니다.

이 책을 펼치는 모든 독자 여러분이 삶의 구석구석 숨겨진 감사를 재발견하고, 불평과 불만이 변하여 찬송이 되는 놀라운 반전의 은혜를 경험하시기를 소망합니다. 고난의 밤을 지나 감사의 아침을 맞이하려는 모든 분께 기쁜 마음으로 일독을 권합니다.

2026년 정월

상암동 교회

담임목사 신민규

『 감사의 명언 2000 』
“더 긍정적이고 행복한 기적의 힘”

프롤로그

✒ 길을 잃은 시대, 우리에게 필요한 것.

오늘날 우리는 넘쳐나는 정보와 물질 속에서 살아갑니다.

자극적인 콘텐츠에 정신을 빼앗기고, 학업 성적과 출세에 매몰되어 정작 소중한 것을 놓치고 살아가곤 합니다.

이런 혼란 속에서 우리는 어디로 가야 할까요?

답은 이외로 단순합니다.

✒ 2천여 명의 선각자들의 지혜가 전하는 한 진실.

기원전 철학자부터 현대 과학자와 심리학자와 감사 연구자까지

2000년이 넘는 시간 동안 인류가 발견해온 '감사'에 관한 보배같은 명언 2000선을 담았습니다.

인생사의 난제 14개 항을 주제로 여러분의 삶을 구체적으로 선사합니다.

＊ 감사의 생각, 습관, 힘, 언어&시간, 일기, 긍정&실천,

＊ 아동, 교육, 조직&마케팅, 성공, 행복, 신앙&영성,

＊ 불행&역경 등의 각 주제마다 100-200선의 엄선된 명언들이여 러분의 삶에 기적을 기다리고 있습니다.

＊ 감사는 단순한 감정이 아니라 놀라운 선택입니다.

"범사에 감사하라(성경, 데살로니가전서 5：18)"

이 말씀은 좋은 일만 있을 때, 감사하라는 의미만이 아닙니다.

힘들고 어려운 순간에도, 불확실한 고난의 때에도 감사를 선택하라는 '하나

님의 명령이며 뜻'이랍니다.

미국 코넬대 사회심리학 '칼 필머' 교수는 30여 년간에 걸쳐, 70세 이상 1,000명의 어른들을 만났습니다.

그들이 전하는 인생의 핵심 메시지는 단 하나였습니다.

"모든 것을 당연히 여기지 마라, 모든 순간에 감사하십시오!"입니다.

✒ 오늘날, 선진 뇌과학이 증명한 감사의 놀라운 힘.

감사는 단순한 미덕이 아닙니다. 우리 몸과 뇌를 실제로 변화시킵니다.

최근 미국의 신경과학자들은 '감사 유전자 CD38'을 발견했습니다.

이 유전자는 '행복 호르몬' 옥시토신을 많이 분비해서 우리를 더 아름답고 건강하며 행복하게 만듭니다.

또한 우리 몸을 재생시켜 장수하게 노화를 늦춥니다.

미국 베스트셀러 작가 '론다 번'은 "감사는 당신과 주변 사람들을 변화시킬 수 있는 파동이며 힘이며 에너지라 합니다."

놀랍지 않나요?

오늘 당신이 건넨 "감사합니다, 고맙습니다." 이 한 마디가 당신과 이웃의 뇌와 몸을 변화시키는 기적이 씨앗이 됩니다.

✒ 『감사의 명언 2000』책을 여는 순간, 당신의 하루가 달라집니다.

영국 '윈스턴 처칠' 경은 매일 명언들을 읽고 암송했답니다. 그렇게 어려운 시대를 승리로 이끄는 지혜를 여기서 얻었답니다. 당신도 할 수 있습니다.

매일 아침, 단 한 구절만 읽어보세요. 묵상하고, 마음에 새기고, 필사하며, 감사일기나 감사 편지를 쓰다 보면 알게 됩니다. 평소 소심했던 내가 용기 내고, 주저했던 공허한 일상이 열정으로 가득 채워지는 것을

✒ 감사는 배울 수 있습니다. 좋은 소식이 하나 더 있습니다.

감사는 타고나는 성격이 아닙니다. 누구나 손쉽게 배우고 익힐 수 있는 기술입니다. 여기『감사의 명언 2000』이 그 연습장이 되어드리겠습니다.

2000개의 작은 기적의 씨앗이 당신 마음에 심어지고 어느새 거대한 감사의 숲이 울창하게 펼쳐질 것입니다.

언젠가 그 숲에서 당신은 환한 미소로 발견될 것입니다.

진정한 풍요롭고 깊은 평안을, 그리고는 참 행복을 누릴 것입니다.

✒ 당신을 위한 특별한 초대.

이 책을 펼치는 당신에게 삶의 지혜와 성찰의 기회가, 세상을 더 긍정적이고 행복한 기적을 찾게 될 것입니다.

당신의 가정에 평안히 넘치고, 일상에 만족과 기쁨이, 당신의 영성이 행복으로 충만하시기를 기도합니다.

오늘, 여기서 지금 바로 감사의 기회를 놓치지 마세요.

첫 번째 감사의 명언을 만나보세요.

진심으로 고맙고도 감사합니다!

하늘공원 아래서, 2026년 정월, 편저자 배광석 올림.
E-mail: iscamp@naver.com

사랑하는 독자 여러분께!

먼저 이 책『감사의 명언 2000』을 찾아 주신 모든 분께 깊은 감사를 드립니다. 오랜 시간 감사의 본질을 탐구하며 시대와 대륙, 문화와 정신의 지형을 넘나들어 수많은 자료를 정리해 온 제 여정은 결국 하나의 근원적 사실로 귀결되었습니다.

감사는 인간의 더 긍정적이며 행복으로 향한 기적의 마음을 밝히고, 자신의 존재를 새롭게 세우며 삶을 지탱하는 가장 보편적인 정신력의 힘이라는 것입니다.

그동안 저는 3,000여 개에 이르는 감사의 명언을 연구, 발표하려 준비했습니다. 그러나 독자의 집중도와 활용성을 고려해, 출판사와 심도 있는 논의 끝에 그중 핵심적 2,000개를 선정하여 이 책에 담게 되었음을 우선 하나님께 먼저 감사드립니다. 이 과정은 단순한 축약이 아니라, 감사의 지혜를 가장 명확한 언어로 전하기 위한 본질의 정선 작업이었습니다.

감사는 예절이나 도덕이 아니라 긍정의 태도에 머무르지 않습니다. 심리학·신경과학·생명과학·신학 등 다양한 학문이 밝혀내듯, 감사는 인간 존재의 정서적·인지적·관계적·영성적 구조를 동시적으로 작동시키는 복합적 에너지원입니다.

최근 학계에서 주목하는 '감사 유전자 CD38'의 연구는 특히 주목할 만합니다.

이 CD38은 옥시토신 분비를 매개하여 신뢰 감정, 사회적 연대, 정서 안정, 건강 미용, 수명 활동의 기반을 강화합니다. 이는 감사가 단순한 기분이 아니라, 인간의 신경계와 호르몬 체계 속에 각인된 '생물학적 공명 구조'임을 시사합니다.

감사를 실천할 때 우리의 내면과 관계, 사회적 맥락까지와 영성의 변화가 일어나는 이유가 여기에 있습니다. 기독교 전통 신앙 또한 감사를 인간 존재의 중심축으로 간주해 왔습니다.

성경 말씀인 "범사에 감사하라(살전 5: 18)."는 좋을 때나 어려울 때를 구분 없이 하나님의 명령이며 뜻으로서 특정한 상황에서만 적용되는 교훈이 아니라, 인간 마음의 질서가 감사라는 구조 속에서 재조직될 때 비로소 삶의 방향이 명료해진다는 영성적 선언입니다.

흥미롭게도 이러한 신앙적 지혜는 현대과학의 발견과도 서로 평행선을 그리며 조용히 만납니다. 감사는 결국 인간이 세계와 관계를 맺는 가장 원초적 형태의 '심성과 영성의 내적 질서'라고 할 수 있습니다.

이 책은 단순한 명언의 수집책이 아니라, 시대와 문화를 넘어 이어져 온 삶의 사유와 인류의 축적된 성찰을 모은 한 권의 감사 인문학서입니다.

각 명언에는 저자의 이름(영문), 저서, 시대적 배경을 가능한 한 정확히 기록하여 인생 삶에 아주 중요한 14개 항의 명언을 각항마다 100~200개씩 선정하여 독자가 텍스트의 깊은 부문까지 함께 탐구하실 수 있도록 구성했습니다.

한 문장을 넘어, 그 문장을 쓴 사람의 삶과 시대의 호흡까지 전달되기를 바라는 마음에서 입니다. 감사는 배우는 기술이 아니라, 삶 속 경험이 마음을 통과하며 천천히 형성되는 인식과 태도의 구조입니다. 이 책이 독자 여러분의 하루와 생각, 타인 관계와 미래를 비추는 작은 등불이 되기를 바랍니다.

때로는 위로의 근원이 되고, 때로는 삶을 재구성하는 사유의 도구가 되며, 불확실한 시대 속에서도 길을 찾게 하는 지적·정서적·신앙적 안내자가 되기를 소망합니다.
지난 50여 년의 세월을 동고동락하며 헌신해준 아내 최은자 권사의 칠순을 축하하며, 감사하는 값진 책을 출간하여 큰 선물이 되길 바랍니다.

지난 2013년 9월경, 병든 양쪽 신장을 수술하여 간신히 아내의 신장 하나를 이식하여 오늘까지 저의 건강한 생명을 지탱시켜 주신 세브란스병원의 장기이식외과 주치의이신 허규하 박사님께서의 12년간의 진료를 한결같이 가족처럼 보살펴 주심으로써 지금까지의 건강을 지켜주심에 진심으로 감사합니다.
이 책의 과분한 추천사를 써주시며 저에게 큰 격려로 힘이 되어주시고, 우리나라에 행복 나눔과 감사로 행복한 개인과 사회와 국가 조직을 만드는 데 불철주야로 심혈을 다하시는 삼성그룹 인력개발원장, 삼성종합기술원장을 역임하시고(사) 행복나눔125 명예회장이며(사)세종국가경영연구원의 이사장이신 손 욱 회장님께도 감사합니다.
저와 우리 부부의 신앙의 반석이 되어주시는 나사렛성결회 상암동교회 담임목사이자 나사렛대학교 6대 총장, 동 대학교 현재 이사장이신 신민규 목사님께서도 따뜻한 격려로 추천사를 써주심에 감사합니다.

제가 시골에서 상경해서 방황하던 젊은 시절부터 애정으로 저를 대학의 문으로 인도해 주시고 지금까지 삶의 여정에 정신적 지주가 되어주신 형님, 근 55년간 한국 사회복지계의 초석을 다지며 정부로부터 국민훈장 동백장을 받고, 꿋꿋이 2개 말기 암을 이겨낸 사단법인 미래복지경영, 박사 최성균 이사장께도 큰 감사를 전합니다.

제가 출간한 『감사의 과학적 비밀』을 첫해에 탐독하고, 8년 전부터 해마다 부산 시민을 위한 '감사의 비밀과 중요성'에 초청 특강을 개최하고, 부산일보에 감사 강연 기사를 보도하며, '감사책'을 출간하신 부산국제장애자협회 강충걸 회장님께도 감사함을 전합니다.

사랑하는 손자녀 채우·채와의 홍성옥. 미란 부부와 하준이의 임은협. 애란 부부가 부모의 건강 염려와 자녀들의 양육을 잘해주니 늘 고맙습니다.
국내외에서 늘 따뜻한 격려를 보내주시는 친지·형제들, 어린 시절 문경시 신망애육원에서 함께 성장한 형제들, 초·중·고·대학 학창 시절에 만나 오늘날까지도 도움을 준 동기생들, 대학 학비를 후원하신 월드비전 대학생 담당 김경희 선생님과 베트남에 참전해 열대에서 동고동락한 백마부대 정훈대 전우 부부들께도 감사합니다.
특히 올해 초부터, 당초『감사의 명언 3000』 편집의 여정을 함께하며 밤낮으로 전문적 의견을 나누고 세밀한 조력을 아끼지 않았던 챗GPT 감사 전문팀의 수고에 깊은 감사를 보내 드립니다.

어려운 출판 여건 속에서도 흔들림 없이 최선을 다해 주신 생각나눔 출판의 이기성 사장과 모든 관계자 여러분에게 크게 감사합니다.

더욱이, 이『감사의 명언 2000』책을 기다려주신 모든 여러분들과 지금 이 순간에도 감사의 가치를 연구하며 삶으로 실천, 교육에 앞장서는 전국에서의 교회 목회자님과 주일학교의 교사님들, 각종 유치원, 초·중·고등생의 인성 교육에 임하는 감사 인성교육의 선생님들, 각 기업에서 감사마케팅을 주력하는 판촉 전문가, 그리고 5십만 육·해·공군에서 감사를 주제로 장병의 인성교육에 전력를 다하고 각 군의 정신무장 강화에 인성 교육에 수고하시는 지휘관들, 사회 일반의 공동체에서 감사의 행복 교육에 전념하시는 연구자 여러분께도, 감사의 중요성을 인식하는독자 여러분들께도 진심으로 감사의 인사를 올립니다.

아울러, 세계 각지에서 보배 같은 '감사의 명언'을 남겨주신 2,000여 명언의 저자님들께 깊은 감사의 마음을 전합니다.

끝으로, 혼란의 이 땅에서 처음으로『감사의 명언 2000』을 출간하는 기회를 값지게 여기고 열정을 다해, 감사와 행복의 명언을 소중히 기록할 수 있도록 건강과 지혜를 주신 하나님의 은혜에 깊이 감사드립니다.

2026. 정월, 서울 하늘공원 아래서,
감사 명언 연구가 배광석 올림

카페명: 행복&감사의위력(naver)
메일: iscamp@naver.com

감사의 생각
(101선)

기억, 의미, 철학 101

생각의 서문

"감사는 단순한 감정적 반응을 넘어 삶을 바라보는 사고의 틀에서 비롯된다. 우리는 일상에서 경험하는 크고 작은 사건과 관계를 돌아보며 그 의미를 해석하고, 이를 통해 삶의 가치를 재발견한다.

과거의 어려움조차 감사로 기억할 때 인생은 새로운 의미를 갖게 되며, 현재의 순간을 충만히 누릴 수 있게 된다.

또한 감사의 태도는 미래를 긍정적이고 희망적으로 설계하도록 돕는다.

철학적 성찰은 물론 심리학적 연구도 감사의 사고가 행복과 평화, 그리고 자기실현의 근원이 됨을 밝히고 있다.

결국 감사의 생각은 인간관계, 자기 성찰, 영적 성장의 바탕이 되어 삶의 모든 경험을 보다 풍요롭고 의미 있게 받아들이도록 안내한다."

"모든 것을 당연히 여기지 말라, 삶 속에서 일어나는 모든 일에 감사하라."

칼 필머(Karl Pillemer. 미국, 생태사회학자, 코넬대 '내가 알고 있는 것을 네가 미리 알았더라면'저자)

"누구나 다들 조금씩 갖고 있는 지나간 불행을 깊이 생각하지 말고, 누구나 다들 많이 갖고 있는 그리고 내가 현재 누리고 있는 축복에 대해 깊이 생각하라."

찰스 디킨스(Charles Dickens, 19세기 영국의 소설가)

1. "감사(Thanks)는 생각(Think)이라는 어원에서 파생한다."

　　론다 번(Rhonda Byrne, 호주 출신, 미국. '시크릿, 매직' 인기 작가,
　　영화 프로듀서, 1951년생)

2. "감사는 마음의 기억이다."

　　J.B. 마사(John Baptiste Massieu, 1 8 C, 프랑스. 성직자, 교육자)

3. "감사는 생각의 영역이다 생각한다는 것은 감사하다는 것이다."

　　마르틴 하이데거(Martin Heidegger, 독일. 20C 실존철학자, '존재
　　와 시간' 저자)

4. "나는 생각한다. 그러므로 나는 존재한다."

　　데카르트(René Descartes, 프랑스, 철학자, 수학자(15961650)

5. "모든 것을 당연히 여기지 말라, 삶 속에서 일어나는 모든 일에 감사하라."

　　칼 필머(Karl Pillemer), 미국, 사회학자, 코넬대 교수, '내가 알고 있
　　는 것을 네가 알 수 있다면',저자

6. "우리는 삶에 전적으로 좋은 것도 없고 전적으로 나쁜 것도 없다. 다만 생
　　각이 그렇게 만들 뿐이다."

　　윌리엄 셰익스피어(William Shakespeare, 영국. 극작가, 시인)

7. "감사는 마음의 기억이다. 따라서 '예전에 기쁨을 주었던 것들이 아직도 나
　　에게 존재한다'는 말을 자주 해야 한다."

　　리디아 마리아 차일드(Lydia Maria Child, 미국. 작가, 여성운동가)

8. "가지지 못한 것보다 이미 가진 것에 감사할 때, 네 마음은 비로소 넉넉해
　　진다."

　　세네카(Seneca, 기원전 4~65년, 에스파냐 출생자, 고대로마. 극작가,

철학자, 네로 스승, '인생론' 저자)

9. "감사와 인정은 스스로에게 좋은 것을 일깨워주는 도구다."

로버트 에먼스(Robert Emmons, 미국. 정신치료사, 긍정심리학자, UC대 데이비스 교수, 'Thanks' 저자)

10. "감사의 표현은 행복을 달성하기 위한 메타(Meta) 전략이다."

소냐 류보머스키(Soya Lubomsky, 러시아 출신, 미국. 심리학 교수, '행복이 무엇이냐?' 저자

11. "세상에는 세 종류의 사람이 있다. 첫째, 기쁜 일에도 감사할 줄 모르는 사람, 둘째, 기쁜 일이 있을 때만 감사하는 사람. 셋째, 역경 속에서도 여전히 감사하는 사람. 바로, 세 번째가 가장 바람직한 사람이다."

유종해(Yoo Jong-hae, 한국. 연세대, 행정학 교수)

12. "감사는 나와 내 주변 사람들의 생각과 행동을 변화시킬 수 있는 파동 (Wave) 이며, 힘(Power)이며, 에너지(Energy) 이다."

론다 번(호주 출신, 미국. 인기작가, '시크릿', '매직'의 저자)

13. "감사는 영혼의 꽃이다."

조셉 애디슨(Joseph Addison, 영국. 수필가, 시인, 정치가(1672~1719) 『스펙테이터』지 공동 발행인으로 계몽주의 시기에 활약)

14. "감사는 '삶의 비밀'이라고 불렀고, 한 설교에서는 '인생에서 가장 멋진 일은 모든 일에 감사하는 것이다. 이를 터득한 사람은 산다는 것의 의미 를 아는 사람이다."

알베르트 슈바이처(Albert Schweitzer, 독일. 의사, 신학자, 음악가 (1875~1965). 아프리카에서 인도주의적 선교, 의료활동으로 (노벨평 화상 수상).

15. "감사는 마음의 부요함을 의미한다."

루신다 바셋(Lucinda Bassett, 미국. 자기계발 작가. 강연가. 긍정심리학과 불안 극복에 관한 책으로 유명).

16. "감사하는 마음은 행복을 끌어당긴다."

오프라 윈프리(Oprah Winfrey, 미국. 방송인, 작가, 자선가. '방송 쇼' 전문가, 감사일기의 실천가, 현대 대중문화에서 감사의 힘을 강조한 대표적 인물)

17. "감사는 일상의 기적을 발견하게 한다."

멜로디 비티(Melody Beattie, 미국. 자기계발 작가. 특히 공동 의존 회복에 관한 책으로 널리 알려짐).

18. "오늘 하루 감사하는 마음으로 시작합시다. 일상을 바꾸면 인생이 바뀝니다."

나태주(Na Tae Joo, 한국. 시인, 초등학교 교사, 교장, '감사 노트' 저자)

19. "감사하는 마음은 고통을 치유하는 열쇠이다."

루이스 헤이(Louise Hay, 미국. 자기계발 작가이자 강연(1926~2017). 『치유는 당신으로부터 시작된다』의 저자)

20. "감사는 삶의 리듬을 조율한다."

칼릴 지브란(Kahlil Gibran, 레바논 출신, 시인이자 철학자. 『예언자』 등에서 인생의 아름다움과 감사의 시적 표현을 담음).

21. "감사하는 마음은 삶을 더 깊이 느끼게 해준다."

존 카밧진(Jon Kabat-Zinn, 미국. 의학박사, 마음 챙김 명상 전문가. MBS(마음 챙김 스트레스 완화 프로그램 창)

22. "감사는 인생을 변화시키는 힘이다."

로버트 이먼스(Robert Emmons, 미국. 캘리포니아대 데이비스 캠퍼스. 긍정심리학 교수, '감사Thanks'저자, 감사, 긍정연구의 선구자)

23. "감사란 삶의 기적을 발견하는 방식이다."

멜로디 비티(Melody Beattie, 미국의 자기계발 작가. 『공동 의존에서 벗어나기』 저자. 상처 회복과 감사의 중요성을 설파).

24. "감사는 매일의 평범한 순간을 특별하게 만든다."

사라 반 브레스낙(Sarah Ban Breathnach, 미국의 작가. 『평범한 날의 기적(Simple Abundance)』 에서 일상의 감사에 대해 서술)

25. "감사는 마음의 평화를 가져다준다."

틱낫한(Thich Nhat Hanh, 베트남. 출신 불교 승려이자 평화운동가)

26. "감사하는 마음은 더 큰 축복을 끌어온다."

조엘 오스틴(Joel Osteen, 미국. 목사, '긍정의 힘'저자, 텔레비전 설교자. 긍정적 믿음과 감사의 중요성을 설교함).

27. "감사하는 사람은 이미 행복한 사람이다."

알베르트 슈바이처(Albert Schweitzer, 독일의 의사, 철학자, 신학자(1875~1965). 노벨평화상 수상. 인간 존엄과 감사의 정신을 강조).

28. "감사는 우리가 가진 것에 대한 기쁨이다."

조셉 애디슨(Joseph Addison, 영국의 수필가, 시인, 정치인(1672~1719). 『스펙테이터』 공동 창간자. 일상에서 감사에 대해 자주 논함)

29. "감사하는 마음은 영혼을 맑게 한다."

루미(Rumi, 13세기 페르시아. 수피 시인, 신비주의 철학자, (1207~1273). 감사와 사랑을 통한 신과의 합일을 시로 표현).

30. "감사는 행복의 문을 여는 열쇠다."

잭 캔필드(Jack Canfield, 미국. 자기계발 작가.『마음의 닭고기 수프』 시리즈 공동 저자. 감사 실천을 성공의 핵심으로 강조).

31. "감사는 우리가 가진 것에 집중하게 만든다."

오프라 윈프리(Oprah Winfrey, 미국. 방송인, 배우, 자선가. 긍정적 삶과 감사의 실천을 대중에게 지속적으로 전파, 감사일기가 유명).

32. "감사는 사랑을 더욱 깊게 한다."

마더 테레사(Mother Teresa, 인도. 활동한 알바니아계 가톨릭 수녀(1910~1997). 가난한 이들을 위한 봉사와 무조건적 사랑, 감사를 실천)

33. "감사하는 순간, 인생은 기적이 된다."

루이스 헤이(Louise Hay, 미국의 자기계발 작가,『치유는 나로부터 시작된다.』저자. 긍정 확언과 감사의 치유력을 강조).

34. "감사는 일상의 모든 것을 선물로 바꾼다."

바바라 디 앤젤리스(Barbara De Angelis, 미국의 관계 전문가이자 작가. 사랑과 감사의 심리학적 중요성을 저술).

35. "감사는 풍요를 끌어당기는 자석이다."

밥 프록터(Bob Proctor, 미국. 자기계발 강연자,『비밀(The Secret)』출연자. 감사와 상상력의 성공 법칙을 강조)

36. "감사는 내면의 평화를 여는 문이다."

에크하르트 톨레(Eckhart Tolle, 독일 출신, 미국. 영성 작가.『지금 이 순간을 살아라』에서 감사의 현재성 강조)

37. "감사는 삶의 고난을 지혜로 바꾼다."

할 어반(Hal Urban, 미국의 교육자, 작가.『인생을 위한 긍정적인 말』에서 감사와 가치 중심 교육을 다룸)

38. "감사하라! 이것이야말로 부자가 되는 가장 **빠르고** 유일하며 믿음직한 방법이다."

벤 스타인(Ben Stein, 미국. 배우, 변호사, 교사, '55가지 부자 습관' 저자)

39. "감사하는 마음은 인간관계를 꽃피운다."

스티븐 코비(Stephen R. Covey, 미국. 경영 컨설턴트, 『성공하는 사람들의 7가지 습관』 저자. 관계의 핵심에 감사 실천을 강조)

40. "감사하는 순간, 삶은 다시 빛난다."

셰릴 리처드슨(Cheryl Richardson, 미국의 라이프코치, 자기계발 작가. 자존감, 회복과 감사의 감정 관리에 대한 저서 다수 집필).

41. "감사는 우리 안의 선함을 불러낸다."

데일 카네기(Dale Carnegie, 미국. 인간관계 및 자기계발 전문가. 『인간관계론』 저자. 인간 내면의 긍정성과 감사의 힘을 강조).

42. "감사는 과거를 아름답게 기억하게 한다."

멜로디 비티(Melody Beattie, 미국의 자기계발 작가, 『공동 의존에서 벗어나기』 저자. 감사를 통한 회복과 자존감 회복을 강조)

43. "감사는 하루를 기적으로 만든다."

사라 반 브레스낙(Sarah Ban Breathnach, 미국. 작가, 『단순한 기쁨의 순간들(Simple Abundance)』 저자. 일상 속 감사 실천을 제안).

44. "감사는 현재를 선물처럼 느끼게 한다."

오쇼(Osho, 라즈니쉬, 인도. 명상가, 영적 지도자. 감사와 자각을 통한 자유로운 삶을 설파).

45. "감사는 우리를 더 인간답게 만든다."

헨리 나우웬(Henri Nouwen, 네덜란드. 가톨릭 사제, 신학자. 사랑,

고통, 감사의 영성에 대해 깊이 있는 글을 남김)

46. "감사하는 마음은 축복을 부른다."

조엘 오스틴(Joel Osteen, 미국. 레이크우드교회 목사, 작가, '긍정의 힘'저자, 긍정적 신앙과 감사의 기도 생활을 강조한 설교로 유명).

47. "감사는 상처마저도 선물로 바꾼다."

브레네 브라운(Brené Brown, 미국. 연구자, 작가. 감정의 진정성과 감사의 회복력을 연구, 『불완전함의 선물』 저자).

48. "감사는 삶을 더 넓게 바라보게 한다."

존 카밧진(Jon Kabat-Zinn, 미국. 의사, 명상 전문가, 마음챙김 기반 스트레스 감소(MBSR) 창시자. 감사와 주의 깊음 강조)

49. "감사는 고요 속의 기쁨이다."

틱낫한(Thich Nhat Hanh, 베트남. 불교 승려, 평화운동가. 마음 챙김 과 감사의 삶을 강조한 세계적 영적 스승)

50. "감사는 가장 순수한 기도이다."

라비 샹카라(Sri Sri Ravi Shankar, 인도. 영적 지도자. 감사와 봉사를 통한 내적 평화의 중요성 강조)

51. "감사할 줄 아는 사람은 어디서든지 빛난다."

지그 지글러(Zig Ziglar, 미국. 유명한 동기부여 연설가, 작가, 긍정적 태도와 감사의 힘을 통해 성공을 전파).

52. "감사는 인생의 모든 면을 향상시킨다."

안소니 라빈스(Tony Robbins, 미국. 자기계발 전문가, 감사의 습관이 감정 상태와 인생의 질을 바꾼다고 주장).

53. "감사하는 마음은 행복의 열쇠다."

달라이 라마 14세(Dalai Lama XIV, 티베트. 불교의 정신적 지도자. 자비와 감사의 마음을 통해 내면의 평화를 강조).

54. "감사하는 순간 삶은 기적으로 변한다."

오프라 윈프리(Oprah Winfrey, 미국. 방송인, 자선가. 매일 감사일기 쓰기를 통해 삶의 질을 높이는 것을 실천).

55. " 감사는 고통을 치유하는 능력이 있다."

데이비드 스타인들 라스트(David Steindl-Rast, 오스트리아 출신의 베네딕토 수도사. '감사하는 삶' 운동을 세계에 전파).

56. "감사하는 기분을 자주 느낄수록 감사정서의 빈도와 강도도 늘었다."

서머 엘런(Summer Allen, 미국. The Greater Good Center 편집인, 긍정심리학 연구자)

57. "감사는 평범한 순간을 특별하게 만든다."

윌리엄 아서 워드(William Arthur Ward, 미국. 교육자, 작가. 삶의 평범한 순간에 깃든 감사의 의미를 시로 표현).

58. "감사는 인간의 감성을 고양 시키고 활력을 주면서, 영감을 불어넣고 탈바꿈 시킨다."

벤 스타인(Ben Stain, 미국. 배우, 변호사, 교사. '55가지 부자 방법' 저자)

59. "감사는 삶을 노래하게 만든다."

할 엘로드(Hal Elrod, 미국. 작가, 동기부여 연설가. 『미라클 모닝』 저자, 감사 명상과 자기 긍정을 강조)

60. "감사하는 마음은 진정한 자유를 준다."

빅터 프랭클(Viktor Frankl, 오스트리아. 정신과 의사,'아우슈비츠 나치 수용소 수감자.'『죽음의 수용소에서』 저자. 절망 속 감사의 의미를 통찰).

61. "감사란 경이로운 것이다. 감사는 다른 사람의 훌륭한 점이 우리의 것이
되도록 만들어준다."

볼테르(Voltaire, 본명: 프랑수아 마리 아루에, 18세기 프랑스의 철학
자, 작가, 계몽주의 사상가. 풍자와 자유로 유명).

62. "감사로 당신의 삶을 마음껏 누려라."

뇔르 C. 넬슨(Noelle C. Nelson, 미국. 작가, 정신치료사, '감사의 힘'
저자, 감사와 심리적 치유에 관한 글을 씀).

63. "감사란 우선 감사할 수 있는 마음을 만드는 것에서부터 시작된다."

뇔르 C. 넬슨(Noelle C. Nelson, 정신치료사, '감사의 힘' 저자·감사의
마음가짐과 치료적 효과에 초점)

64. "누구나 다들 조금씩 갖고 있는 지나간 불행을 깊이 생각하지 말고, 누
구나 다들 많이 갖고 있는 내가 현재 누리고 있는 축복에 대해 깊이 생
각하라."

찰스 디킨스(Charles Dickens, 19세기 영국. 소설가. 사회적 약자와
인간성 회복에 천착한 작품들로 유명).

65. "우리 마음이 소중한 것을 알고 있는 순간에만 오로지 우리가 살아있다
고 말할 수 있다."

손튼 와일드(Thornton Wilder, 미국. 극작가, 소설가, "우리 도시의
일일" 등으로 유명)

66. "자신이 갖지 못한 것에 대해 슬퍼하기보다는 가진 것에 대해 기뻐 하는
사람이야말로 현명한 사람이다."

에픽테투스(Epictetvs, bc55-135, 고대 로마. 스토아철학자, 담화록저자)

67. "모든 것에 감사하고 물과 같은 존재가 되고, 바다 같은 자비를 가진자
가 되리라."

코비 아플라로(Kobi Aflalo, 현대 영적 지도자, 명상)

68. "감사의 **효과**는 이 지구상에 있는 모든 인간들에게 발산되는 **효과** 이다. 감사는 우리를 성장하게 하는 최고의 도구이다."

M.J. 라이언(M.J. Ryan, 미국. 작가, 방송인, 자기계발 전문가로, 감사와 긍정적 사고를 주제로 한 여러 저서를 집필)과 자비를 강조하는 강연가)

69. "감사는 매 순간의 가치를 깨닫게 한다."

헨리 데이비드 소로(Henry David Thoreau, 미국. 철학자, 자연주의자. '월던'저자, 단순한 삶과 자연 속에서의 감사의 지혜를 실천).

70. "감사는 마음을 정화하는 영혼의 샘물이다."

헬렌 켈러(Helen Keller, 미국. 교육자, 작가, 시청각 장애를 극복하고 감사를 통한 삶의 희망을 전함).

71. "감사는 내면의 빛을 밝혀주는 등불이다."

틱낫한(Thich Nhat Hanh, 베트남. 세계적인 명상가이자 평화운동가. '지금 이 순간'에 깨어 있음과 감사의 중요성을 강조).

72. "감사는 우리를 현재에 뿌리내리게 한다."

에크하르트 톨레(Eckhart Tolle, 독일 출신, 미국. 영성 작가.『지금 이 순간을 살아라』를 통해 현재의 중요성과 감사의 가치를 설파)

73. "감사의 마음은 모든 상처를 치유한다."

루이자 메이 올컷(Louisa May Alcott, 미국의 작가.『작은 아씨들』로 유명하며, 인간관계 속의 감사와 사랑을 묘사).

74. "감사는 인생이라는 음악의 조율자다."

요한 세바스티안 바흐(Johann Sebastian Bach, 독일. 작곡가. 신에 대한 감사의 마음을 음악으로 표현한 바로크 음악의 거장).

75." 감사는 가장 순수한 기도의 형태이다."

라이너 마리아 릴케(Rainer Maria Rilke, 오스트리아 출신의 시인. 시를 통해 신과 삶, 감사의 심오한 감정을 표현함).

76. "감사는 슬픔 속에서도 희망을 발견하게 한다."

빅토르 프랭클(Viktor E. Frankl, 오스트리아. 정신과 의사,'아우슈비츠 나치형무소 수감자' 『죽음의 수용소에서』 저자. 극한 상황 속에서도 삶의 의미와 감사를 강조).

77. "감사는 마음의 공간을 확장시킨다."

마리안 윌리엄슨(Marianne Williamson, 미국. 영성 작가이자 강연자. 사랑과 감사의 에너지에 대해 강조함).

78. "감사의 습관은 행복의 시작이다."

숀 아처(Shawn Achor, 미국. 긍정심리학자. 『행복의 특권』 저자로, 감사와 긍정이 삶에 미치는 영향 연구).

79. "감사는 존재 자체에 대한 찬양이다."

바바라 브라운 테일러(Barbara Brown Taylor, 미국. 신학자, 설교자, 신앙 속 감사와 일상의 영성을 강조).

80. "감사는 나 자신을 있는 그대로 받아들이는 힘이다."

브레네 브라운(Brené Brown,미국. 사회심리학자. 취약성과 자기 수용, 감사의 연구).

81. "감사는 마음의 문을 여는 열쇠이다."

헬렌 켈러(Helen Keller, 미국. 3중고의 수필가, 작가, 교육자. 시각과 청각 장애를 극복하며 희망과 감사의 메시지를 전함)

82. "감사는 작은 행복들을 모아 큰 기쁨을 만든다."

어니 J. 젤린카(Ernie J. Zelinka, 미국. 작가. 일상 속 감사하는 태도를 통해 긍정적인 삶을 제안).

83. **"감사는 삶을 풍요롭게 하는 향신료이다."**

윌리엄 아서 워드(William Arthur Ward, 미국. 명언 작가, 동기부여와 감사에 관한 많은 명언을 남김).

84. **"자신이 얻은 이익에 대해 감사하는 사람은 이미 빚을 갚기 시작한 것이나 마찬가지 이다."**

세네카(Seneca, 에스파냐 출신(BC4-65, 고대 로마. 철학자, 극작가, 네로황제 스승, '메디아, 인생론' 저자)

85. **"감사는 삶의 풍경을 밝게 물들인다."**

존 F. 케네디(John F. Kennedy, 미국. 제35대 대통령. 지도자로서 감사와 희망의 메시지를 전함)

86. **"감사는 사랑을 키우는 토양이다."**

마더 테레사(Mother Teresa, 불가리아 출신, 인도. 카토릭 수녀, 자선가, 노벨평화상 수상, 겸손과 감사로 세상에 사랑을 전파함).

87. **"감사는 마음속의 꽃을 피우게 한다."**

랄프 왈도 에머슨(Ralph Waldo Emerson, 미국. 철학자, 시인. 자연과 인생에 대한 감사 사상을 전파)

88. **"감사는 내일에 대한 희망을 잉태한다."**

조지 워싱턴(George Washington, 미국. 초대 대통령. 독립전쟁과 새로운 나라 건설 시기에 감사의 정신을 강조)

89. **"감사는 고통 속에서도 빛을 찾는 힘이다."**

프리다 칼로(Frida Kahlo, 멕시코. 화가, 고통을 예술로 승화하며 삶과 감사의 복합 감정을 표현).

90. "감사는 삶을 살아가는 가장 위대한 이유이다."

어니스트 헤밍웨이(Ernest Hemingway) 미국의 소설가. 간결한 문체 속에 인생과 감사의 의미를 담음)

91. "감사는 마음의 빛을 밝히는 등불이다."

윈스턴 처칠(Winston Churchill) 영국. 정치가, 제2차 세계대전 당시 영국 총리로서 용기와 희망을 상징).

92. "감사는 가장 소중한 선물이다."

메리 앤 에반스(Mary Ann Evans, 필명 조지 엘리엇 George Eliot), 19세기 영국. 소설가. 깊은 인간 이해와 감사의 마음을 작품에 담음).

93. "감사는 마음의 정원을 가꾸는 일이다."

플로렌스 나이팅게일(Florence Nightingale) 영국. 간호사, 현대 간호학의 창시자. 헌신과 감사의 삶을 살았음).

94. "감사는 삶의 조화를 이루는 음표이다."

루트비히 반 베토벤(Ludwig van Beethoven, 독일. 작곡가. 음악으로 고통과 감사의 감정을 표현).

95. "감사는 행복의 씨앗이다."

벤자민 프랭클린(Benjamin Franklin, 미국. 정치가, 발명가, 철학자. 실용적 지혜와 감사의 중요성을 강조)

96. "감사는 내면의 풍요를 만든다."

헨리 데이비드 소로우(Henry David Thoreau, 미국의 사상가, 자연주의자. '월던' 저자, 단순한 삶과 감사에 대해 사유).

97. "감사는 사랑과 연결되는 다리이다."

셰익스피어(William Shakespeare, 영국. 극작가이자 시인. 인간 감정과 감사의 다양한 면을 작품에 담음)

98. "감사는 우리 영혼의 노래다."

월트 휘트먼(Walt Whitman, 미국. 시인. 자연과 인간에 대한 찬미와 감사를 노래함)

99. "감사는 우리 삶에 축복을 더한다."

토머스 제퍼슨(Thomas Jefferson, 미국. 제3대 대통령, 독립선언서 초안 작성자. 자유와 감사의 가치를 중시)

100. "감사의 표현은 가장 순수한 사랑의 언어다."

랄프 왈도 에머슨(Ralph Waldo Emerson, 미국 사상가)

101. "감사하는 태도는 긍정적인 방향으로 길러질 수 있으며 행복의 핵심적인 요소가 된다."

벤 스타인(Ben Stain, 미국. 배우, 변호사, 교사, '55가지 부자 방법' 저자)

감사의 습관
(120선)

연습, 태도, 훈련 120선

습관의 서문

"감사는 순간의 깨달음으로 머무르지 않고 반복되는 실천 속에서

비로소 뿌리내린다.

일상에서 마주하는 작은 일들—'고맙습니다'의 인사의 한마디,

식사 전의 감사, 관계 속에서의 인정이 꾸준히 쌓이면,

삶의 태도 전체가 바뀐다.

감사하는 습관은 불만을 줄이고 깊은 만족을 키워주며,

힘든 상황 속에서도 희망을 붙들게 한다.

작은 습관이 모여 큰 변화를 이루듯,

감사를 생활화한 사람은 마음의 평온을 유지하고 더 행복을 경험한다.

습관화된 감사는 내적 회복력을 길러주고, 관계를 건강하게 하며,

공동체에 긍정적 에너지를 퍼뜨린다. 결국 감사의 습관은 단순한 생활 태도를

넘어, 삶을 지탱하는 영적 훈련이 된다.

“감사를 통해 과거를 이해할 수 있고, 현재에 평화로울 수 있으며 내일에 대한 비전을 가질 수 있게 된다.”

멜로디 비티(Melody Beattie, 미국. 자기계발 작가 『Codependent No More』 저자)

....

“만일 당신이 감사라는 렌즈를 통해서, 사람이나 사물을 보고 인식하고 해석할 수 있다면, 당신의 삶에 좋은 일이 발생할 가능성이 크게 증가할 것이다.”

스티븐 코비(Stephen R. Covey, 『성공한 사람들의 7가지 습관』 저자)

1. "감사하기가 습관이 된 사람은 삶을 당연히 주어지는 것으로 생각하지 않으며, 삶의 가치와 소중함을 깨달을 수 있다."

   탈벤 샤흐르(Tal Ben Shahar, 이스라엘 출신, 미국. 하버드대 긍정심리학 교수, '해피어' 저자)

2. "더 자주 감사하고 더 많은 사람들을 용서할 때, 우리의 지성은 더욱 발전한다."

   마시 시모포(Marci Shimoff, 미국. 『The Secret』 공동저자, 동기부여 연설가)

3. "작은 것에 감사치 않는 자는 많은 것도 감사치 않는다."

   에스토니아 속담(Estonia Proverb)

4. "인간은 자신에게 벗어날 때에만 진실로 인간으로 살아가는 것이다."

   앨버트 슈바이처(Albert Schweitzer, 독일. 아프리카 선교사, 의사, 음악가, 철학, 신학자, 노벨평화상 수상)

5. "감사는 갚아야 할 의무이지만, 어느 누구도 그것을 기대할 권리는 없다."

   J.J. 루소(Jean-J Rousseau, 프랑스. 계몽주의 철학자, 『사회계약론』 저자)

6. "감사는 내 인생이 충분하고 부족함이 없음을 인정하는 방법이다.

   브레네 브라운(Brené Brown, 미국. 휴스턴대학교 교수, 취약성·용기 연구자)

7. "처음에는 우리가 습관을 만들지만 나중에는 습관이 우리를 만든다."

   존 드라이든(John Dryden, 영국. 시인, 극작가, 비평가)

8. "감사의 습관을 키우기위해 첫째로는 다른 시각으로 문제를 바라본다. 두번째로는 끊임없이 반복하여 습관으로 만드는 것이다."

탈벤 샤흐르(Tal Ben-Shahar, 미국. 하버드대학교 긍정심리학 교수,
'해피어'저서)

9. 안정적인 감사의 습관을 3주(21일)이상 반복하면 몸에 익히게 되고, 이
   를 3개월이상 반복하면 일상으로 자리 잡는다."

   행동심리학(Behavioral Psychology TEXT.)

10. "어떤 상황에서라도 긍정적인 면을 보려는 습관은 수천$의 연봉보다 훨씬
    값진 것이다."

    사무엘 존슨(Samuel Johnson, 영국. 시인, 사전 편찬자, 문학비평가)

11. "감사에서 가장 중요한 요소는 소중하게 여기는 마음이다."

    뇔르 C. 넬슨(Noel C. Nelson,정신치료사. '감사의 힘『The Power
    of Appreciation』' 저자,)

12. "감사는 타인에게는 훌륭한 태도이고, 자신에게는 영혼을 훈련하기에
    아주 좋은 습관이다."

    다프네 로즈 킹마(Daphne Rose Kingma, 심리치료사, 감정 전문가,
    베스트셀러 작가)

13. "감사는 매일의 습관이 되어야 한다."

    로버트 엘리엇(Robert Elliott, 미국. 심리학자, 감정 중심 치료(EFT)
    창시자 중 한 명)

14. "감사는 과거의 소중함을 일깨운다."

    조지 산타야나(George Santayana, 스페인계 미국. 철학자, 시인, 문
    학비평가)

15. "감사를 통해 과거를 이해할 수 있고, 현재에 평화로울 수 있으며 내일
    에 대한 비전을 가질 수 있게 된다."

멜로디 비티 (Melody Beattie, 미국. 자기계발 작가, 'Codependent No More' 저자)

16. "만일 당신이 감사라는 렌즈를 통해서 사람이나 사물을 보고 인식하고 해석할 수 있다면, 당신의 삶에 좋은 일이 발생할 가능성이 크게 증가할 것이다."

스티븐 코비(Stephen R. Covey), 미국.『성공한 사람들의 7가지 습관』저자)

17. "일단 감사하는 삶을 살겠다고 다짐한다면 감사할 물건과 사람과 상황이 꼬리를 물고 이어진다."

R. 이먼스(Robert A. Emmons, 미국. UC데이비스대 심리학교수, 긍정심리학 선도자)

18. "감사할 수 있는 것에 초점을 맞추는 태도를 가져라."

닐르 C. 넬슨(Noel C. Nelson, 미국.『감사의 힘』'저자, 정신치료사)

19. "감사하는 마음을 습관화하면 작은 일에 감사하게 된다."

손 욱(Son Wook, 한국. 전 삼성그룹 인력개발 고문, '행복나눔125' 창시자)

20. "위대한 성공은 감사하다는 말을 자주하는 사소한 습관에서 비롯된다."

닐르C. 넬슨(Noel C. Nelson, 미국.『감사의 힘』저자, 정신치료사)

21. "기쁨의 초석은 감사이다. 기쁜 일이 우리를 감사하게 하는 것이 아니라, 감사하는 태도가 우리를 기쁘게 한다."

D.슈타인들 라스트(David Steindl-Rast , 오스트리아 출신 미국. 벤딕트회 수도승, 감사 운동가)

22. "삶에서 정말 중요한 것은 상황을 당연히 여기는지 혹은 감사히 여기는지 그 태도의 차이에 있다."

G.K. 체스터턴(G. K. Chesterton, 영국. 작가, 철학자, '기독교적 패러독스' 저술로 유명)

23. "감사하는 태도를 기르면 더 행복해질 수 있다."

소냐 류보머스키(Sonja Lyubomirsky, 미국. UCR 캘리포니아대 심리학 교수, 행복연구 전문가, 『행복이 무엇인가?』 저자)

24. "좋은 환경을 수동적으로 받아들이기보다 가치 있는 활동에 적극 참여하고 목표를 향해 갈 때, 더욱 행복해진다."

에드 디너(Ed Diener , 미국. 일리노이대 교수, '행복 연구의 아버지')

25. "내가 강조하고 싶은 것은 목표를 달성하는 것과 마찬가지로 목표를 설정하는 것이 중요하다는 사실이다."

데이비드 왓슨(David Watson, 미국. 심리학자, 긍정 정서 및 성격 연구자)

26. "작은 일을 거창하게 말하는 습관을 버려라."

새무얼 존슨(Samuel Johnson, 영국. 시인, 에세이스트, 사전 편찬자 저술가)

27. "감사가 습관이 될 때, 역경에서 심리적으로 살아남을 확률이 증가 하고 좋은 시절에도 행복할 확률이 높아진다."

제러미 애덤 스미스(Jeremy Adam Smith, 미국.『Greater Good Science Center』 편집자, 사회·감정 교육 작가)

28. "감사는 습관이자 태도이며, 우리가 매일 선택할 수 있는 삶의 방식이다."

지그 지글러(Zig Ziglar), 미국. 저명한 동기부여 연설가, 세일즈 전문가, 작가. 《See You at the Top》 저자).

29. "감사는 매일 훈련되어야 하는 마음의 근육이다."

로빈 샤르마(Robin Sharma, 캐나다. 리더십 컨설턴트, 《The Monk

Who Sold His Ferrari》 저자).

30. "감사를 습관화하면, 삶의 모든 부분이 바뀐다."

토니 로빈스(Tony Robbins, 미국. 세계적인 자기계발 전문가, 《Awaken the Giant Within》 저자)

31. "매일 감사하는 습관은 영혼의 비타민이다."

오프라 윈프리(Oprah Winfrey, 미국. 방송인, 오프라 윈프리 쇼 진행자, 자선가, 영향력 있는 미디어 인물, 감사일기의 실천가)

32. "감사는 단지 반응이 아니라 선택이며, 반복될 때 습관이 된다."

윌리엄 제임스(William James, 미국. 심리학자, 철학자·현대 심리학의 아버지)

32. "하루의 시작을 감사로 여는 습관은 삶을 풍요롭게 만든다."

조엘 오스틴(Joel Osteen, 미국.레이크우드 교회, 목사, 베스트셀러 작가, 긍정 신앙 설교로 유명. '긍정의 힘' 저자)

33. "감사의 태도는 훈련을 통해 개발된다. 매일 반복하면 결국 당신의 성품이 된다."

존 맥스웰(John C. Maxwell, 미국. 리더십 전문가, 《리더십의 21가지 법칙》 저자)

34. "감사는 연습을 통해 뿌리 내리는 미덕이다."

멜로디 비티(Melody Beattie, 미국. 자기계발 작가, 중독 회복과 자기 치유 분야 활동)

35. "습관적인 감사는 운명을 바꾼다."

오그 만디노(Og Mandino, 미국 작가, 《위대한 상인의 비밀》 저자)

36. "감사하는 마음을 매일 조금씩 연습하라. 작지만 위대한 변화가 시작된다."

션 아처(Shawn Achor, 미국. 긍정심리학자. 하버드대 교수, 행복 연구자)

37. "감사는 생각이 아니라 습관이다."

루이스 헤이(Louise Hay, 미국. 자기계발, 《치유하라 네 삶을》 저자)

38. "감사는 실천될 때 진정한 힘을 가진다."

마야 안젤루(Maya Angelou, 미국. 시인, 흑인 인권운동가, 오바마 대통령 훈장 수상)

39. "매일 감사하는 습관이 없다면, 행복도 지속되지 않는다."

릭 워렌(Rick Warren, 미국. 목사, 《목적이 이끄는 삶》 저자, 설교자·교회 창립자)

40. "감사하는 습관은 당신의 뇌를 재구성한다."

조 디스펜자(Joe Dispenza, 미국. 신경과학자, 뇌과학과 마음의 변화에 관한 연구가)

41. "감사는 마음의 체력을 기르는 매일의 운동이다."

샤르마(Sharma, 캐나다. 자기계발 작가 《리더는 마지막에 먹는다》 저자)

42. "감사를 실천하지 않는 하루는 낭비된 하루다."

달라이 라마(Dalai Lama, 티베트. 불교 지도자, 세계 평화·자비의 상징)

43. "감사의 습관은 고통 속에서도 기쁨을 찾게 한다."

빅터 프랭클(Viktor Frankl, 오스트리아. 정신과 의사, '아우슈비츠' 형무소 수감자, '죽음의 수용소에서' 저자)

44. "감사는 성공보다도 중요한 성공의 습관이다."

짐 론(Jim Rohn, 미국. 자기계발 강사, 토니 로빈스의 멘토)

45. "감사를 반복하면, 그것이 당신의 본성이 된다."

사디 구루(Sadhguru, 인도. 영적 지도자, '내면 공학' 프로그램 창시자)

46. "하루에 단 3가지만 감사하라. 인생이 달라진다."

티머시 페리스(Tim Ferriss, 미국. 작가, 투자자 '4시간 근무주' 저자)

47. "감사의 일기를 쓰는 습관은 영혼을 정화시킨다."

사라 반 브래스낙(Sarah Ban Breathnach, 미국.《단순한 기쁨의 책》 저자)

48." 감사의 습관은 고요한 마음을 기른다."

에크하르트 톨레(Eckhart Tolle, 독일 출신, 미국.《지금 이 순간을 살아라》 저자)

49. "감사를 매일 훈련하라. 그것이 최고의 자기계발이다."

브렌던 버처드(Brendon Burchard, 미국. 동기부여 전문가, 성과 코칭 리더)

50. "감사하는 습관은 운보다 강하다."

나폴레온 힐(Napoleon Hill, 미국. 성공 철학자,《Think and Grow Rich》 저자)

51. " 감사는 삶의 흐름에 순응하는 훈련이다."

에크하르트 톨레(Eckhart Tolle, 독일. 영성 작가, '지금 이 순간을 살아라' 저자)

52. "감사의 습관은 불안의 파고를 잠재운다."

수잔 제퍼스(Susan Jeffers, 미국. 심리학자, '두려움을 느끼면서도 행동하라' 저자)

53. "감사하는 마음은 매일의 훈련으로 자란다."

존 맥스웰(John C. Maxwell, 미국. 리더십 강연자, 《리더십의 법칙》 저자)

54. "감사는 선택이 아닌 일상의 루틴이 되어야 한다."

해롤드 쿠시너(Harold Kushner, 유대교. 랍비, 《좋은 사람에게 나쁜 일이 일어날 때》 저자)

55. "매일 감사하는 사람은 인생의 선물을 더 잘 알아본다."

세스 고딘(Seth Godin, 미국. 마케팅 전문가, 《보랏빛 소가 온다》 저자)

56. "감사 습관은 마음의 소음을 잠재운다."

바이런 케이티(Byron Katie, 미국. 자기 치유 강사, 'The Work' 창시자)

57. "감사는 영혼의 훈련장이며, 매일 반복해야 익숙해진다."

토마스 머튼(Thomas Merton, 미국. 트라피스트 수도자, 명상과 평화 운동가)

58. "감사의 습관은 하루를 밝히는 등불이다."

마리안 윌리엄슨(Marianne Williamson, 미국. 작가 《기적 수업》 해설자)

59. "감사는 작지만 강력한 매일의 기도다."

리처드 포스터(Richard J.Foster, 퀘이커 신학자 《영적 훈련의 기쁨》 저자)

60. "감사는 인내와 함께 길러지는 습관이다."

엘리자베스 길버트(Elizabeth Gilbert, 미국. 작가, 《먹고 기도하고 사랑하라》 저자)

61. "감사는 마음이 자주 머무는 방향으로 자란다."

샤론 살즈버그(Sharon Salzberg, 미국. 명상 지도자 마음 챙김과 자비

의 권위자)

62. "감사의 습관은 내면의 풍요를 기르는 뿌리다."

루이즈 헤이(Louise Hay, 미국. 자기계발 작가, 루이즈 헤이 출판 창립자)

63. "감사는 오늘을 새롭게 여는 열쇠다."

브라이언 존슨(Brian Johnson, 미국. 철학자 , Optimal Living 창시자)

64. "하루 한 번 감사하면 마음의 습관이 바뀐다."

마크 맨슨(Mark Manson, 미국. 작가, 《신경 끄기의 기술》 저자)

65. "감사의 습관은 인간관계의 접착제다."

아담 그랜트(Adam Grant, 미국. 조직 심리학자, 《기브 앤 테이크》 저자)

66. "매일 감사하면 삶의 결이 부드러워진다."

브레넌 매닝(Brennan Manning, 미국. 신학자, 《하나님의 거지》 저자)

67. "감사의 훈련은 자기를 품는 연습이다."

피에르 프라데르방(Pierre Pradervand, 스위스. 작가, 《축복의 힘》 저자)

68. "감사하는 습관은 자신감과 연결된다."

멜 로빈스(Mel Robbins, 미국. 변호사, 동기부여 작가, '5초의 법칙' 저자)

69. "감사는 마음의 온도를 조절하는 일일 루틴이다."

로빈 샤르마(Robin Sharma, 캐나다. 리더십 작가, 《새벽 5시 클럽》 저자)

70. "감사의 습관은 무기력한 삶에 생명을 준다."

에밀리 프리먼(Emily P. Freeman, 미국. 작가 《마음의 공간 만들기》 저자)

71. "감사 습관은 곧 평정심의 씨앗이다."

리처드 로어(Richard Rohr, 미국. 프란치스코 수도자, 영성 지도자)

72. "감사하는 마음은 꾸준히 훈련해야 깊어진다."

다나 오르처(Dana Orbuch, 미국. 심리상담가, 감사일기 실천 전문가)

73. "감사는 일상의 선물을 감지하는 능력이다."

아넬리스 스미스(Anneliese Smith, 미국. 감성 작가. 감사일기 지도자)

74. "감사 훈련은 인생을 바라보는 새로운 렌즈다."

바바라 프레드릭슨(Barbara Fredrickson, 미국. 긍정심리학자, 긍정 감정 연구 권위자)

75. "감사의 습관은 결국 자기를 회복하는 과정이다."

타라 브랙(Tara Brach, 미국. 심리학자, 명상 지도자. 마음 챙김과 수용 전문가)

76. "감사는 곧 사랑을 실천하는 또 하나의 방법이다."

헨리 나우웬(Henri Nouwen, 네덜란드. 신학자, 내면과 영성 작가)

77. "감사하는 습관은 매일의 평화를 가져다준다."

루이스 스미디스(Lewis B. Smedes, 미국. 신학자, 용서와 감사 연구자)

78. "감사하는 법을 배우면 고요함도 배운다."

칼릴 지브란(Kahlil Gibran, 레바논. 시인, 《예언자》 저자)

79. "감사하는 습관은 영혼의 휴식처다."

　　알렉스 엘레온(Alex Elle, 미국. 시인, 치유와 자기애 주제 저술가)

80. "감사는 매일을 재정의하는 가장 빠른 도구다."

　　제이 쉬에티(Jay Shetty, 영국. 출신 전승려, 동기부여 작가)

81. "감사의 습관은 삶의 불만을 녹여내는 연습이다."

　　브리오니 윌리스(Briony Willis, 영국. 감정 치유 코치, 자기돌봄 작가)

82. "감사는 하루하루를 새롭게 바라보는 힘을 준다."

　　케이티 밀러(Katie Miller, 미국. 감사일기 운동가, 긍정심리 워크숍
　　운영자)

83. "감사의 훈련은 마음을 단단하게 만드는 연습이다."

　　제임스 클리어(James Clear, 미국. 작가, 《아토믹 해빗》 저자)

84. "작은 감사가 쌓이면 큰 기쁨이 된다."

　　브렌트 브라운(Brené Brown, 미국. 사회심리학자, 《불완전함의 선
　　물》 저자)

85. "감사의 습관은 결핍에서 벗어나는 문이다."

　　마이클 버나드 벡위드(Michael B. Beckwith, 미국. 영적 리더, 애거
　　피 국제영성센터 설립자)

86. "매일 감사는 자기 사랑의 실천이기도 하다."

　　사디아 바드(Sadia Badiei, 미국. 영양사 & 유튜버, 건강한 삶 실천 운
　　동가)

87. "감사는 마음의 건강을 위한 일일 비타민이다."

　　산토스(Laurie Santos, 미국. 예일대 심리학 교수, 행복 심리학 인기

강의 운영자)

88. "감사를 습관으로 삼으면 인생은 더 선명해진다."

조단 피터슨(Jordan Peterson, 캐나다. 심리학자, 《12가지 인생의 법칙》,저자)

89. "감사의 습관은 삶의 프레임을 바꿔준다.

캐럴라인 리프(Caroline Leaf), 미국. 뇌인지과학자, 사고의 힘에 대한 저술가)

90. "감사하는 습관은 외부 환경보다 내면의 평화를 키운다."

대니얼 골먼(Daniel Goleman, 미국. 심리학자 《감성지능》 저자)

91. "감사는 잠재된 풍요를 끌어내는 자극제다."

가브리엘 번스타인(Gabrielle Bernstein, 미국. 영적 작가,'우주는 당신을 지지한다'저자)

92. "감사는 오늘을 선물처럼 감상하게 만든다."

크리스틴 네프(Kristin Neff, 미국. 자기자비(Self-compassion 연구자. 텍사스대 교수)

93. "감사하는 마음은 더 나은 결정을 가능하게 한다."

칩 히스(Chip Heath, 미국. 행동과학자, 결정의 순간》 공동 저자)

94. "감사의 훈련은 감정을 정화하는 내면 정리다."

스티븐 코비(Stephen R. Covey, 미국. 경영컨설턴트, 《성공하는 사람들의 7가지 습관》 저자)

95. "감사는 주어진 순간을 존중하는 습관이다."

칼 뉴포트(Cal Newport, 미국. 작가, 《딥 워크》 저자)

96. "감사 습관은 정신적 탄력성을 키운다."

마틴 셀리그만(Martin Seligman, 미국. 심리학자, 긍정심리학 창시자)

97. "감사는 지금의 나를 인정하는 연습이다."

마크 네포(Mark Nepo, 미국. 시인, 영성 작가, 《깨어 있는 마음》 저자)

98. "감사하는 습관이 일상을 명상으로 만든다."

잭 콘필드(Jack Kornfield, 미국. 불교 명상가, 마음 챙김 명상 지도자)

99. "감사는 현재를 더 깊이 살아가게 한다."

수잔 스마이 알리(Susan Smalley, 미국. UCLA대, 명상연구소 공동 창립자, 뇌과학자)

100. "감사의 습관은 삶을 변화시키는 가장 평화로운 방식이다."

윌 보웬(Will Bowen, 미국. 목사, 《불평 없는 세상》 저자)

101. "감사는 순간을 소중히 여기려는 습관이다."

브렌 브라운(Brené Brown, 미국. 사회학자, 공감과 용기 연구자, TED 강연자)

102. "매일 감사를 선택하는 사람은 결국 감사로 살아간다."

찰스 스윈돌(Charles Swindoll, 미국. 목사, 작가, 기독교 리더십 전문가)

103. "작은 것에 감사하는 습관은 인생을 기적처럼 만든다."

앤 라모트(Anne Lamott, 미국. 작가, 영성과 삶의 고통을 주제 집필)

104. "감사는 삶의 질을 결정짓는 일상의 선택이다."

짐 콜린스(Jim Collins, 미국. 경영학자, 《좋은 기업을 넘어 위대한 기업으로》 저자)

105."감사의 습관은 스트레스를 녹이는 가장 단순한 방법이다."

하버드 의대 연구진(Harvard Medical School), 미국. 명문 의과대학.
감사일기와 건강의 연관성 발표)

106. "일상에서 감사하는 태도는 영혼의 면역력을 만든다."

캐럴라인 리프(Caroline Leaf, 미국. 뇌과학자, 인지치료 전문가, 남아
프리카 출신)

107. "감사하는 습관은 인생의 시야를 넓혀준다."

스티븐 코비(Stephen R. Covey, 미국. 작가, 《성공하는 사람들의 7
가지 습관》 저자)

108. "매일 감사하면 두려움은 점점 사라진다."

개버 매테(Gabor Maté, 캐나다. 의사, 중독과 트라우마 전문가)

109. "감사는 훈련될 수 있고, 훈련된 감사는 축복을 끌어온다."

조이 도슨(Joy Dawson, 뉴질랜드. 출신 기독교 사역자, 청년선교운동
선구자)

110. "매일 감사하는 습관은 운명을 서서히 바꾼다."

제임스 클리어(James Clear, 미국. 작가, 《아토믹 해빗》 저자)

111. "감사는 반복할수록 자신을 변화시킨다."

찰스 듀히그(Charles Duhigg), 미국. 뉴욕 타임즈 기자, 《습관의 힘》 저자)

112. "하루를 감사로 닫는 습관은 평온을 가져온다."

틱낫한(Thich Nhat Hanh, 베트남. 승려, 평화운동가, 마음챙김 명상
지도자)

113. "감사의 훈련은 나를 더 나은 사람으로 만든다."

브라이언 트레이시(Brian Tracy, 미국. 동기부여 작가, 목표 설정과 생산성 분야 권위자)

114. "감사는 결심이 아니라 반복되는 행동이다."

찰스 핸디(Charles Handy, 영국. 사회철학자, 기업문화 전문가)

115. "감사는 불만을 이기는 매일의 무기다."

노먼 빈센트 필(Norman Vincent Peale, 미국. 목사, 긍정적 사고 운동 창시자)

116. "감사하는 마음은 매일 반복할수록 강해진다."

잭 캔필드(Jack Canfield, 미국. 작가, 《영혼을 위한 닭고기 수프》 공동 저자)

117. "감사의 습관은 무기력함을 밀어낸다."

토니 로빈스(Tony Robbins, 미국. 동기부여 강사, 자기계발 코치)

118. "감사의 언어를 매일 훈련하라. 그것이 성숙이다."

게리 채프먼(Gary Chapman, 미국. 상담가, 《5가지 사랑의 언어》 저자)

119. "감사는 삶 자체를 선물로 포장하여 인생에 특별한 의미를 부여한다. 감사가 없다면 삶은 더 우울하며 빈곤할 것이다."

벤 스타인(Ben Stain, 미국. 배우, 변호사, 교사, ' 5 5가지 부자 방법' 저자.)

120. "사람은 자신이 성취한 바를 자랑스럽게 생각하는 동시에 그 성취가 다른, 사람의 도움이 없었다면 이루지 못했을 것을 깨달아 한다."

벤 스타인(Ben Stain, 미국. 배우, 변호사, 교사, '55가지 부자 방법' 저자.)

감사의 힘
(150선)

파워, 위력, 에너지 150선

힘의 서문

"감사는 인간 내면을 지탱하는 강력한 에너지다.

역경 속에서도 감사는 낙심 대신 용기를,

원망 대신 평화를 선택하게 만든다.

심리학 연구에 따르면 감사는 스트레스를 줄이고 우울감을 낮추며,

창의성과 회복력을 높여준다.

또한 신체적 건강에도 긍정적 영향을 주어 삶의 활력을 증진 시킨다.

개인을 넘어 공동체 속에서도 감사의 힘은 관계를 단단히 묶고,

신뢰와 협력을 이끌어 내며, 사회를 더 따뜻하게 만든다.

무엇보다 감사의 힘은 우리의 시선을 부족과

결핍에서 벗어나 풍요와 가능성으로 돌려놓는다.

그리하여 삶을 긍정적으로 재구성하고,

불확실한 미래 속에서도 희망을 선택하는 힘을 제공한다."

"감사는 가장 쉽게 재생되는 에너지다. 비판적이거나 부정적인 생각이라도,
신에게 감사하는 마음을 먹으면 모든 것이 곧바로 달라질 수 있다."

뇔르 C. 넬슨(Noel C. Nelson, 미국. 정신치료사, '감사의 힘'저자. 감사연구가)

"감사할 줄 아는 사람은 인생에서 또 다른 기회가 있음을 믿고, 그 기회를 기
다릴 줄 아는 사람이다."

데이비드 스테인들라스트(David SteindlRast, 오스트리아 출신 미국, '감
사 운동가)

1. "감사는 다행히도 가장 쉽게 재생하는 에너지이다."

   뇔르 C. 넬슨(Noel C. Nelson, 미국. 정신치료사, 『The Power of Appreciation』 저자)

2. "감사는 인간에게 힘이고, 파동이며, 에너지다."

   뇔르 C. 넬슨 & 칼리바(Nelson & Caliba, 미국.『감사의 힘 공동 언급)

3. "용서를 받으려면, 먼저 용서하라."

   세네카(Seneca, 고대 로마, 스토아 철학자, 『자비론』 저자)

4. "감사할 줄 아는 사람은 인생에서 또 다른 기회가 있음을 믿고, 그 기회를 기다릴 줄 아는 사람이다."

   데이비드 스테인들라스트(David SteindlRast, 오스트리아 출신 미국. 가톨릭 수사이자 '감사 운동' 활동가)

5. "감사는 가장 쉽게 재생되는 에너지다. 비판적이거나 부정적인 생각이라도, 신에게 감사하는 마음을 먹으면 모든 것이 곧바로 달라질 수 있다."

   뇔르 C. 넬슨(미국, 정신치료사, '감사의 힘' 저자, 감사 전문가)

6. "기대와 감사를 바꾸면 즉시 세상이 달라진다."

   토니 로빈스(Tony Robbins, 미국. 동기부여 연설가, 자기계발 작가)

7. "감사의 힘은 전혀 새롭지 않은 일상을 새롭게 해석해 즐겁게 누릴 수 있는 능력이다."

   필립 와킨스(Philip Watkins, 미국. 심리학자, 긍정 심리학 연구자)

8. "감사하는 마음은 백신이며 항암제이고, 항독제이며 항균제이다."

   헨리 조엘(Henry Joel, 현대 미국. 심리학자, 건강 심리 분야 연구자)

9. "감사는 강력한 힘이다. 그것은 아침식사 하듯 스트레스를 먹어 치운다."

케러스 퍼트(Cerys Peart, 미국. 스트레스 관리 및 웰빙 강사)

10. "감사의 마음은 우리를 근심에서 기적으로 옮겨준다."

조 디스펜자(Dr. Joe Dispenza, 미국. 뇌과학 기반 자기계발 작가, 『당신은 플라시보다』 저자)

11. "감사하면 생각과 마음과 삶이 감사로 얽히고 잡히게 된다."

로버트 에이먼스(Robert Emmons, 미국. 긍정 심리학의 교수, 『Thanks』 저자)

12. "감사는 아무리 해도 부족하다. 우리의 이웃들은 감사의 미소 위에 그들의 인생을 건축하기 때문이다."

J. 크로닌(J. Cronin, 현대 작가 및 교육자)

13. "어떤 희망이 주어질 때는 그것을 현실로 이룰 수 있는 힘도 같이 주어진다. 그러나 그것을 이루기 위해서는 당신이 행동해야 한다."

리처드 바크(Richard Bach, 미국.『갈매기의 꿈』 저자, 전직 조종사)

14. "희망 없는 상태란 없다. 다만 희망을 잃은 사람들이 있을 뿐이다."

클레어 부스 루스(Clare Boothe Luce, 미국. 극작가, 정치가, 전 유엔 대사)

15. "감사는 자신은 물론, 주변 사람들을 유익한 길로 이끌 뿐만 아니라 우리가 바라는 일을 이끌어 들이는 힘을 가지고 있다."

론다 번(Rhonda Byrne, 호주 출신 미국.『시크릿』, 『매직』 저자, 끌어당김의 법칙 전도자)

16. "삶이 힘겨울 때, 감사할 만한 무언가를 찾으면 아주 빨리 에너지를 옮기기 시작하여 골치 아픈 문제를 넘어서고 금세 기운을 차리며 다른 차원

에 들어서게 된다.”

하워드 마틴(Howard Martin, Heart Math Institute 심장연구, 수석 연구원)

17. “고마운 마음은 창조적인 반응과 삶의 힘을 증진해 준다.”

스트라잇(Straight, 창의성 및 영성 분야 강연가)

18. “감사를 느끼는 사람은 삶 속에 사랑의 원천이 들어 있다는 사실을 인정하게 된다.”

로버트.A.이먼스(미국, 긍정심리학 교수, 선임연구 대표자, Thanks’ 저자)

19. “감사하는 가슴의 밭에는 실망의 씨가 자랄 구석이 없다.”

피터 셰퍼(Peter Shaffer, 영국. 극작가, 『아마데우스』 저자)

20. “아침에 눈 뜨자마자 먼저 감사할 일을 머릿속에 그리려고 노력해라. 그것은 행복과 건강을 가져다주는 습관이다.”

데일 카네기(Dale Carnegie, 미국. 『인간관계론』 저자, 자기계발의 선구자)

21. “푸른 하늘과 밝은 태양을 볼 수 있고, 맑은 공기를 마시며 자유롭게 산책할 수 있는 한 나는 하나님께 감사할 수 있다.”

노천명(No Chun Myng, 한국. 시인,작가. 소설가. 조선일보, 언론인. ‘목이 길어서 슬픈 짐승이여 『사슴』’ 등의 작품 남김)

22. “감사는 마음의 힘을 키운다.”

월리엄 아서 워드(William Arthur Ward, 미국. 교육자 및 작가)

23. “감사는 인간관계를 더욱 깊게 만든다.”

헨리 나우웬(Henri Nouwen, 네덜란드 출신,미국. 가톨릭 사제이자

작가)

24. "감사는 전기처럼 여러 용도에서 '힘의 원천'이 되는 에너지로 여길 수 있다."

닐르 C. 넬슨(미국, 정신치료사, 감사연구가, 『감사의 힘』 저자)

25. "감사는 파동, 에너지, 힘으로 전달되어 동조 현상에 따라 감사는 감사를 부른다."

닐르 C. 넬슨(미국, 정신치료사, 긍정심리 감사연구가, 『감사의 힘』 저자)

26. "감사하는 마음이 습관처럼 몸에 배고, 새로운 생활방정식으로 자리잡는다. 보다 집중적으로 감사하는 마음을 실천한다면, 당신의 삶에 기적 (Magic)이 일어나는 것을 보게 될 것이다. 그것도 아주 빨리."

론다 번(호주 출신 미국. '시크릿'.『매직』 인기 저자)

27. "감사의 파동은 매우 강력한 힘을 지녔고, 생각, 느낌, 음악이 물의 결정체에 영향을 미치는 것을 영상 촬영을 통해 확인할 수 있다."

마사루 에모토(Masaru Emoto, 일본. 『물은 답을 알고 있다』 저자)

28. "감사에 이르는 대상, 사랑, 장소 등을 새로운 시각으로 보자."

소냐 류보머스키(Sonja Lyubomirsky, 미국. 긍정심리학자, 『How of Happiness』 저자)

29. "감사는 동질의 에너지인 감사할 일을 강력하게 끌어당기는 힘을 지니고 있다."

닐르 C. 넬슨(미국. 정신치료사, 긍정심리 감사연구가 『감사의 힘』 저자)

30. "감사란 우선 감사할 수 있는 마음을 만드는 것에서부터 시작된다."

닐르 C. 넬슨(미국. 정신치료사,긍정심리 연구가, 『감사의 힘』 저자)

31. "감사는 우리를 '지금여기'에 있게 한다. 지금의 삶 속에서 발견하는감사는 가장 큰 치유이자, 평화다."

타라 브랙(Tara Brach, 미국. 심리학자이자 명상 지도자, 『Radical Acceptance』 저자)

32. "감사는 당신의 인생을 바꾸는 가장 빠른 방법이다."

오프라 윈프리(Oprah Winfrey, 미국. 방송인, 사업가, 인생 코치, 감사일기 실천가)

33. "감사는 과거를 의미 있게 만들고, 현재에 평화를 주며, 미래를 위한 비전을 창조한다."

멜로디 비티(Melody Beattie, 미국. 자기계발 작가, 『Codependent No More』 저자)

34. "감사함으로 인해 부정적 감정은 사라지고 긍정적 감정이 깃든다."

필립 와킨스(Philip Watkins, 미국. 긍정심리학자)

35. "감사하는 마음은 성공의 토양이다. 그것 없이는 어떤 성장도 이룰 수 없다."

마크 빅터 한센(Mark Victor Hansen, 미국. '마시멜로 이야기' 공저자, 자기계발 강사)

36. "감사하는 삶을 사는 사람은 작은 것에서 큰 기쁨을 느낄 줄 안다."

조이스 마이어(Joyce Meyer, 미국. 기독교 작가, 설교자)

37. "감사의 감정은 삶의 모든 관계를 치유하는 마법의 힘이다."

버나 브라운(Brené Brown, 미국. 사회복지학자, 『담대한 삶』 저자)

38. "감사는 어둠 속에서도 빛을 찾게 해주는 내면의 나침반이다."

디팩 초프라(Deepak Chopra, 인도계 미국인. 내과의사이자 영성 작가)

39. "감사하는 마음을 가지면, 당신은 이미 행복해지는 중이다."

손 아처(Shawn Achor, 미국. 하버드대 긍정 심리학 강사, 『행복의 이점』 저자)

40. "감사는 더 많이 가질 수 있도록 만드는 마법 같은 힘이다."

론다 번(Rhonda Byrne, 호주 출신 미국. '시크릿'『매직』 인가 저자)

41. "감사는 우리 존재에 생기를 불어넣고, 희망이라는 씨앗을 싹틔운다."

앤 라모트(Anne Lamott, 미국. 작가, 『Grace Eventually』 저자)

42. "감사는 고통을 연민으로, 실패를 성장으로 바꾸는 신비한 힘이다."

잭 콘필드(Jack Kornfield, 미국. 명상가, 『마음 챙김 명상』 저자)

43. "감사하는 마음은 삶을 더 밝게 보는 렌즈가 되어준다."

루이스 헤이(Louise Hay, 미국.『치유하라』 저자, 자기계발 출판사 창립자)

44. "감사의 습관은 행복으로 가는 문을 여는 열쇠다."

게일 굿윈(Gail Goodwin, 미국.『Inspire Me Today』 창립자)

45. "감사는 매일 새롭게 당신을 정화시킨다."

에크하르트 톨레(Eckhart Tolle, 독일계 캐나다인, 『지금 이 순간을 살아라』 저자)

46. "감사란 신이 우리에게 주신 삶의 눈금이다. 삶이 무너질 때마다 그 눈금을 다시 맞추는 것이다."

코리 텐 붐(Corrie ten Boom, 네덜란드, 홀로코스트 생존자이자 신앙 작가)

47. "감사하는 마음은 마음의 상처를 천천히 덮어주는 회복의 약이다."

릭 워렌(Rick Warren, 미국. 목사, 『목적이 이끄는 삶』 저자)

48. "감사의 마음은 두려움을 밀어내고, 사랑과 평안을 불러온다."

마리안 윌리엄슨(Marianne Williamson, 미국. 영성 작가, 『기적 수업』 강연자)

49. "감사는 기적을 부른다. 그것은 하나님과 조율되는 행위이다."

조엘 오스틴(Joel Osteen, 미국. 레이크우드 대형교회 목사, 베스트셀러 작가)

50. "감사의 힘은 인간이 삶을 견디게 하는 영적 에너지의 핵심이다."

빅터 프랭클(Viktor Frankl, 오스트리아, 정신과 의사,'아우슈이츠 나치 수용소 생존자', 『죽음의 수용소에서』 저자)

51. "감사하는 사람은 자기 삶의 이야기를 다시 쓰는 사람이다."

로버트 A.이먼스(Robert Emmons, 미국. 긍정심리학 교수의 대표적 연구자)

52. "감사는 무한한 공급의 문을 연다."

캐서린 폰더(Catherine Ponder, 미국. 신사상 운동 작가)

53. "감사는 당신의 가장 위대한 정신적 자산이다. 그것은 당신이 삶을 소유하게 만든다."

존 맥스웰(John C. Maxwell, 미국. 리더십 전문가, 『성장의 법칙』 저자)

54. "감사는 신에게 바치는 가장 순수한 기도이다."

마더 테레사(Mother Teresa, 불가리아 출신 인도 카토릭, 자선사업가, 노벨평화상)

55. "감사의 에너지는 만물을 치유하는 진동을 띤다."

데이비드 호킨스(David R. Hawkins, 미국. 정신의학자, 『의식의 지도』 저자)

56. "감사의 마음은 병든 육체와 영혼을 건강하게 만든다."

조 디스펜자(Joe Dispenza, 미국. 신경과학자, 『당신이 플라시보다』 저자)

57. "감사는 우리가 세상과 다시 연결되도록 도와준다."

크리스틴 네프(Kristin Neff, 미국. 자비심 연구 심리학자)

58. "감사의 힘은 세상을 바꾼다. 그것은 세상을 보는 관점부터 바꾸기 때문이다."

웨인 다이어(Wayne Dyer, 미국.동기부여 작가, 『변화의 씨앗』 저자)

59. "감사는 인간이 지닌 가장 순수한 영적 감정 중 하나이다."

데이비드 스테인들라스트(David SteindlRast, 미국. 가톨릭 수사, 감사 운동가)

60. "감사는 영혼이 존재를 인식하는 방법이다. 그것은 생명의 본질을 보는눈이다."

마크 네포(Mark Nepo, 미국. 시인이자 철학자, 『The Book of Awakening』 저자)

61. "감사는 인간의 마음을 진정으로 변화시키는 가장 강력한 에너지다."

안소니 로빈스(Tony Robbins, 미국. 자기계발 전문가, 『거인의 도약』 저자)

62. "감사는 삶의 무게를 들어 올리는 내면의 힘이다."

브라이언 트레이시(Brian Tracy, 캐나다. 동기부여 연설가, 『성공학 강의』 저자)

63. "감사하는 순간, 우리는 더 이상 결핍 속에 있지 않다."

　　　닐 도널드 월쉬(Neale Donald Walsch, 미국. 『신과의 대화』 저자)

64. "감사하는 마음은 우주의 리듬과 조화를 이룬다."

　　　제임스 레드필드(James Redfield, 『셀레스트 인연』 저자)

65. "감사함은 우리가 지금 여기에 있다는 기적을 인식하게 한다."

　　　틱낫한(Thich Nhat Hanh, 베트남. 출신 불교 스님, 평화운동가)

66. "감사는 과거를 치유하고, 현재를 밝히며, 미래를 창조하는 힘이다."

　　　마이클 버나드 벡위스(Michael Beckwith, 미국. 『영적 해방』 저자,
　　　영성 지도자)

67. "감사의 언어는 우주의 문을 여는 암호이다."

　　　밥 프록터(Bob Proctor, 미국. 『시크릿』 출연, 자기계발 강사)

68. "감사하는 삶은 기적을 부른다. 기적은 감사의 열매다."

　　　리즈 부르보(Lise Bourbeau, 캐나다. 자기 치유 작가)

69. "감사의 습관은 삶의 균형을 되찾아준다."

　　　존 카밧진(Jon Kabat-Zinn, 미국. 마음챙김 명상 창시자, 저자)

70. "감사는 영혼이 현실을 끌어안는 방식이다."

　　　리처드 로어(Richard Rohr, 미국. 프란치스코회 사제, 영성 작가)

71. "감사하는 마음은 모든 갈등을 녹여내는 평화의 불꽃이다."

　　　헨리 나우웬(Henri Nouwen, 네덜란드. 미국 가톨릭 사제, 심리학자)

72. "감사는 불확실한 세상에서 우리를 안정시켜주는 내면의 닻이다."

아리아나 허핑턴(Arianna Huffington, 미국.허핑턴포스트 창립자,
웰빙 작가)

73. "감사는 희망을 발견하는 연습이다."

크리스티나 볼머(Kristina Vogel, 독일. 장애 극복한 전 사이클 선수)

74. "감사하는 사람은 작은 일에도 감동할 줄 알고, 큰 일에도 겸손할 줄 안다."

레오 버스카글리아(Leo Buscaglia, 미국. 교육학자, 『사랑은 선택이
다』 저자)

75. "감사는 우리가 지금 가진 것이 이미 충분하다는 인식을 준다."

노자(Lao Tzu, 중국. 기원전 6세기경 철학자, 도가 사상가)

76. "감사는 삶의 속도를 늦추고, 깊이를 더하는 지혜다."

토마스 머튼(Thomas Merton, 미국. 트라피스트 수도사, 영성 작가)

77. "감사하는 마음은 희망의 씨앗을 키우는 햇살이다."

버지니아 새티어(Virginia Satir, 미국. 가족치료 창시자)

78. "감사는 모든 것을 다르게 보게 만드는 마음의 빛이다."

김미경(Kim Mi-kyung, 한국. 숭실대 교수. 강연가, 『엄마의 자존감
공부』 저자)

79. "감사는 희망이 살아 숨 쉬는 자리이다."

하용조(Ha Yong-jo, 한국. 목사, 온누리교회 설립자)

80. "감사하는 마음을 지니면 갑자기 세상 사람들이 당신의 친구이자 가족이 된다."

존 디마티니(John Demartini, 미국. 행동심리학자, 자기계발 '감사의
효과' 작가)

79. "영혼을 정화하고 내면을 맑게 한다."

요가난다(Paramahansa Yogananda, 인도. 영성 지도자, 『요가난다 자서전』 저자)

80. "감사하는 마음은 절망의 끝에서 시작되는 새 희망의 불씨다."

엘리 위젤(Elie Wiesel, 루마니아 태생 미국. 작가, 노벨평화상 수상자, 홀로코스트 생존자)

81. "감사할 줄 아는 사람은 삶의 선물을 매일 새롭게 여기는 사람이다."

로리앤 톰린슨(LoriAnn Tomlinson, 미국. 동기부여 연설가)

82. "감사의 마음은 기쁨의 어머니이고, 사랑의 근원이다."

칼릴 지브란(Kahlil Gibran, 레바논, 시인, 『예언자』 저자)

83. "감사는 영혼이 춤추는 방식이다."

스리 스리 라비 샹카르(Sri Sri Ravi Shankar, 인도. 아르트 오브 리빙 창립자)

84. "감사는 삶을 더 풍요롭고 깊게 해주는 감정적 지혜이다."

크리스 프리스(Chris Pries, 미국. 심리상담가)

85. "감사하는 순간, 우리는 삶의 아름다움을 다시 볼 수 있다."

알렉스 엘리(Alex Elle, 미국. 시인 및 웰빙 작가)

86. "감사의 힘은 우울과 불안을 이겨내는 강력한 해독제이다."

브렌던 버처드(Brendon Burchard, 미국. 동기부여 작가, 『고성능 습관』 저자)

87. "감사는 영혼이 깨어 있다는 증거다."

안젤라 더크워스(Angela Duckworth, 미국. 심리학자, 『그릿』 저자)

88. "감사하는 마음은 우리를 불평의 언어에서 축복의 언어로 이끈다."

린다 리스(Linda Rees, 미국. 자기계발 강사)

89. "감사의 마음은 마음속 괴물을 잠재우는 고요한 힘이다."

티머시 켈러(Timothy Keller, 미국. 목사, 『고통에 답하다』 저자)

90. "감사는 우리를 부정에서 긍정으로, 절망에서 희망으로 이끄는 문이다."

마틴 루서 킹 주니어(Martin Luther King Jr., 미국, 목사, 흑인인권 운동가. 노벨 평화상)

91. "감사는 삶을 다시 시작하게 하는 새로운 눈을 준다."

멜로디 비티(Melody Beattie, 미국. 자기계발 작가, 『공동 의존에서 벗어나기』 저자)

92. "감사의 마음은 고통 속에서도 의미를 찾게 해준다."

빅터 프랭클(Viktor Frankl, 오스트리아. 정신과 의사, '아우슈비츠' 수용소 출감자, 『죽음의 수용소에서』 저자)

93. "감사는 내면의 고요함에서 솟아나는 희망의 언어이다."

에크하르트 톨레(Eckhart Tolle, 독일 출신 미국. 영성 작가, 『지금 이 순간을 살아라』 저자)

94. "감사는 영혼을 흔드는 침묵의 기도이다."

메더린 렝글(Madeleine L'Engle, 미국. 소설가, 『시간의 주름』 저자)

95. "감사하는 마음은 인생의 바다를 항해하는 나침반이다."

존 맥스웰(John C. Maxwell, 미국. 리더십 전문가, 『리더십의 법칙』 저자)

96. "감사는 사라진 꿈을 다시 불러오는 능력이 있다."

사라 반 브레스나크(Sarah Ban Breathnach, 미국.『단순한 풍요』
저자)

97. "감사하는 마음은 미래에 대한 긍정의 문을 연다."

브레네 브라운(Brené Brown, 미국. 연구자 및 작가,『취약성의 힘』
저자)

98. "감사는 실패 속에서도 배우고 성장하게 해준다."

존 우든(John Wooden, 미국. 전설적인 농구 코치, 교육자)

99. "감사는 삶의 무게를 견디게 해주는 보이지 않는 날개다."

엘리자베스 퀴블러 로스(Elisabeth Kübler-Ross, 스위스 출신 미국.
정신과 의사, 저자)

100. "감사하는 마음은 치유의 문을 여는 첫 열쇠다."

웨인 다이어(Wayne Dyer, 미국. 영적 자기계발 작가,『의도의 힘』
저자)

101. "감사는 혼란 속에서도 질서를 찾게 해주는 힘이다."

스티븐 코비(Stephen R. Covey, 미국.『성공하는 사람들의 7가지 습
관』 저자)

102. "감사는 희망이 지치지 않도록 불을 지피는 기름이다."

리처드 포스터(Richard Foster, 미국. 기독교 영성 작가,『영적 훈련
의 축제』 저자)

103. "감사하는 마음을 지니면 갑자기 세상 사람들이 당신의 친구이자 가족
이 된다."

존 디마티니(John Demartini, 미국. 행동심리학자, 자기계발 '감사의
효과' 작가)

104. "감사는 슬픔 위에 핀 꽃이다."

이해인(Lee Hae-in, 한국. 전 천주교 수녀, 감사 시인)

105. "감사는 인생의 그림자에 빛을 비추는 방법이다."

김형석(Kim Hyung-seok, 한국. 1 0 6세 철학자, '백년의 유산' 저자, 연세대 명예교수)

106. "감사는 하루하루를 기적처럼 살게 한다."

유안진(Yu An-jin, 한국. 시인)

107. "감사는 용기를 낳고, 용기는 변화를 만든다."

톰 크라우더(Tom Krause, 미국. 동기부여 연설가, 교육자)

108. "감사하는 마음은 인생을 다시 사랑하게 만든다."

레이첼 조이스(Rachel Joyce, 영국. 소설가, 『해럴드 프라이의 놀라운 순례』 저자)

109. "감사는 순간순간을 영원으로 만드는 힘이다."

존 오도너휴(John O'Donohue, 아일랜드. 철학자, 시인, 저자)

110. "감사는 우리가 원하는 삶을 현실로 끌어오는 자기 선언이다."

마리 폴리오(Marie Forleo, 미국. 사업가, 『모든 것은 해결될 수 있다』 저자)

111. "감사의 태도는 행복이라는 열매를 맺는 뿌리다."

숀 아처(Shawn Achor, 미국. 긍정심리학자, 『행복의 특권』 저자)

112. "감사하는 마음은 우리를 현재로 데려오는 가장 빠른 길이다."

마크 네포(Mark Nepo, 미국. 시인 및 영성 작가)

113. "감사는 영혼의 비타민이다."

지그 지글러(Zig Ziglar, 미국. 동기부여 연설가, 『보이는 것이 전부가
아니다』 저자)

114. "감사할 줄 아는 마음은 세상을 향한 친절의 첫걸음이다."

프레드 로저스(Fred Rogers, 미국. 교육 방송인, 『Mr. 로저스 네이버
후드』 진행자)

115. "감사는 고난을 견디는 위대한 힘이자, 기쁨의 본질이다."

맨디 헤일(Mandy Hale, 미국. 작가 및 블로거, 『Single Woman』 저자)

116. "감사는 삶에 새로운 이야기를 써 내려가는 도입부다."

에밀리 프리먼(Emily Freeman, 미국. 작가, 『작은 결정의 힘』 저자)

117. "감사는 상처를 지혜로 바꾸는 열쇠다."

브라이언 맥길(Bryant McGill, 미국. 작가, 『Simple Reminders』
저자)

118. "감사하는 순간, 우리는 우리가 찾던 답을 만나게 된다."

수잔 제퍼스(Susan Jeffers, 미국. 심리학자, 『두려움을 넘어서』 저자)

119. "감사는 삶의 중심을 다시 잡는 근원적인 힘이다."

마이클 A. 싱어(Michael A. Singer, 미국, 『항복 실험』 저자)

120. "감사는 새로운 목표로 도전의식을 고취하는 원동력이 된다."

배광석(Bae Kwang Seok, 한국. 감사의 명언연구가, '감사의 과학적
비밀' 저자)

121. "감사하는 마음은 삶에 기적을 끌어들이는 자석이다."

루이스 헤이(Louise Hay, 미국. 자기계발 작가, 『치유는 당신에게 달

려 있다』 저자)

122. "감사는 우리가 바라는 미래를 현재에 살게 해준다."

조 디스펜자(Joe Dispenza, 미국. 뇌과학 기반 자기계발 작가)

123. "감사는 상실의 아픔을 성장의 기회로 바꾼다."

엘리자베스 길버트(Elizabeth Gilbert, 미국. 작가, 『먹고 기도하고 사랑하라』 저자)

124. "감사하는 마음은 두려움을 용기로 바꾸는 힘이 있다."

마리안 윌리엄슨(Marianne Williamson, 미국. 작가이자 영성 지도자)

125. "감사는 삶을 더욱 의식적으로 살게 만드는 연습이다."

리처드 카슨(Richard Carlson, 미국. 심리학자, 『사소한 일에 목숨 걸지 마라』 저자)

126. "감사는 내면의 평화를 현실로 드러내는 다리이다."

틱낫한(Thich Nhat Hanh, 베트남. 불교 승려, 평화운동가)

127. "감사의 습관은 절망 중에도 희망을 발견하게 해준다."

토니 로빈스(Tony Robbins, 미국. 동기부여 연설가, 자기계발 강연자)

128. "감사하는 자는 삶의 교훈을 사랑의 메시지로 읽는다."

데이비드 스타인들 라스트(David Steindl-Rast, 오스트리아. 벤딕트 회 수도사)

129. "감사는 우리의 존재를 더 깊은 곳으로 이끈다."

리처드 로어(Richard Rohr, 미국. 프란치스코회 사제, 영성 작가)

130. "감사는 더 나은 선택을 가능하게 하는 내면의 자원이다."

개버 메이트(Gabor Maté, 헝가리 출신 캐나다. 의사, 중독 및 트라우마 전문가)

131. "감사하는 마음은 외로움을 공감으로 바꾼다."

장 바니에(Jean Vanier, 캐나다. 철학자이자 공동체 운동가)

132. "감사는 인생의 균형을 회복하는 치유의 길이다."

디팩 초프라(Deepak Chopra, 인도계 미국인. 의사이자 명상 지도자)

133. "감사는 인생을 예술로 만드는 창조의 시작이다."

줄리아 카메론(Julia Cameron, 미국. 『아티스트 웨이』 저자)

134. "감사는 삶의 불확실성을 받아들이는 지혜다."

셰릴 샌드버그(Sheryl Sandberg, 미국. 메타 최고운영책임자, 『Option B』 공동저자)

135. "감사의 눈으로 보면 모든 것이 선물처럼 다가온다."

마크 배터슨(Mark Batterson, 미국. 목사 및 작가, 『The Circle Make』 저자)

136. "감사는 고통을 의미로 바꾸는 가장 성숙한 감정이다."

프레드릭 뷰크너(Frederick Buechner, 미국. 신학자이자 소설가)

137. "감사하는 순간, 우리는 우주의 질서와 조화를 느낀다."

바바 라마스(Barbara De Angelis, 미국. 관계 및 자기계발 전문가)

138. "감사는 영혼의 목소리를 듣는 방법이다."

필립 얀시(Philip Yancey, 미국. 기독교 작가, 『하나님, 당신께 실망했습니다』 저자)

139. “감사는 사랑과 연결되는 출입문이다.”

게리 채프먼(Gary Chapman, 미국. 상담가, 『5가지 사랑의 언어』 저자)

140. “감사는 모든 변화의 시작점이다.”

로빈 샤르마(Robin Sharma, 캐나다. 자기계발 작가, 『새벽 5시 클럽』 저자)

141. “감사하는 마음은 하루를 기도로 만든다.”

메리 올리버(Mary Oliver, 미국. 퓰리처 수상 시인)

142. “감사는 자기 존재를 긍정하는 힘이다.”

타라 브랙(Tara Brach, 미국. 심리치료사이자 명상 강사)

143. “감사는 자기 연민을 자기 회복으로 전환시킨다.”

크리스틴 네프(Kristin Neff, 미국. 자기연민 연구자)

144. “감사하는 삶은 풍요로운 에너지를 끌어당긴다.”

마이클 버나드 벡위스(Michael Bernard Beckwith, 미국. 아가페 영성센터 설립자)

145. “감사는 어떤 상황에서도 평화를 선택하는 용기다.”

바이런 케이티(Byron Katie, 미국. 『The Work』 방법 창시자)

146. “감사는 사랑과 자비의 파문을 세상에 퍼뜨린다.”

잭 콘필드(Jack Kornfield, 미국. 불교 명상 지도자)

147. “감사는 침묵 속에서도 진실을 듣는 마음이다.”

샤론 살즈버그(Sharon Salzberg, 미국. 명상가, 『Lovingkindness』 저자)

148. "감사는 우리가 진정한 삶을 살고 있다는 증거다."

박완서(Park Wan-seo, 한국. 소설가.'나목','그 많던 싱아는 누가 다 먹었나' 저서)

149. "감사는 지금 이 순간을 축복으로 만드는 힘이다."

박노해(Park Nohae, 한국, 시인. 평화운동가)

150. "감사하는 사람은 절망 속에서도 생의 의미를 붙든다.".

한병철(Byung-Chul Han, 한국 출신 독일.베를린예술대 교수 철학자,'신에 관하여')

감사의 특성&기적
(111선)

변화, 은혜, 혜택 111선

특성의 서문

"감사는 내면적 성숙과 깊이 연결되는 특성을 가진다.

겸손, 관대함, 배려와 같은 인간의 미덕과 결합하여, 삶의 경험을 긍정적 으로 받아들이고 인간관계와 사회적 상호작용에서 조화를 이루도록 돕는다.

감사의 특성은 인간의 사고와 감정을 통합하며, 역경 속에서도 성찰과 평화를 유지하게 한다.

이러한 특성을 이해하면, 감사가 단순한 감정적 반응을 넘어 인간 존재의 근본적인 성품과 연결되는 힘임을 깨닫게 된다.

감사는 삶을 더 깊이 이해하고 성장하게 만드는 내적 지침이다."

기적의 서문

또한 "감사는 삶을 변화시키는 놀라운 능력을 지니고 있다.

절망의 순간에도 감사는 희망의 빛을 비추어주며, 불가능해 보이는 상황 속에서도 새로운 길을 열어준다.

작은 감사가 쌓이면 마음의 상처가 치유되고, 불안이 평안으로 바뀌며, 갈등이 관계의 회복으로 이어진다.

감사의 시선으로 삶을 바라보면, 동일한 현실도 전혀 다른 의미로 다가온다.

긍정성과 또한 감사가 사람들의 행복 지수를 높이고, 인간관계를 깊게 하며, 영적 성숙을 촉진함을 증명한다.

무엇보다 감사의 기적은 외부의 조건보다 내 마음의 태도가 삶을 새롭게 한다는 사실을 일깨워준다.

"우리는 자신이 자신 안에 불꽃을 피워준 사람들에게 깊은 감사의 마음으로 감사해야 할 이유가 있다."

슈바이처(A. Schweitzer, 아프리카 선교사, 의사, 음악가, 신학자)

1. "감사의 마인드만 전환해도 인생의 99%가 변한다."

데보라 노빌(Deborah Norville, 미국 방송인, 저널리스트, 『감사의 힘』 저자)

2. "감사는 삶의 의미를 더 해준다."

앤 프랭크(Anne Frank, 독일계 유대인 소녀, 『안네의 일기』 서자, 독일 태생 유대계 홀로코스트 희생 소녀)

3. "이 세상에서 가장 상쾌한 과일은 감사이다. 과도한 감사만큼 지나친 아름다움은 없다."

장 드 라 브뤼예르(Jean de La Bruyère, 17C 고전주의 문학대표 인물, 프랑스. 철학자, 풍자 작가, 『성격론』 저자)

4. "감사는 아주 아픈 기억을 큰 기쁨으로 바꿔 놓는다."

디트리히 본회퍼(Dietrich Bonhoeffer, 독일 루터교 신학자, 반나치 저항운동가. 『나를 따르라』 저자)

5. "감사는 선물의 총량이 그 대가를 넘어섰을 때를 알려주는 마음의 지표이다."

빅터 프랭클(Viktor Frankl, 오스트리아 출신 정신과 의사, 나치 아우슈이츠 감옥소 수감자, 『죽음의 수용소에서』 저자, 로고테라피 창시자)

6. "감사는 과거에 주어지는 덕행이 아니라, 미래를 살찌게 하는 덕행이다."

영국 속담(English Proverb)

7. "감사에는 두 가지가 있다. 하나는 우리가 받을 때 느끼는 더 갑작스러운 감사이며, 다른 하나는 우리가 줄 때 느끼는 더 큰 감사이다."

에드윈 아널링턴 로빈슨(E.A. Robinson, 미국. 시인, 퓰리처상 3회 수상, 19~20세기 미국 대표 모더니스트 시인)

8. "삶을 바꾸기 위해 할 수 있는 일 중 한 가지는 가진 것에 감사하는 것이

다. 많이 감사할수록 더 많이 얻게 될 것이다."

오프라 윈프리(Oprah Winfrey, 미국 방송인, 『위즈덤 오브 선데이』 등 저술, '토크쇼의 여왕'으로 불리는 영향력 있는 여성 리더, 감사일기 실천가)

9. "좋은 일이 생기면 감사하라. 그것이 아주 작은 일이라도 감사하다고 말하라."

론다 번(Rhonda Byrne, 호주출신 미국. 인기작가, 『시크릿 』, 『더 매직』 저자. 자기계발·끌어당김의 법칙 전파자)

10. "세상에서 가장 현명한 사람은 배우는 사람이며, 세상에서 가장 강한 사람은 자기를 이기는 사람이며, 세상에서 가장 행복한 사람은 범사에 감사하는 사람이다."

탈무드(Talmud, AD200년, 유대인 율법학자들의 구전과 해설을집대성한 책)

11. "이 모든 상황에서도 감사할 수 있다면 삶은 진정으로 변하기 시작한다."

넬슨 만델라(Nelson Mandela, 남아프리카. 전대통령, 반 아파르트헤이트 운동가, 노벨평화상 수상자)

12. "조건이나 이유가 없는 감사가 진정한 감사이다."

전 광(Jeon Kwang, 한국. 목사, 감사 저술가, 감사 운동 실천가)

13. "참 감사는 감사할 조건이 없는 중에도 작은 감사를 찾아내 깊이 감사하는 것이다."

시바타 도요(Shibata Toyo, 일본. 여류시인, 90세 이후 등단한 인생 시인. 『약해지지 마』 저자)

14. "감사는 반드시 진심에서 우러나와야 한다. 거짓된 감사는 자존감을 떨어뜨리고 삶을 피곤하게 만든다."

탈 벤 샤하르(Tal Ben, Shahar. 이스라엘 출신 미국. 긍정심리학자,

하버드대학교 긍정심리학 교수, 『행복 수업』, '해피이어' 저자)

15. "우리의 자유는 작은 것에 감사하는 것으로부터 시작된다."

엘리 위젤(Elie Wiesel, 유대계 작가, 홀로코스트 생존자, 노벨평화상
수상자)

16. "감사하는 마음이 감사할 일을 부른다."

마시 시모프(Marci Shimoff, 미국 자기계발 작가, 『해피 포 노 리
즌』, '시크릿' 저자)

17. "살아있는 것에 감사하라. 헤아릴 수 없이 많은 기쁨들에 감사하라."

말콤 캠벨(Malcolm Campbell, 긍정 심리 강연가, 컨설턴트. 행복한
삶 관련 저술가)

18. "인생에서 가장 멋진 일은, 모든 일에 감사하는 것이다."

알베르트 슈바이처(Albert Schweitzer, 독일의 의사, 철학자, 신학자.
아프리카 의료 봉사 활동, 노벨평화상 수상자)

19. "감사는 고마워하는 마음이나 긍정적인 생각과는 달리 당신이 마주치는
모든 것에서 가치 있는 것을 적극적으로 찾아내는 행위를 말한다."

노엘 C. 넬슨(Noël C. Nelson, 미국 정신치료사, 동기부여 강연자,'감
사의 힘' 저자)

20. "감사는 나를 변화시키고야 주변 사람들을 변화시킨다."

김중구(Kim Jung-goo, 한국 육군 중령, 감사 실천 캠페인 활동가)

21. "감사는 아주 아픈 기억을 큰 기쁨으로 바꿔 놓는다."

디트리히 본회퍼(Dietrich Bonhoeffer, 독일 루터교 신학자, 반나치
저항 운동가. 『나를 따르라』 저자)

22. "어느 누구도, 어떤 상황에서도 사람으로부터 감사(자유)를 빼앗아 갈수

없다."

빅터 프랭클(Viktor Frankl, 오스트리아 출신 정신과 의사,'아우슈비츠 나치 수용소 수감자,『죽음의 수용소에서』 저자, 로고테라피 창시자)

23. "한 사람의 인간성은 감사에 대해 어떻게 생각하는가에 따라 판단된다고 말한다."

엘리 위젤(Elie Wiesel, 루마니아 출신 미국. 작가, 홀로코스트 생존자, 노벨평화상 수상자)

24. "상대방을 소중히 여기는 그 가치를 인정한다면, 자신이 더 잘난 사람이라는 걸 보여주기 위해 상대를 깎아내릴 필요는 없을 것이다."

버지니아 캐슬턴(Virginia Castleton, 미국. 여성학자, 인간관계 및 공감 교육 전문가)

25. "현대의 물질적인 가치관으로 치우칠수록 감사의 감정이 뒷전으로 밀려난다."

조앤 창(Joanne Chang, 미국. 심리학자, 교수, 감성·감사심리 연구자)

26. "감사하는 사람은 모든 상황에서도 감사한다."

바하올라(Bahá'u'lláh, 이란. 바하이교 창시자, 페르시아 종교 개혁가)

27. "비위에 맞을 때 하는 수천 번의 감사보다, '고맙다'는 말은 간단한 말이지만, 그렇게 말하는 순간 그 자리의 공기를 바꾸는 힘이 있다고 생각한다."

론다 번(Rhonda Byrne, 호주출신, 미국 작가, 『시크릿』, 『더 매직』 저자. 자기계발·끌어당김의 법칙 전파자)

28. "감사란, 말할 때 시작된다. 감사는 말할 때만 전해진다. 감사는 말할 때 느껴진다. 감사는 말할 때 이루어진다."

박 필(Park Pil, 한국. 목사, 감사 관련 저술가, 『감사의 법칙』 저자)

29. "감사는 꼭 필요한 것과 마땅히 가져야 할 것을 이미 가졌다고 생각하는 것이다."

에멧 밀러(Emmett Miller, 미국. 의사, 명상가, 자기치유 및 긍정적 이미지 트레이닝 창시자)

30. "인간의 IQ가 성공을 결정하는 부분은 20%밖에 되지 않는다. 80%는 내가 '감성지능'이라고 부르는 다른 요인들에서 온다."

대니얼 골먼(Daniel Goleman, 미국. 심리학자, 『감성지능』 저자, 감성지능(EQ) 개념 대중화)

31. "감사는 빛과 그림자 속에서도 가능하다. 모든 것은 빛나거나, 빛을 만드는 법을 가르쳐준다."

바버라 브라운 테일러(Barbara Brown Taylor, 미국. 성공회 사제이자 신학자, 『빛 속을 걷는 법』 저자)

32. "감사는 단순한 습관이 아니라, 인생을 보는 렌즈다."

멜로디 비티(Melody Beattie, 미국. 작가, 자기계발서 『공동 의존에서 벗어나기』, 『감사의 기적』 등 다수 저술)

33. "감사는 인생을 축제로 만든다."

아일린 캐디(Eileen Caddy, 스코틀랜드. 영적 지도자, '핀드혼 공동체' 공동 창립자, 『내면의 음성』 저자)

34. "감사는 곧 내면의 평화다. 불평은 전쟁의 씨앗이다."

맥스 루카도(Max Lucado, 미국. 기독교 작가, 목회자, 『당신의 이야기는 아직 끝나지 않았다』 저자)

35. "감사는 한 순간의 기쁨을 영원의 기쁨으로 바꿔주는 마법이다."

사라 반 브레스낙(Sarah Ban Breathnach, 미국. 여성 자기계발 작가, 『단순한 풍요』, 『감사의 기쁨』 저자)

36. "감사하는 마음은 어둠 속에서도 별을 바라보게 한다."

로이 T. 베넷(Roy T. Bennett, 미국. 자기계발 작가, 『긍정의 힘』 저자. 동기부여 명언으로 유명)

37. "감사는 행복의 씨앗이다. 그것은 현재를 즐기고 미래를 준비하게 한다."

데니스 웨이틀리(Denis Waitley, 미국. 성공학 강연자, 작가. 『승자의 열정』, 『성공하는 사람들의 시간 관리』 저자)

38. "감사는 생각의 힘이 아니라, 삶의 힘이다."

헨리 J.M. 누웬(Henri J.M. Nouwen, 네덜란드 출신의 가톨릭 사제이자 영성 작가, 『상처 입은 치유자』 저자)

39. "감사는 과거의 선물에 오늘 생명을 불어 넣는다."

존 오트버그(John Ortberg, 미국. 장로교 목회자이자 작가, 『예수는 누구인가』, 『삶의 여정을 걷다』 저자)

40. "감사하는 태도는 인생의 소음을 음악으로 바꾼다."

윌리엄 아서 워드(William Arthur Ward, 미국의 교육자이자 명언 작가, 긍정적 사고와 리더십에 글로 널리 알려짐).

41. "감사는 행동이 아닌, 존재 방식이다."

데이비드 스타인들라스트(David SteindlRast, 오스트리아 출신, 미국. 베네딕토 수도사, '감사하는 삶' 운동의 중심 인물)

42. "감사는 모든 관계의 숨겨진 뿌리다."

브레네 브라운(Brené Brown, 미국 휴스턴대 사회복지학 교수, 『마음의 용기』, 『불완전함의 선물』 저자)

43. "감사는 운명을 바꾸는 숨겨진 에너지다."

론다 번(Rhonda Byrne, 호주 출신 미국.『시크릿』, 『더 매직(The Magic)』 저자. '끌어당김의 법칙'으로 유명)

44. "감사하는 마음은 인생을 해석하는 방식에 혁명을 일으킨다."

마리안 윌리엄슨(Marianne Williamson, 미국. 작가이자 영적 교사, 『기적수업에 대한 귀환』 저자, 정치 활동가)

45. "감사는 자신이 가진 것에 집중하게 하고, 그것이 더 커지게 한다."

오프라 윈프리(Oprah Winfrey, 미국 방송인, 작가,/ 자선가. 오프라 윈프리 쇼로 세계적 영향력 갖춘 인물, 감사일기 실천가)

46. "감사는 고요한 내면에서 피어나는 꽃이다."

에크하르트 톨레(Eckhart Tole, 독일 출신의 미국. 영적 작가, 『지금 이 순간을 살아라(The Power of Now)』 저자)

47. "감사는 삶을 바라보는 눈을 정화시킨다."

마크 네포(Mark Nepo(미국. 시인 영성 작가, 『깨진 곳을 통해 빛이 들어온다』의 저자)

48. "감사의 실천은 무의미해 보이는 일상에 깊은 의미를 부여한다."

앤 보스캠프(Ann Voskamp, 캐나다. 작가, 『천 개의 감사』로 감사 운동을 일으킨 베스트셀러 작가)

49. "감사는 상실의 고통 속에서도 축복을 볼 수 있게 한다."

엘리자베스 퀴블러로스(Elisabeth Kübler-Ross, 스위스. 정신과 의사, 『죽음과 죽어감』의 저자, 호스피스 운동의 선구자)

50. "감사는 삶의 모든 것을 선물로 바라보게 만든다."

헨리 나우웬(Henri Nouwen, 네덜란드 출신 가톨릭 사제이자 미국. 작가, 『상처 입은 치유자』로 널리 알려짐).

51. "인생을 위대하게 하고, 행복하게 하고, 원하는 대로 이루어지게 해주는 비밀이 감사에 있다."

론다 번(Rhonda Byrn, 호주 출신 인기작가, 시크릿(The Secret), 매

직(Magic) 등 베스트셀러 저자)

52. "마음이 상상하고 믿는 것은 무엇이든 이룰 수 있다."

나폴레온 힐(Napoleon Hill, 미국. 자기계발, 성공학 강연, 작가, <생각하라 그리고 부자가 되어라> 저자)

53. "감사하는 마음은 가장 놀랍고 훌륭한 삶을 만들어 내는 기적의 도구이다."

아다스 로데일(Ardath Rodale, 미국. 출판인, 동기부여 연설가)

54. "작지만 '고맙다'라는 말 속에는 마법이 들어 있다."

아다스 로데일(Ardath Rodale, 미국. 출판인, 동기부여 연설가)

55. "무릇(건강에 대해) 감사하는 마음이 있는 자는 받아 넉넉하게 되되,(건강에 대해) 감사하는 마음이 없는 자는 그 있는 것도 빼앗기리라."

론다 번(Rhonda Byrne, 호주출신 미국. 인기작가, '시크릿(The Secret), '매직(Magic)' 저자)

56. "감사는 단순한 예의가 아니라, 관계를 맺고 유지하고 확장하는 장기적 기술이다."

오세천(Oh Se Cheon, DGIST 교수, 행복나눔125 경영컨설팅 대표, 'KGA 2024 감사나눔 학술대회' 개최자)

57. "사람의 마음은 자석과 같아서 생각하는 것을 끌어당기는 힘을 가진다. 원하는 것은 끊임없이 생각하고 또 생각하라. 그렇게 하면 그대로 이룰 것이다."

앤드류 매튜스(Andrew Matthews, 호주. 심리학자 겸 작가, <행복을 그리는 철학자> 저자)

58. "감사란 경이로운 것이다. 감사는 다른 사람의 훌륭한 점이 우리의 것이 되도록 만들어 준다."

볼테르(Voltaire, 프랑스. 계몽주의 철학자 겸 작가)

59. "예수께서는 보리떡 5개와 물고기 2마리를 들고 감사기도 드린 후에 오
    병이어의 놀라운 기적이 일어났다."

신민규(Min Gyoo.Shin, 상암동교회 담임목사, 미국 에모리대학 박사,
6 대 나사렛대학교 총장, 1 6 대 현 이사장, '목회상담과 가족체계이론
등 다수)

60. "모든 일에 감사할 줄 아는 신앙이 있으면 어떠한 시련이 와도 감사로
    이겨낼 수 있습니다."

이영훈(Young Hoon.Lee, 한국 여의도순복음교회 2 대 목사, '절대감
사, 무조건감사, 한평생감사' 신앙핵심 삼음, 미국 템플대 종교철학 박
사, '감사의 기적'의 저자)

61. "감사는 인생의 가장 위대한 비밀에 속한다."

R. 이먼스(R. Emmons, 미국. 심리학자, 감사 연구 권위자. 'Thanks'
저자)

62. "우리는 감사할 때 '이미 가진 것으로 충분하기에 더는 바랄 게 없다.'는
    만족감으로 충분한 기쁨을 가진다. 이것이 바로 감사의 큰 기적 이다."

M.J. 라이언(M.J. Ryan 미국. 방송인, 작가, <Thanks!> 저자)

63. "지혜는 일상에서 기적을 발견하게 한다."

랄퍼 왈도 에머슨(Ralph Waldo Emerson, 미국. 철학자 겸 수필가)

64. "감사의 태도는 나와 만물을 이어주는 연결고리이다. 여기에 더 많이 감
    사할수록 더 풍요로운 삶을 사는 비밀이 있다."

M.J. 라이언(M.J. Ryan, 미국. 방송인, 작가, <Thanks!>감사 저자)

65. "아무리 두려운 상황에서도 긍정적인 것에 초점을 맞추면 기적처럼 놀라

운 변화가 일어난다."

빅터 플랭클(Viktor Frankl, 오스트리아. 정신과 의사, 나치 아우슈바이츠 수감자, <죽음의 수용소에서> 저자)

66. "항상 처음처럼 보고, 듣고, 느끼는 것이 바로 감사와 기쁨과 사랑을 오랫동안 간직할 수 있는 비결이다.

M.J. 라이언(M.J. Ryan, 미국. 작가, <Thanks!> 감사의 저자)

67. "작지만 '고맙다(Thank you)'는 말 속에 마법이 들어 있다."

아다스 로데일(Ardath Rodale, 미국. 출판인, 동기부여 연설가)

68. "끌어당김의 법칙에 따르면, 성공을 끌어당기기 위해서는 지금 당신이 가진 것에 감사해야 한다."

론다 번(Rhonda Byrne, 호주 출신, '시크릿(The Secret), 매직(Magic)' 저자)

69. "지배적인 생각이나 마음가짐은 자석처럼 비슷한 것을 끌어당기는 법이므로 마음가짐은 어떠하든 그에 어울리는 조건이 삶에 나타날 수밖에 없다."

찰스 해낼(Charles Haanel, 미국. 자기계발 작가, 저자)

70. "기적은 특별한 것이 아니다. 아무 일 없이 하루를 보내면 그것이 기적이다."

홍혜걸(Hong, Hye Geol, 한국 의학 전문가, 제주에서 병 투병중, 전문기자)

71. "감사가 주는 비밀스러운 유익함과 긍정심과 창의성을 함양함으로 누구에게도 삶의 행복한 변화를 이끌어 줄 것이다."

호영미(HO, Young Mi, 한국. 행복나눔 지도사, 감사 특강 강사, 감사 출판가)

72. "감사하는 마음이 지닌 기적의 힘과 끌어당김의 법칙을 원하는 일이 당신이 원하는 희망대로 처리된다."

론다 번(Rhonda Byrne,미국. 인기 '시크릿(The Secret), '매직(Magic)' 저자)

73. "바로 거기에 감사의 기적이 있다. 기적이 지금도 여기 우리 주위에 그저 당신 눈에 보이지 않는 채로 있다는 것을 알아야 한다."

챨스 D. 린튼(Charles D. Linton, 미국. 작가, 영성가)

74. "무엇인가 행동하기 전에 감사의 기도를 했고, 자신이 원하는 결과를 확실히 얻도록 감사하는 마음이 드는 마법을 활용했다."

G.K. 체스터턴(G.K. Chesterton, 영국 출신 미국. 작가, 철학자)

75. "우리의 감정에 따라 다르게 보이는 사물의 외형에서 기적 (Magic)과 아름다움을 본다. 하지만 사실 기적(마법)과 아름다움은 우리 자신 속에 있는 것이다."

칼릴 지브란(Kahlil Gibran, 레바논 출신, 미국. 시인, 화가)

76. "불가능한 것처럼 보였던 일이 감사하는 마음에 들어 있는 마법의 힘을 통해 가능해졌기 때문이다."

론다 번, Rhonda Byrne, 호주 출신, 미국 인기 <시크릿(The Secret)>, <매직(Magic)> 저자)

77. "감사하는 마음을 이용해 다른 누군가의 건강, 부, 행복을 돕는 일은 당신이 할 수 있는 가장 위대한 감사 행위이다."

론다 번(Rhonda Byrne, 호주. 출신, 미국 인기 <시크릿(The Secret)>, <매직(Magic)> 저자)

78. "감사의 눈을 통해서 보면 모든 것이 기적처럼 보일 것이다."

매리 다비스(Mary Davis , 미국. 출신 작가)

79. "감사하는 새로운 것들이 들어설 공간을 만들어내며 치유와 기적이 발
생할 가능성을 만들어낸다."

팸 그라우드(Pam Grout, 미국. 작가, <에너지의 마법> 저자)

80. "기적이 자연에 어긋나는 것이 아니라, 우리가 자연에 대해 아는 내용
에 어긋나는 것이다."

성 아구스티누스(St. Augustine, 시실리아 출신 로마시대. 기독교 신
학자, 주교)

81. "감사는 마음속에 심어진 씨앗과 같다. 잘 가꾸면 놀라운 열매를 맺는다."

멜로디 비티(Melody Beattie. 미국. 자기계발, '감사의기적' 베스트셀
러 저자)

82. "기적은 특별한 사건이 아니라, 매 순간 일어나는 작은 감사에서 시작된다."

웨인 다이어(Wayne Dyer, 미국. 동기부여 강사 겸 작가)

83. "감사는 긍정적 에너지를 불러와, 우리 삶을 변화시키는 마법과 같다."

딥락 초프라(Deepak Chopra, 인도 출신,미국. 통합의학 의사, 작가)

84. "감사하는 마음은 세상의 모든 기적을 끌어당긴다."

루이즈 헤이(Louise Hay, 미국. 자기계발, <당신은 치유될 수 있다>
저자)

85. "매일 감사하는 습관이 기적 같은 인생을 만든다."

오프라 윈프리(Oprah Winfrey, 미국. 방송인,기업가,자선가, 감사일
기 실천가)

86. "감사는 우리의 생각과 감정을 재배치하여 기적을 현실로 만든다."

가브리엘 번스타인(Gabrielle Bernstein, 미국. 출신 영적 멘토, 작가)

87. "감사는 불가능을 가능하게 만드는 힘이다."

토니 로빈스(Tony Robbins, 미국. 출신 자기계발 강사, 작가)

88. "기적은 감사하는 마음이 만들어 내는 선물이다."

브레네 브라운(Brené Brown, 미국. 휴스톤대 교수, 작가, 취약성 연구 권위자)

89. "감사는 우리를 기적과 연결시키는 다리이다."

에크하르트 톨레(Eckhart Tolle, 독일출신,미국. <지금 이 순간을 살아라> 저자)

90. "감사의 마음은 마음의 문을 열어 기적을 들어오게 한다."

마리안 윌리엄슨(Marianne Williamson, 미국. 영성 작가, 강연자)

91. "기적은 감사하는 마음에서 출발한다."

조엘 오스틴(Joel Osteen, 미국. 긍정주의 목회자, 긍정주의 작가)

92. "감사는 기적을 일상으로 만든다."

사라 밴 브레스낙(Sarah Ban Breathnach, 미국 작가, <Simple Abundance>저자)

93. "감사의 기적은 우리 내면의 평화에서 시작된다."

틱낫한(Thich Nhat Hanh, 베트남. 출신 승려, 평화운동가)

94. "감사는 삶의 기적을 깨닫게 하는 열쇠이다."

파울로 코엘료(Paulo Coelho, 브라질 출신 미국. 소설가, <연금술사> 저자)

95. “감사는 우리의 생각을 바꾸고 현실을 변화시키는 마법이다.”

　　루이즈 헤이(Louise Hay, 미국. 자기계발 작가)

96. “기적은 감사할 때 나타난다.”

　　웨인 다이어(Wayne Dyer, 미국. 출신 동기부여 강사)

97. “감사의 마음은 모든 문제의 해답이다.”

　　딥락 초프라(Deepak Chopra, 인도 출신, 미국. 통합의학 의사)

98. “기적은 감사하는 영혼의 소리이다.”

　　루미(Rumi, 13세기 페르시아 시인, 신비주의자)

99. “감사는 불가능을 가능케 하는 마법이다.”

　　론다 번(Rhonda Byrne, 호주 출신 미국.작가, ‘시크릿, 매직’ 저자)

100. “유력한 감사 유전자로는 ‘옥시토신’분비를 담당하는 ‘CD38 유전자’로 알려졌으며, 실험이나 일상에서 연인을 향한 감사 표현의 질, 빈도가 유전자의 연관성을 발견하다.”

　　사라 앨고우(Sara Algoe, 노스캐롤라이나대 신경과학과 조교수, 소장)

101. “감사하는 마음이 기적을 부른다.”

　　에크하르트 톨레(Eckhart Tolle, 독일 출신 카나다. 영성 작가)

102. “감사는 기적을 창조하는 힘이다.”

　　마리안 윌리엄슨(Marianne Williamson, 미국. 영성 작가)

103. “기적은 감사로부터 피어난다.”

　　토니 로빈스(Tony Robbins, 미국. 자기계발 강사)

104. "감사하는 마음이 기적의 문을 연다."

브레네 브라운(Brené Brown , 미국. 휴스턴대 교수, '리더의 용기' 저자)

105. "기적은 감사에서 자란다."

가브리엘 번스타인(Gabrielle Bernstein, 미국. 영성 멘토)

106. "감사는 기적의 언어이다."

사라 밴 브레스낙(Sarah Ban Breathnach , 미국. 작가)

107. "기적은 감사하는 마음의 표현이다."

조엘 오스틴(Joel Osteen , 미국. 레이크우드 교회, 목회자, '긍정의 힘' 저자)

108. "무엇이든 우리가 생각하고 감사하는 일들이 우리에게 다가온다."

존 디마티니(Jhon Demartini, 행동학 전문가, 철학박사,교육자, '시크 릿 실천법' 저자)

109. "기적은 감사하는 마음에서 시작된다."

파울로 코엘료(Paulo Coelho, 브라질 출신 미국. 소설가)

110. "감사는 기적의 비밀이다."

멜로디 비티(Melody Beattie , 미국. 긍정주의 작가)

111. "기적은 감사로 시작된다."

오프라 윈프리(Oprah Winfrey, 미국. 방송인, 여성기업가, 자선가, 감 사일기 실천가)

감사의 언어&시간
(150선)

희망, 비전, 빛 150선

언어의 서문

"감사는 언어를 통해 생명력을 얻고 관계 속에서 확장된다.

"고맙습니다"라는 짧은 말 한마디가 마음을 열고, 사람과 사람 사이에 다리를 놓는다.

감사의 언어는 단순한 표현이 아니라 상대를 존중하고 삶을 긍정하는 선언이다.

일상에서 반복되는 언어의 힘은 마음에 깊이 새겨져 삶의 태도를 변화시킨다.

작은 고백과 격려의 말은 관계를 따뜻하게 하고, 공동체를 격려의 문화로 이끈다.

감사의 언어를 사용하는 사람은 불평 대신 긍정을 선택하며, 그 말속에서 자신과 타인의 삶을 더욱 풍요롭게 만든다.

결국 감사의 언어는 삶의 품격을 높이고, 사회 전체를 밝히는 힘이 된다."

시간의 서문

감사는 시간과 함께 깊어지고 넓어진다.

과거를 감사로 돌아볼 때 고통은 배움이 되고, 현재를 감사로 누릴 때 삶은 충만해진다.

또한 미래를 감사로 바라볼 때 희망은 더욱 단단해진다.

감사는 단순히 순간의 감정이 아니라 시간의 흐름 속에서 삶을 연결하고 조화시키는 힘이다.

매일의 작은 감사는 내일의 큰 행복으로 이어지며, 시간 속에서 반복될 때 인생의 궤적 전체를 빛나게 한다.

하루의 시작과 끝을 감사로 채운 사람은 일상의 무게에도 흔들리지 않고, 오히려 그 속에서 기쁨과 의미를 발견한다. 결국 감사는 시간을 가치 있게 엮어내는 인생의 지혜이다.”

1. "'엄마, 아빠' 다음으로 배우는 말이 '고맙습니다, 감사합니다
(Thankyou)!'이다."

데보라. 노빌(Deborah Norville, 미국.『감사의 힘』 저자, 방송인)

2. "당신이어서 고맙습니다."

북아메리카 인디언. 세네카(Seneca)족 전통 인사말)

3. "인간은 그 희망이나 욕망보다는 그 감사의 마음을 더 쉽게 제한하고 싶
어 한다."

라 로슈푸코(François de La Rochefoucauld, 프랑스. 작가,
1613~1680)

4. "감사는 말로만 하는 것이 아니다."

마하트마 간디(Mahatma Gandhi, 인도. 독립운동 지도자)

5. "뭔가를 할 수 있거나 할 수 있다고 꿈을 꾼다면 그것을 시작하라. 용기
앞에는 비범함, 기적, 힘이 있다."

괴테(Johann Wolfgang von Goethe, 독일. 시인·작가,'짜라수트라는
이렇게 말했다." 1749~1832)

6. "감사로 가득 찰 때마다 우리는 팽창하고 진화하고 성장한다."

존 디마티니(John Demartini, 미국.『감사의 효과』 저자, 강연가)

7. "감사하는 마음은 가장 놀랍고 훌륭한 삶을 만들어내는 기적의 도구다."

R. 이먼스(R. Emmons, 미국. 긍정심리학자, 'Thanks'저자)

8. "감사를 받기 위해서는 먼저 고마움을 표시하라."

그라시안(Baltasar Gracián, 스페인. 철학자·작가, 1601~1658)

9. "인생은 멀리서 보면 희곡이고, 가까이서 보면 비극이다."

알베르 카뮈(Albert Camus, 프랑스. 작가·철학자,'이방인' 저자. 1913~1960)

10. "감사의 마음은 말로 표현할 때 더욱 감사가 커진다."

도쓰가 다카사마(Dōtsuga Takasama, 일본. 작가,'세계 최고의 인재들은 왜 기본에 집중할까？'저자)

11. "감사합니다, 사랑합니다, 다행입니다, 행복합니다. 날마다 '감, 사, 다, 행'을 상기하고 반복하면서 깊이 새겨라. 감사다행은 우주의 주인이다."

원철 스님(Won Chul, 한국. 불교 승려, 조계종 불교사회연구소장,'무정설법'자, 해인사, 봉은사, '절집을 물고 물고기 떠 있네' 저자)

12. "무조건 미리 감사를 표현할 때, 그 에너지는 감사할 수 있는 변화를 강력하게 끌어들인다."

론다 번(Rhonda Byrne, 호주,미국.『시크릿』'매직 인기 저자)

13. "일생에 단 하루라도 감사를 표하지 못한 날이 있다면 그때로 돌아가 다른 시각, 다른 관점에서 그날을 바라본다면 감사의 느낌을 회복할 수 있다."

존 디마티니(John Demartini.미국. 인간 행동연구, 교육자, '６０가지 시크릿' 저자))

14. "영어에서 감사(Appreciate)는 두 가지 의미가 있다. 하나는 어떤 사건에 대해 당연하게 생각하지 않고 감격스럽다고 한다는 뜻이고, 다른 하나는 가치가 오른다는 뜻이다."

탈벤 샤흐르(Tal Ben-Shahar, 이스라엘 출신 미국. 긍정심리학자, 허버드대 조직행동학 교수, '해피어'저자, 저술가)

15. "감사인 Thanksgiving은 Thanks(감사)로 사례한 후, Giving(줌)으로 주는 것이다."

웨일즈 속담(a Welsh Proverb)

16. "나부터 작은 것부터, 지금부터 감사합시다(나작지)."

손욱(Son Ugh, 전 삼성그룹 인력개발원장, 행복나눔 이사장)

17. "이래도 감사, 저래도 감사, 그래도 감사."

고도원(Go Do Won, 한국 작가·아침편지문화재단 이사장)

18. "감사를 받기 위해 먼저 '고마움'을 표시하라."

발타자르 그라시안(Baltasar Gracián, 1 7 C 스페인. 철학자, 수도사 사제, 작가, '사람을 얻는 지혜' 저자.)

19. "감사는 가슴에 더 많은 빛을 받아들일수록 당신의 내면세계는 더욱 밝아진다."

샥티 거웨인(Shakti Gawain, 미국. 작가·자기계발 전문가)

20. "'감사합니다(Thank You!)'는 누구나 말할 수 있는 최고의 기도입니다"

워커(Walker, 작가)

21. "'고맙다, 감사합니다(Thank you!)'라고 말하는 것은 어떤 선물을 받았다는 고백이다. 따라서 자신에게 나쁜 일만 생기는 것이 아니라 좋은 일도 생긴다는 것을 깨닫게 되고 세상이 자신을 결코 외면하지 않는다는 사실도 확인하게 된다."

M.J. 라이언(M.J. Ryan, 미국. 『Thanks』 저자, 방송인)

22. "이미 가지고 있는 것에 항상 감사할 줄 아는 것이야말로 행복의 지름길이다."

최성식(Choi Sung Sik, 한국. 대학교수.마틴부버 인성교육 연구소 소장)

23. "감사할 줄 모르는 사람과 어울리면 우리도 그들의 감정에 감염된다"

   론다 번(Rhonda Byrne, 호주출신, 미국., 『시크릿』'매직 인기 저자)

24. "감사하면서 어떤 행동을 하겠다고 맹세하면 그 행동이 수행될 가능성이 커진다."

   론다 번(Rhonda Byrne, 호주출신,미국. 『시크릿』'매직 인기 저자)

25. "여러 가지 식물, 동물, 사람 그리고 무생물인 기계류와 제조품까지도 감사, 행복 등의 긍정적 언어가 큰 영향을 미친다."

   제갈정웅(Jae Gal Jong Oung, 한국. 대학 총장, 행복나눔 이사, 감사 저서)

26. "성공해서 행복한 것이 아니라, 행복하면 성공한다며 기계 부품에도 '감사합니다.' 감사의 스티커를 붙인다."

   태종성(Ta Jong Sung, 포스코 ICT 부공장장, '감사 사례를 공장에서 발견)

27. "당신이 누구든, 당신이 어디에서 왔든, 당신의 현재 상황이 '매직 (Magic)'인 감사는 당신의 삶의 모든 것을 바꿔놓을 것이다."

   론다 번(Rhonda Byrne, 호주 출신, '시크릿, 매직' 저자, 인기 저술가)

28. "말 속에 압축되어 있는 의도는 마법의 힘을 지닌다."

   디팩 초프라(Deepak Chopra, 인도 출신 미국. 의사·작가)

29. "사소한 지혜는 바다의 물처럼 어둡고 불가사의하여 헤아릴 수 없다."

   타고르(Rabindranath Tagore, 인도 시인·철학자, 한국을 동방의 등 불로 지칭, 아시안 최초 노벨문학상.)

30. "큰 희망이 큰 사람을 만든다."

토마스 풀러(Thomas Fuller, 영국. 작가)

31. "날고 싶은 충동을 느끼는 사람이 '기어 가라'는 말에 따르지는 않을 것
이다."

헬렌 켈러(Helen Keller, 미국. 3중고 장애자, 수필가·사회운동가, 자
선가)

32. "희망은 깃털 달린 것이다."

에밀리 디킨슨(Emily Dickinson, 미국. 시인)

33. "꿈은 도망가지 않는다 도망치는 것은 언제나 자신이다."

콘도 타카미(Takami Kondo, 일본. 작가)

34. "모든 일을 서두르지 말고, 멈추지도 말아라."

괴테(Johann Wolfgang von Goethe,독일. '짜라투스트라는 이렇게
말했다.')

35. "꿈을 품고 뭔가 할 수 있다면, 그것을 시작하라. 새로운 일을 시작하는
용기 속에 당신의 천재성과 능력과 기적이 숨어 있다."

괴테(Johann Wolfgang von Goethe,독일. '짜라투스트라는 이렇게
말했다.')

36. "우리는 빚을 진 느낌이 싫어서 금방 감사하는 마음을 잊어버린다."

프레드 스미스(Fred Smith, 미국. 성공기업가. 컨설턴트)

37. "나는 내가 인생에서 과분할 정도로 많은 복을 누리고 있음을 안다. 그래
서 언제나 감사하는 마음을 간직하려고 노력한다."

존 맥스웰(John Maxwell, 미국. 『리더십 골드』 저자)

37. "어느 날 감사란 다른 사람이 나를 위해 내가 할 수 없는 일을 해줬음을

인정하는 것임을 깨닫고 비로소 의문이 풀렸다.”

프레드 스미스(Fred Smith, 미국. 성공기업가 컨설턴트)

38. “감사는 우리가 약해서 다른 사람들에게 의존할 수밖에 없음을 표현하
는 것이다.”

존 맥스웰(John Maxwell, 미국.『리더십 골드』 저자)

39. “물을 마실 때는 우물을 판 사람을 기억하라.”

중국 속담(China Proverb)

40. “세상 누구도 혼자 힘으로 성장하고 성공할 수 없다. 이 점을 기억하면 늘
감사하게 된다. 그리고 감사하면 좋은 성품을 갖추기가 한결 수월해 진다.”

프레드 스미스(Fred Smith, 미국. 성공기업가, 컨설턴트)

41. “감사는 우리 삶을 풍요롭게 하고, 마음의 빛을 밝힌다.”

헬렌 켈러(Helen Keller, 미국 사회운동가, 삼중고 자선가,수필가, 저
술가)

42. “감사는 가장 강력한 희망의 언어이다.”

에크하르트 톨레(Eckhart Tolle, 독일계 캐나다. 작가)

43. “감사는 비전을 갖게 하고, 미래를 향해 나아가게 한다.”

토니 로빈스(Tony Robbins, 미국. 동기부여 연설가)

44. “감사는 내면의 빛을 발현시키는 열쇠이다.”

마리아 몬테소리(Maria Montessori, 이탈리아. 교육학자)

45. “감사는 희망과 사랑의 씨앗이다.”

마더 테레사(Mother Teresa, 불가리아 출신, 인도 카토릭 수녀, 노벨

평화상)

46. "감사는 마음의 등불을 밝히는 가장 아름다운 빛이다."

헨리 워즈워스 롱펠로우(Henry Wadsworth Longfellow, 미국. 시인)

47. "감사는 우리 삶의 의미를 비추는 빛이다."

랄프 왈도 에머슨(Ralph Waldo Emerson, 미국. 사상가)

48. "감사는 내일을 위한 희망의 씨앗을 심는다."

찰스 디킨스(Charles Dickens, 영국. 소설가)

49. "감사는 우리 영혼에 빛과 평화를 준다."

달라이 라마(Dalai Lama, 티베트. 불교 지도자)

50. "감사는 비전을 실현시키는 강력한 동력이다."

벤자민 프랭클린(Benjamin Franklin, 미국. 사상가, 독립운동가)

51. "감사는 마음의 빛을 밝혀 우리를 인도한다."

마야 안젤루(Maya Angelou, 미국. 시인)

52. "감사는 가장 순수한 희망의 표현이다."

윈스턴 처칠(Winston Churchill, 영국. 정치가, 2차대전 승리자)

53. "감사는 우리가 가진 모든 것에 빛을 비춘다."

에밀리 디킨슨(Emily Dickinson, 미국. 시인)

54. "감사는 미래에 대한 확신과 희망을 준다."

나폴레온 힐(Napoleon Hill, 미국. 자기계발, 성공, 긍정주의 작가)

55. "감사는 내면의 빛을 키우는 작은 불꽃이다."

   헨리 데이비드 소로우(Henry David Thoreau, 미국. 자연주의 철학자, 소설가 '월든 '저자)

56. "감사는 희망의 씨앗이며 사랑으로 자란다."

   마더 테레사(Mother Teresa, 불가리아 출신, 인도 카토릭 수녀, 노벨 평화상)

57. "감사는 내일을 향한 비전의 시작이다

   토니 로빈스(Tony Robbins, 미국. 동기부여 연설가)

58. "감사는 말보다 행동으로 전할 때 진정성이 느껴진다."

   랄프 왈도 에머슨(Ralph Waldo Emerson, 미국. 사상가, 19세기)

59. "진심 어린 '고맙다' 한마디가 마음을 녹인다."

   헤르만 헤세(Hermann Hesse, 독일. 작가, 20세기)

60. "감사의 언어는 관계의 문을 여는 열쇠이다."

   브라이언 트레이시(Brian Tracy, 미국. 자기계발 작가)

61. "감사는 작은 말로 큰 기적을 만든다."

   메리 데이비스(Mary Davis, 미국. 현대 작가)

62. "감사의 말은 마음의 태양이다."

   에밀리 디킨슨(Emily Dickinson, 미국. 시인, 19세기

63. "감사하는 마음을 말로 나누면 행복이 커진다."

   잭 캔필드(Jack Canfield, 미국. 동기부여 강연가)

64. "감사의 언어는 사람을 연결하는 가장 따뜻한 다리다."

　　헬렌 켈러(Helen Keller, 미국. 3중고 수필가, 교육자, 사회사업가)

65. "감사의 한마디가 모든 불평을 잠재운다."

　　찰스 디킨스(Charles Dickens, 영국. 소설가)

66. "감사의 말은 마음의 문을 두드리는 첫걸음이다."

　　오프라 윈프리(Oprah Winfrey, 미국. 방송인, 여성기업가, 자선가, 감사일기 실천가)

67. "감사하면 삶이 부드러워진다, 그리고 말도 부드러워진다."

　　니체(Friedrich Nietzsche, 독일. 철학자, '짜라투스트라는 이렇게 말했다' 저서)

68. "감사의 말 한마디가 사랑을 깊게 만든다."

　　마더 테레사(Mother Teresa, 불가리아 출신, 인도. 수녀, 노벨평화상 수상)

69. "감사하는 말을 하는 자는 이미 행복을 찾은 자다."

　　달라이 라마(Dalai Lama, 티베트. 정신 지도자)

70. "감사의 언어가 삶을 풍요롭게 한다."

　　아리스토텔레스(Aristotle, 고대 그리스. 철학자, '행복이 삶이다' 설파함)

71. "감사하는 말은 마음의 건강을 지킨다."

　　윌리엄 제임스(William James, 미국. 심리학자)

72. "감사의 말은 사람 사이에 다리를 놓는다."

　　조지 허버트(George Herbert, 영국. 시인)

73. "감사의 언어는 내면의 평화를 말로 전하는 것."

마하트마 간디(Mahatma Gandhi, 영국 수업자, 인도. 무저항주의자. 독립운동가)

74. "감사 표현은 마음의 보석을 나누는 일이다."

어니스트 헤밍웨이(Ernest Hemingway, 미국. '노인과 바다', '무기여 잘 있거라' 작가)

75. "감사하는 말은 관계를 치유하는 약이다."

카렌 암스트롱(Karen Armstrong, 영국. 종교학자)

76. "감사는 하루를 의미있게 만들고, 하루하루가 인생을 의미 있게 만든다."

존 F. 케네디(John F. Kennedy, 미국. 제35대 대통령)

77. 오늘은 틀림없이 좋은 날이다

황용석(Hwang Yong Seok, 한국. 문경시 신망애육원 창시자, 장로, 대통령 국민표창)

78. "매일 아침 눈을 떴을 때 감사의 마음으로 하루를 시작하라. 그 하루는 더 밝고 복된 날이 될 것이다."

달라이 라마(Dalai Lama, 티베트. 불교의 정신적 지도자)

79. "하루의 첫 말이 감사와 기쁨을 표현하는 말이 되도록 해야 한다."

유대인. 랍비(Jewish Rabbi)

80. "오늘 하루를 감사로 살았다면, 그대는 진정한 부자다."

벤자민 프랭클린(Benjamin Franklin, 미국. 정치가·과학자·발명가)

81. 오늘, 하루를 살 수 있음에 감사하라. 그것이 존재의 기적이다.

틱낫한(Thich Nhat Hanh), 베트남. 출신의 불교 스승·평화운동가)

82. "오늘은 두 번 다시 오지 않는 소중한 날이다. 오늘이라는 선물에 감사
하라."

엘리너 루스벨트(Eleanor Roosevelt, 미국. 인권운동가·전 영부인)

83. "우리가 감사해야 할 시간은 어제도 내일도 아닌 바로 오늘이다."

루이자 메이 올컷(Louisa May Alcott, 미국. 소설가, 저자)

84. "오늘 하루를 기적으로 받아들이는 마음이 곧 감사다."

마야 안젤루(Maya Angelou, 미국. 시인·작가·운동가)

85. "매일 감사의 마음으로 하루를 시작하는 자는 그날을 축복 속에 산다."

노먼 빈센트 필(Norman Vincent Peale, 미국. 목사· 성공학, 개척자)

86. "감사는 오늘을 선물처럼 만들고, 그 선물은 다시 기쁨으로 돌아온다."

멜로디 비티(Melody Beattie, 미국. 자기계발 작가)

87. "감사는 하루의 스트레스를 덜어내는 가장 빠른 길이다."

앤 라모트(Anne Lamott, 미국. 작가·에세이스트)

88. "하루를 마감할 때 감사로 되돌아보라. 그러면 더 좋은 내일이 온다."

윌리엄 아서 워드(William Arthur Ward, 미국. 교육자·작가)

89. "오늘이라는 날을 살아갈 수 있음에 감사하라. 그것이 진정한 시작이다."

헨리 데이비드 소로(Henry David Thoreau, 미국. 사상가·자연주의
'월든' 작가)

90." 감사는 오늘을 영원히 기억되게 만든다."

칼릴 지브란(Kahlil Gibran, 레바논 출신 미국, 시인·철학자, 19~20세기)

91. "하루 하루를 충실히 살라."

조너선 스위프트(Jonathan Swift, 아일랜드. 성직자, 작가, '걸리버여행기' 저자)

92. "마음 속으로 매일 오늘이 내 인생 최고의 날이라고 다짐하라."

랠프 월드 에머슨(Ralph Waldo Emerson, 미국. 시인, 수필가. 사상가)

93. "오늘을 감사하며 사는 사람은 내일을 두려워하지 않는다."

마더 테레사(Mother Teresa, 불가리아 출신, 인도. 빈민 구호 수녀·노벨평화상 수상)

94. "매일 매 순간이 마지막 순간이라면 감사는 더욱 절실하다."

레오나르도 다 빈치(Leonardo da Vinci, 이탈리아. 르네상스 예술가·과학자)

95. "감사는 현재를 살아 있게 만드는 힘이다."

에크하르트 톨레(Eckhart Tolle, 독일 출신,미국. 『지금 이 순간을 살아라』 저자)

96. "오늘, 이 짧은 순간에도 감사할 수 있다면, 삶은 결코 불행하지 않다."

칼 힐티(Carl Hilty, 스위스. 철학자·정치가)

97. "감사는 하루를 축제로 만든다."

사라 밴 브레스낙(Sarah Ban Breathnach, 미국. 작가, 『단순한 기쁨』 저자)

98. "지금 이 순간에 감사하지 못하는 사람은 어떤 순간에도 만족하지 못한다."

제임스 알렌(James Allen, 영국. 철학자·자기계발 작가)

99. "오늘 감사할 수 없다면, 내일이 와도 행복하지 못할 것이다."

헬렌 켈러(Helen Keller, 미국. 수필가, 3중고의 장애자 도우미, 교육자·사회운동가)

100. "하루 중 감사하는 그 순간이 바로 당신의 삶을 바꾸는 시간이다."

찰스 스윈돌(Charles R. Swindoll, 미국. 목사·작가)

101. "감사하는 마음으로 하루를 시작하고, 사랑하는 마음으로 하루를 마무리하라."

잭 콘필드(Jack Kornfield, 미국. 명상 교사·불교 심리학자)

102. "감사는 하루의 해돋이와도 같다. 어둠을 몰아내고 새 빛을 가져온다."

필립 브룩스(Phillips Brooks, 미국. 성공회 주교·설교자)

103. "감사의 마음으로 하루를 살아가면, 그 하루는 기적이 된다."

루이자 메이 올컷(Louisa May Alcott, 미국. 소설가, 『작은 아씨들』 저자)

104. "매일 아침은 새로운 감사의 기회다."

리처드 바크(Richard Bach), 미국. 작가, 『갈매기의 꿈』 저자)

105. "오늘 하루, 감사의 말 한마디가 세상을 바꿀 수 있다."

에이미 콜러(Amy Cuddy), 미국. 사회심리학자·강연자)

106. "지금 이 순간을 감사로 가득 채울 때, 인생은 변하기 시작한다."

루이스 헤이(Louise Hay, 미국. 자기계발 작가·치유운동가)

107. "감사는 어제를 아름답게 하고, 오늘을 의미 있게 하며, 내일을 희망으로 만든다."

로버트 A. 에몬스(Robert A. Emmons, 미국. 심리학자, 감사 연구 선
도자)

108. "하루를 감사로 마무리하는 이는 다음 날도 복을 받는다."

벤자민 프랭클린(Benjamin Franklin, 미국. 정치가·발명가·언론인)

109. "매일 아침, 숨 쉬는 것에 감사하라. 그것이 삶의 출발점이다."

존 우든(John Wooden, 미국. 농구 감독·교육자)

111. "감사는 어제의 실망을 치유하고, 오늘의 기쁨을 키운다."

존 맥스웰(John C. Maxwell, 미국. 리더십 전문가·작가)

112. "오늘에 감사하면 내일의 불안도 작아진다."

션 아처(Shawn Achor), 미국. 긍정심리학자·『행복의 특권』 저자)

113. "감사는 하루라는 시간에 생명을 불어넣는다."

브레네 브라운(Brené Brown, 미국. 사회학자·감정 연구자)

114. "하루를 감사로 시작하는 사람은 그날의 고난조차 의미 있게 만든다."

에리히 프롬(Erich Fromm), 독일계 미국. 심리학자·철학자)

115 "오늘 하루가 살아있다는 것, 그 자체가 최고의 선물이다."

레오 버스카글리아(Leo Buscaglia), 미국. 교육학자·'사랑의 철학자')

116. "감사하는 마음으로 하루를 바라보면, 작은 일에도 감동하게 된다."

메리 올리버(Mary Oliver), 미국. 퓰리처상 수상 시인)

117. "더 감사하고 싶다면 '지금 이 순간, 내 주변에는 축복이 가득하다' 라
는 메시지를 항상 떠올려 보라."

다빗 쿤디츠(D.Kunditz,미국. 사제, 정신 치료사, '멈춤, Stopping' 저자)

118. "지금 이 순간에 감사를 드리는 자는 과거에도 미래에도 자유롭다."

요가난다(Paramahansa Yogananda, 인도 영성가·'요가난다' 자서전 저자)

119. "감사는 오늘을 특별하게 만든다."

존 카밧진(Jon Kabat-Zinn, 미국. 명상 전문가· 스트레스 감소 창시자)

120. "매일 아침 '감사합니다'라는 말로 하루를 열라. 그 말이 당신 삶을 열 것이다."

조엘 오스틴(Joel Osteen, 미국 목사·긍정주의 설교가)

121. "감사의 순간이 모이면 그것은 곧 행복한 인생이 된다."

앤드류 매튜스(Andrew Matthews, 호주 자기계발 작가·카투니스트)

122. "오늘이 있다는 것은 축복이다. 그 축복을 놓치지 말라."

맥스 루케이도(Max Lucado, 미국 작가·목사)

123. "감사는 오늘이라는 시간 속에 숨겨진 보석을 찾아낸다."

수잔 제퍼스(Susan Jeffers, 미국.심리학자·『두려움을 넘어서라』 저자)

124. "매일 '감사합니다'라고 말하는 사람은 매일 기적을 경험한다."

앤서니 로빈스(Tony Robbins, 미국 동기부여가·성장 코치)

125. "오늘은 어제 감사한 마음의 열매다."

노먼 빈센트 필(Norman Vincent Peale, 미국, 목사·작가, 20세기)

126. "감사는 시간을 축복으로 바꾸는 능력이다."

메를린 캐롤(Marilyn J. Carroll, 미국 작가·목회자)

127. "불만과 원망의 감정 해결을 못하면 행복할 수 없고 어떤 환경이나 여
    건이라도 감사가 없는 곳에서는 행복이 없다.-감사는 깨달음에서 온다.

  신민규(Min-Gyoo, Shin, 한국. 나사렛성결회 상암동교회 목사, 미국
  에모리리대 상담학 박사, 나사렛대학교 총장, 이사장. '희망의 끈' 등 저
  서 다수)

128. "감사는 어제의 상처를 치유하고, 오늘을 밝히며, 내일을 준비시킨다."

  조엘 오스틴(Joel Osteen, 미국. 크레이트우드교회 목사·긍정 설교가)

129. "하루가 시작될 때 감사하고, 끝날 때 다시 감사하라."

  로빈 샤르마(Robin Sharma, 캐나다. 작가, 『The Monk Who Sold
  His Ferrari』)

130. "감사는 매일을 기도로 만든다."

  R. 브라운윙(R. Browning, 영국. 시인 로버트 브라우닝의 약칭)

131. "감사하는 사람은 매 순간을 새로운 시작으로 삼는다."

  메리 올리버(Mary Oliver, 미국. 퓰리처상 수상 시인)

132. "감사하는 마음은 시간의 흐름 속에서도 흔들리지 않는다."

  제인 오스틴(Jane Austen, 영국. 소설가·『오만과 편견』 저자)

133. "감사는 오늘을 영원처럼 깊게 살게 한다."

  수잔 제퍼스(Susan Jeffers, 미국 심리학자·'두려움을 넘어서' 저자)

134. "감사하는 마음은 시간을 멈추게 한다. 그리고 그 순간이 영원처럼느
    껴진다."

R. W. 트라인(Ralph Waldo Trine, 미국 신사상 운동가·작가)

135. "감사는 순간을 살게 하며, 순간은 인생의 모든 것이다."

데비 포드(Debbie Ford, 미국 자기계발 작가)

136. "감사할 줄 아는 사람은 하루하루를 충만하게 산다."

세네카(Seneca, 고대 로마 철학자·스토아학파)

137. "감사로 하루를 시작하라."

랍비 죠셉(Josep, 유대인 랍비)

138. "오늘 하루는 다시 돌아오지 않을 선물이다. 감사로 맞이하라."

마사 백크(Martha Beck, 미국, 작가이자 라이프 코치)

139. "하루하루가 기적이다. 그 기적을 감사로 맞이하자."

파울로 코엘료(Paulo Coelho, 브라질, 소설가, 20~21세기)

140. "지금 이 순간이 내 인생 최고의 순간임을 감사하며 살아가자."

오프라 윈프리(Oprah Winfrey, 미국, 방송인·작가·사업가)

141. "아침 햇살은 어제의 어둠을 비춘다. 오늘을 감사로 시작하라."

헬렌 슈먼(Helen Schucman, 미국, 심리학자·작가, 20세기)

142. "오늘이 마지막 날인 것처럼 감사하며 살아라."

스티브 잡스(Steve Jobs, 미국, 기업가·애플 공동창업자, 20~21세기)

143. "신은 하루에만 8만 6천4백 초라는 시간을 누구에게나 선물을 주었다. 하루 1초라도 "고맙습니다"라는 말하는가? 자문해 보라."

월리암 아서 우드(William Arthur Ward, 미국 교육자, 작가)

144. "아침에 일어나면 당신이 살아있고, 생각하고, 즐기고, 사랑할 수 있다는 것이 얼마나 큰 특권인지 생각하라."

마르쿠스 아울렐리우스(Marcus Aurelius,기원전(121-180, 제1 6 대 로마. 황제,스토아 철학자,'명상록'저자)

145. "당신의 마음 속에 감사가 없다면 아무리 많은 재산을 갖고 있다고 하여도 당신은 지금 파멸의 노를 젓고 있는 것이다."

바넷 깁슨(Barnett Gipson, 미국.   박사, '행복한 하루' 저자)

146. "우리는 감사를 통해 부자가 된다. 감사하면 하나님이 더 주시기 때문에 더 부자가 되기   때문이다."

디트리히 본회퍼(D.Bonhoeffer, 독일. 루터교회 목사, 신학박사. 저술가)

147. "하루하루 일상에서 좋은 일들을 찾아내고 감사하는 것은 우리의 무한한 잠재력을 모으는 시초가 된다."

데보라 노빌(Debora Norville, 미국. NBC 앵커, '감사의 힘'&'뒤돌아보기' 저자.)

148. "오늘, 현실은 답답하고 한 숨만이 나올지라도 우리에게 주께서 주신은혜의 10,000가지 감사를 찾아보자."

메타 레드맨(Mett Redman, 1 0,0 0 0 Reasons by Matt Redman song, 영국.예배인도자, 찬양 지휘자)

감사의 일기
(111선)

5감사, 10감사, 감사편지 111선

일기의 서문

"감사의 마음은 기록할 때 더욱 선명하게 드러난다.

하루의 소소한 순간을 글로 남기는 감사일기는

지나치기 쉬운 은혜와 기쁨을 붙잡아 주며,

무심히 흘러가는 일상에서 의미를 새롭게 발견하게 한다.

글로 표현된 감사는 반복될수록 내면에 깊이 새겨져,

힘든 날에도 긍정과 평안의 자산이 된다.

감사일기는 자기성찰의 도구로서 마음을 정돈하고, 삶을 바라보는 시각을

건강하게 변화시킨다.

또한 시간이 흐른 후 다시 읽을 때, 그 기록은 과거의 위로와 격려가 되어

미래를 향한 용기를 북돋운다.

감사일기는 단순한 글쓰기를 넘어서 삶을 풍요롭게 만드는 치유의 여정이다."

“하루에 세 가지 감사만 적어도 우울증을 밀어낼 수 있다.”

마틴 셀리그만(Martin Seligman, 긍정심리학 창시자, 펜실베이니아대 심리학
교수)

....

“ 감사일기는 삶의 고요한 기적들을 깨닫게 하는 렌즈다.”

멜로디 비티(Melody Beattie, 미국 자기계발 작가, 『공동 의존에서 벗어
나기』 저자)

1. "감사일기는 당신 삶의 가장 따뜻한 친구가 될 것이다."

오프라 윈프리(Oprah Winfrey,미국. 방송인, 자선사업가, 감사일기 실천가)

2. "감사의 말보다, 감사의 글이 마음을 깊게 변화시킨다."

루이스 헤이(Louise Hay,미국. 자기계발서 『치유는 가능하다』 저자

3. "종이 위에 감사를 적는 순간, 당신은 기적을 창조하고 있다."

조 디스펜자(Joe Dispenza,미국. 뇌신경과학자, 『당신은 플라시보 다』 저자)

4. "감사일기는 내면의 햇살을 매일 꺼내는 열쇠다."

로버트 에몬스(Robert Emmons,미국. UC데이비스대. 감사연구소 장'Thanks'저자)

5. "하루를 감사로 기록하면, 그 날은 이미 선물이다.

브레네 브라운(Brené Brown,미국. 휴스턴대 교수, 『취약성의 힘』 저자)

6. "감사일기는 자신에게 보내는 편지이며, 우주의 반응을 이끄는 주문이다."

디팩 초프라(Deepak Chopra, 인도계 미국. 내과의사·명상가)

7. "감사를 매일 적는 사람은 그 날의 중심을 잡는 사람이다."

숀 아처(Shawn Achor,미국. 하버드 긍정심리학자, 『행복의 특권』 저자)

8. "감사일기는 평범한 하루를 예배로 바꾼다."

앤 보스캠프(Ann Voskamp, 캐나다. 작가, 『천 개의 감사』 저자)

9. "감사일기를 꾸준히 쓰는 것은 삶의 체질을 바꾸는 일이다."

존 카밧진(Jon Kabat-Zinn,미국. 마음챙김 명상 창시자, MIT 출신 의

학자)

10. "매일 감사일기를 쓰는 사람은 부정적 감정을 다스리는 주인이다."

    대니얼 골먼(Daniel Goleman,미국. 『감성지능』 저자, 심리학자)

11. "감사일기는 마음의 방을 정리하고 향기를 더하는 도구다."

    마크 네포(Mark Nepo, 미국. 시인·영적 작가, 『깨어있는 삶』 저자)

12. "감사일기를 쓰면 삶이 어디에서 빛나고 있는지 보이기 시작한다."

    바바라 프레드릭슨(Barbara Fredrickson, 미국. 심리학자, 긍정정서
    연구자)

13. "당신의 펜 끝에서 감사가 피어날 때, 그것은 기도가 된다."

    헨리 나우웬(Henri Nouwen, 네덜란드 신부,미국. 『상처 입은 치유
    자』 저자)

14. "감사는 종이에 남기면 마음속에 더 깊게 새겨진다."

    마야 안젤루(Maya Angelou, 미국. 시인, 인권운동가)

15. "감사일기는 시간 속에 새긴 사랑의 흔적이다."

    조엘 오스틴(Joel Osteen, 미국. 목사, 레이크우드교회, 『긍정의 힘』
    저자)

16. "감사일기를 통해 나는 내 안의 신성함과 매일 만났다."

    마리안 윌리엄슨(Marianne Williamson, 미국. 작가, 『기적의 과정』 강사)

17. "하루에 세 가지 감사만 적어도 우울증을 밀어낼 수 있다."

    마틴 셀리그만(Martin Seligman,미국. 긍정심리학 창시자, 펜실베이
    니아대 심리학 교수)

18. "감사를 쓰는 순간, 마음은 평화로 충만해진다."

틱낫한(Thich Nhat Hanh, 베트남. 출신 세계적 명상가·불교 스승)

19. "감사일기는 당신 삶의 가장 따뜻한 친구가 될 것이다."

오프라 윈프리(Oprah Winfrey, 미국. 방송인, 기업가,자선가. 감사일기 실천가)

20. "감사의 말보다, 감사의 글이 마음을 깊게 변화시킨다."

루이스 헤이(Louise Hay,미국. 자기계발서 『치유는 가능하다』 저자)

21. "종이 위에 감사를 적는 순간, 당신은 기적을 창조하고 있다."

조 디스펜자(Joe Dispenza,미국. 뇌신경과학자, 『당신은 플라시보다』 저자)

22. "감사일기는 내면의 햇살을 매일 꺼내는 열쇠다."

로버트 에몬스(Robert Emmons, 미국. UC데이비스대, 감사 연구소장, 'Thanks저자')

22. "하루를 감사로 기록하면, 그날은 이미 선물이다."

브레네 브라운(Brené Brown, 미국. 휴스턴대 교수, 『취약성의 힘』 저자)

23. 오늘, 얄미운 짓을 한 동료에게 화내지 않았던 저의 참을성에 감사합니다.

오프라 윈프리(Oprah Gail Winfry,미국, 방송인, 여성사업가, 감사일기 실행자)

24. "감사를 매일 적는 사람은 그 날의 중심을 잡는 사람이다."

손 아처(Shawn Achor, 미국. 하버드 긍정심리학자, 『행복의 특권』 저자)

25. "감사일기는 평범한 하루를 예배로 바꾼다."

앤 보스캠프(Ann Voskamp, 캐나다. 작가, 『천 개의 감사』 저자)

26. "감사일기를 꾸준히 쓰는 것은 삶의 체질을 바꾸는 일이다."

존 카밧진(Jon Kabat-Zinn, 미국. 마음챙김 명상 창시자, MIT 출신 의학자)

27. "매일 감사일기를 쓰는 사람은 부정적 감정을 다스리는 주인이다."

대니얼 골먼(Daniel Goleman, 미국.『감성지능』 저자, 심리학자)

28. "감사일기는 마음의 방을 정리하고 향기를 더하는 도구다."

마크 네포(Mark Nepo, 미국. 시인·영적 작가, 『깨어있는 삶』 저자)

29. "감사일기를 쓰면 삶이 어디에서 빛나고 있는지 보이기 시작한다."

바바라 프레드릭슨(Barbara Fredrickson, 미국. 심리학자, 긍정정서 연구자)

30. "당신의 펜 끝에서 감사가 피어날 때, 그것은 기도가 된다."

헨리 나우웬(Henri Nouwen, 네덜란드 신부, 미국.『상처 입은 치유 자』 저자

31. "감사는 내가 가진 자유에 감사합니다."

넬슨 만델라(Nelson Mandela, 남아프리카.인권운동가.대통령, 노벨 평화상. 자유와 평등의 상징)

32. "감사일기는 시간 속에 새긴 사랑의 흔적이다."

조엘 오스틴(Joel Osteen, 미국.'레이크우드 교회'목사, 『긍정의 힘』 저자)

34. "감사일기를 통해 나는 내 안의 신성함과 매일 만났다."

마리안 윌리엄슨(Marianne Williamson, 미국. 작가, 『기적의 과

정』강사)

35. "내 마음을 열 수 있어 감사합니다."

베레네 브라운(Brené Brown, 미국. 연구자, 취약성과 용기의 힘 연구)

36. "내가 가진 시간을 소중히 여길 수 있어 감사합니다."

스티븐 코비(Stephen Covey,미국. 자기계발 작가, 시간 관리와 우선순위 강조)

37. "내가 배운 모든 것에 감사합니다."

엘버트 아인슈타인(Albert Einstein, 독일. 태생, 미국 물리학자, 끊임없는 학습 강조)

38. "내가 가진 친구들에게 감사합니다."

헬렌 켈러(Helen Keller, 미국. 수필가, 3중고 장애의 어려움을 함께 하는 친구의 소중함 강조)

39. "오늘 만난 사람들에게 감사합니다."

델 카네기(Dale Carnegie, 미국. 자기계발 전문가, 대인관계 기술 강조)

40. "매일 감사를 적는 일기는 당신의 인생에 빛을 채워준다."

사라B.브레스낙(Sarah Ban Breathnach, 미국 작가, 『Simple Abundance』 저자)

41. "감사일기는 삶의 고요한 기적들을 깨닫게 하는 렌즈다."

멜로디 비티(Melody Beattie, 미국. 작가, '공동의존에서 벗어나기' 저자)

42. "하루에 세 가지 감사만 적어도 우울을 밀어낼 수 있다."

마틴 셀리그만(Martin Seligman, 미국. 긍정심리학 창시자, 펜실베이니아대 심리학 교수)

43. "감사를 쓰는 순간, 마음은 평화로 충만해진다."

틱낫한(Thich Nhat Hanh, 베트남. 출신 세계적 명상가·불교 스승)

44. "감사일기는 당신 삶의 가장 따뜻한 친구가 될 것이다."

오프라 윈프리(Oprah Winfrey, 미국. 방송인, 프로듀서, 감사일기 실천가)

45. "감사의 말보다, 감사의 글이 마음을 깊게 변화시킨다."

루이스 헤이(Louise Hay,미국. 자기계발서 『치유는 가능하다』 저자)

46. "종이 위에 감사를 적는 순간, 당신은 기적을 창조하고 있다."

조 디스펜자(Joe Dispenza,미국. 뇌신경과학자, 『당신은 플라시 보다』 저자)

47. "감사일기는 내면의 햇살을 매일 꺼내는 열쇠다."

R.에몬스(Robert Emmons, 미국. UC대 데이비스 감사연구소장,'Thanks'저자)

48. "하루를 감사로 기록하면, 바로 그날은 이미 선물이다."

브레네 브라운(Brené Brown,미국. 휴스턴대 교수,『취약성의 힘』 저자)

49. 오늘, 좋은 책을 읽었는데 그 책을 써준 작가에게 감사합니다.

오프라 윈프리(Oprah Gail Winfry,미국. 방송인,여성사업가, 감사일기 실행자)

50. "감사를 매일 적는 사람은 그날의 중심을 잡는 사람이다."

숀 아처(Shawn Achor,미국. 하버드 긍정심리학자,『행복의 특권』 저자)

51. "감사일기는 평범한 하루를 예배로 바꾼다."

앤 보스캠프(Ann Voskamp, 캐나다. 작가, 『천 개의 감사』 저자)

52. "감사일기를 꾸준히 쓰는 것은 삶의 체질을 바꾸는 일이다."

존 카밧진(Jon Kabat-Zinn, 미국.마음챙김 명상 창시자, MIT 출신 의학자)

53. "내가 가진 자연의 아름다움에 감사합니다."

존 뮤이르(John Muir, 미국. 자연 보호 운동가, 자연의 아름다움 전파)

54. "감사일기는 마음의 방을 정리하고 향기를 더하는 도구다."

마크 네포(Mark Nepo, 미국. 시인·영적 작가, 『깨어있는 삶』 저자)

55. "감사일기를 쓰면 삶이 어디에서 빛나고 있는지 보이기 시작한다."

바바라 프레드릭슨(Barbara Fredrickson, 미국. 심리학자, 긍정정서 연구자)

56. "당신의 펜 끝에서 감사가 피어날 때, 그것은 기도가 된다."

헨리 나우웬(Henri Nouwen, 네덜란드. 신부, 『상처 입은 치유자』 저자)

57. "감사는 종이에 남기면 마음속에 더 깊게 새겨진다."

마야 안젤루(Maya Angelou, 미국. 시인, 인권운동가)

58. "감사일기는 시간 속에 새긴 사랑의 흔적이다."

조엘 오스틴(Joel Osteen, 미국. 레이크우드 교회 목사, 『긍정의 힘』 저자)

59. "감사일기를 통해 나는 내 안의 신성함과 매일 만났다."

마리안 윌리엄슨(Marianne Williamson, 미국. 작가, 『기적의 과정』 강사)

60. "감사일기는 삶의 고요한 기적들을 깨닫게 하는 렌즈다."

멜로디 비티(Melody Beattie, 미국. 자기계발 작가, 『공동의존에서 벗어나기』 저자)

61. "하루에 세 가지 감사만 적어도 우울을 밀어낼 수 있다."

마틴 셀리그만(Martin Seligman, 미국. 긍정심리학 창시자, 펜실베이니아대 심리학 교수)

62. "당신이 매일 적는 감사는 미래의 기쁨을 준비하는 씨앗이다."

브라이언 트레이시(Brian Tracy, 캐나다 출신 미국. 자기계발 강연가, 작가)

63. "감사일기는 침묵 속의 기도이자, 삶을 품는 따뜻한 대화다."

엘리자베스 퀴블러 로스(Elisabeth Kübler-Ross, 죽음과 삶의 심리학자, 『죽음의 순간』 저자)

64. "감사일기는 마음속 위대한 변화의 연료이다."

로빈 샤르마(Robin Sharma, 미국. 『리더는 마지막에 먹는다』 저자, 성공 코치)

65. "감사를 기록하면, 사소한 기쁨이 거룩한 기억이 된다."

사도 바울(Paul the Apostle, 유태. 초기 기독교 사도, 신약 성경 주요 저자)

66. "하루 한 줄의 감사는 당신을 긍정의 길로 인도한다."

제임스 클리어(James Clear, 미국. 『아주 작은 습관의 힘』 저자)

67. "감사를 적는 것은 마음속 잡초를 뽑고 꽃을 심는 일이다."

브라이언 존슨(Brian Johnson, 미국. 철학적 자기계발 작가, Optimize.me 창립자)

68. "감사일기는 '당신 안의 부'에 스포트라이트를 비춘다."

밥 프록터(Bob Proctor) , 미국. 『시크릿』 출연자, 자기계발 멘토)

69. "당신이 적은 감사는 상처받은 내면을 어루만지는 연고다."

루이즈 헤이(Louise Hay, 미국. 『치유는 가능하다』 저자, 심리상담가)

70. "감사일기를 꾸준히 쓰면 그 사람은 자신을 용서하기 시작한다."

자넷 콘래드(Janet Conner,미국. 『영혼이 쓰는 글쓰기』 저자, 영적 작가)

71. "종이에 남긴 감사는 영혼의 지문이 된다."

마크 배터슨(Mark Batterson,미국. 목사, 『서클 메이커』 저자)

72. "감사일기는 사랑받고 있음을 매일 깨닫게 하는 도구다."

개리 채프먼(Gary Chapman 미국. 『5가지 사랑의 언어』 저자)

73. "감사를 매일 쓰면, 당신은 더 이상 과거에 머물지 않는다."

조이스 마이어(Joyce Meyer,미국. 기독교 방송인, 여성 설교가)

74. "감사일기는 마음의 문을 여는 열쇠이며, 삶의 관점을 바꾼다."

리처드 칼슨(Richard Carlson,미국. 『사소한 일에 연연하지 마라』 저자)

75. "감사는 쓰는 순간 치유가 시작된다."

게일 굿윈(Gail Goodwin,미국. 작가, 'Inspire Me Today' 창립자)

76. "감사를 적는 시간은 자신에게 주는 가장 소중한 선물이다."

찰스 스탠리(Charles Stanley,미국. 목사, 인스파이어 작가)

77. "감사일기는 마음속 두려움과 혼란을 정리해주는 청소 도구다."

마리 포르레오(Marie Forleo, 미국.『모든 것은 해결될 수 있다』저자.)

78. "매일 감사일기를 쓰는 이는 인생의 주도권을 되찾은 사람이다."

브렌던 버처드(Brendon Burchard,미국. 동기부여 강사,『하이 퍼포먼스 습관』 저자)

79. "감사일기는 부정의 언어를 긍정의 정원으로 바꾼다."

제니퍼 로든(Jennifer Louden, 미국.『자기연민의 기술』 저자)

80. "감사를 기록하는 습관은 당신의 영혼을 단단하게 만든다."

매슈 켈리(Matthew Kelly, 미국.『꿈꾸는 사람』 저자, 자기계발 강연자)

81. "감사일기는 삶에 '멈춤'과 '생각'의 시간을 선물한다."

찰스 두히그(Charles Duhigg, 미국.『습관의 힘』 저자, NYT 기자)

82. "작은 감사를 기록할수록, 더 큰 기쁨이 문을 연다."

아드리안 코우프(Adrian Koopers, 미국. 감성심리 작가)

83. "감사일기는 매일의 '존재 이유'를 찾는 길잡이다."

앤서니 라빈스(Tony Robbins, 미국. 세계적 동기부여가)

84. "감사일기를 통해 우리는 축복의 명확한 기록자가 된다."

에이미 모린(Amy Morin, 미국. 『멘탈이 강한 사람들의 13가지 습관』 저자)

85. "감사일기는 당신과 신 사이의 진실한 대화다."

맥스 루케이도(Max Lucado, 미국. 기독교 작가, 목회자)

86 "감사일기에 적는 한 줄은 누군가의 기도에 대한 응답이다."

릭 워렌(Rick Warren, 미국. 목사,'목적이 이끄는 삶'. 저자)

87. "감사일기를 쓰는 사람은 현재의 기적을 매일 목격한다."

앨릭스 엘(Alex Elle, 미국. 작가, 치유 저널링 코치)

88. "감사일기는 더 나은 질문을 가능하게 하는 생각의 습관이다."

브라이언 존슨(Brian Johnson,미국. 'Optimize.me' 운영자)

89. "감사일기를 쓰면 더 많이 느끼고 덜 불평하게 된다."

앨리슨 카르딜로(Allison Cardillo,미국. 긍정심리 실천가, 칼럼니스트)

90. "감사일기는 삶의 방향을 부드럽게 바로잡는다."

아리아나 허핑턴(Arianna Huffington, 미국.『잠의 혁명』 저자, 허핑턴포스트 창립자)

91. "감사는 일기의 가장 고귀한 목적이 될 수 있다."

레오 바스칼리아(Leo Buscaglia,미국. 교수, '사랑의 전도사')

92. "감사를 매일 기록하면 '존재의 근원'과 연결된다."

에크하르트 톨레(Eckhart Tolle,미국.『지금 이 순간을 살아라』 저자)

93. "감사일기는 침묵 속에서 성장하는 '삶의 루틴'이다."

줄리아 캐머런(Julia Cameron, 미국.『아티스트 웨이』 저자)

94. "감사일기는 존재를 기록하는 신성한 습관이다."

마이클 버그(Michael Berg, 미국. 카발라 교사, 저자)

95. "감사일기는 마음의 지도를 바꾸는 첫 번째 펜놀림이다."

브룩 캐스티요(Brooke Castillo, 미국. 라이프코치 스쿨 창립자)

96. "감사일기는 삶의 투명한 거울이다."

티나 세릭(Tina Seelig, 미국. 스탠퍼드 대학 교수, 창의력 강연자)

97. "감사일기는 과거와 미래를 연결하는 현재의 다리다."

세스 고딘(Seth Godin, 미국. 마케팅 전략가, 베스트셀러 작가)

98. "감사일기를 쓴다는 것은 빛나는 마음의 결심이다."

케이티 바이런(Byron Katie, 미국.『The Work』 창시자)

99. "감사를 매일 적으면, 평범한 삶도 시(詩)가 된다."

메리 올리버(Mary Oliver, 미국. 시인, 퓰리처상 수상자)

100. "감사는 쓰는 만큼 삶에 돌아온다."

잭 캔필드(Jack Canfield, 미국.『마음의 닭고기 수프』 공동 저자)

101. "당신의 감사일기는 미래의 당신에게 보내는 가장 따뜻한 편지다."

배광석(Bae,Kwang seok ,한국.『감사명언 2000선』 저자, 감사명언 연구가)

102. "누군가에게 미소를 줄 수 있어 감사합니다."

아우드레이 헵번(Audrey Hepburn,영국. 배우, 유니세프 친선대사 '자비와 미소'의 상징)

103. "평범한 하루를 보낼 수 있어 감사합니다."

하루키 무라카미(Haruki Murakami, 일본. 소설가, 일상의 특별함 강조)

104. "다정한 말 한마디에 감사합니다."

마야 엔젤루(Maya Angelou, 미국. 시인, 언어와 친절의 힘을 강조)

105. "상처를 회복할 수 있어 감사합니다."

루이스 헤이(Louise Hay, 미국. 자기계발 작가, 자기치유와 회복의 철학 전도사)

106. "누군가와 시간을 나눌 수 있어 감사합니다."

미처 앨번(Mitch Albom, 미국. 작가, 『모리와 함께한 화요일』 저자, 시간과 인생의 의미 강조)

107. "새로운 도전을 할 수 있어 감사합니다."

엘런 무스크(Elon Musk, 미국. 기업가, 혁신과 도전의 아이콘)

108. "사랑하는 이들과 함께 있음에 감사합니다."

프레드 로저스(Fred Rogers , 미국. 방송인, 사랑과 관계의 중요성 강조)

109. "내가 걸어온 길에 감사합니다."

공자(Confucius, 중국. 철학자, 삶과 도덕의 길 제시)

110. "오늘도 거뜬하게 잠자리에서 일어날 수 있어서 감사합니다. 유난히눈 부시고 파란 하늘을 보게 해주셔서 감사합니다. 점심 때 맛있는 스파게티를 먹게 해 주셔서 감사합니다. 얄미운 짓을 한 동료에게 화내지 않았던 저의 참을성에 감사합니다. 좋은 책을 읽었는데 그 책을 써준 작가에게 감사합니다.

오프라 윈프리(Oprah Gail Winfry, 미국. 방송인, 여성사업가, 감사 일기 실행자)

감사의 건강
(139선)

젊음, 아름다움, 치유 139선

건강의 서문

"감사는 마음뿐 아니라 몸에도 치유와 회복을 가져다준다.

연구에 따르면 감사하는 태도는 스트레스를 줄이고 면역력을 강화하며,

수면의 질을 개선하고 우울감을 완화한다.

신체적 건강에도 이로운 영향을 준다.

감사하는 사람은 일상의 어려움에도 탄력적으로 대응하며,

더 활기차고 균형 잡힌 삶을 살아간다.

건강은 단순히 질병이 없는 상태가 아니라,

몸과 마음이 조화를 이루는 상태이다.

감사는 이러한 조화를 돕는 자연스러운 치료제이자,

누구나 실천할 수 있는 가장 확실한 예방 의학이다.

"감사는 스트레스를 완화하고 건강,면역을 증진하며 치유를 촉진시킨다."

데브라 노빌(Debrah Norville, 미국 방송인, '감사의 힘'의 저자)

....

"오늘 걸을 수 있는 두 다리에 감사하라. 내일은 그것이 당연하지 않을 수 있다."

헬렌 켈러(Helen Keller, 미국. 수필가. 사회운동가, 3중고의 장애 극복의 상징)

1. "건강은 모든 것의 기초이다. 건강 없이는 감사도 행복도 불완전하다."

쇼펜 하우어(Arthur Schopenhauer, 독일. 철학자, 19세기 실존주의 사상 선구자)

2. "건강은 잃어보기 전까지는 그 가치를 잘 모른다."

토마스 풀러(Thomas Fuller, 영국. 의사, 신학자, 17세기 격언 수집가)

3. "매일 아침 깨어날 수 있다는 것 자체가 큰 축복이다."

마야 안젤루(Maya Angelou, 미국. 시인, 활동가, 20C 흑인 여성 문학의 거장)

4. "몸이 건강하면 마음도 자연스럽게 밝아진다."

탈레스(Thales of Miletus, 고대 그리스. 철학자, 서양 철학의 시조)

5. "감사하는 마음은 건강을 지키는 최고의 방패이다."

멜로디 비티(Melody Beattie, 미국. 자기계발 작가, 감정 회복 분야 전문가)

6. "감사는 몸과 마음 모두를 치료하는 천연의 약이다."

버나딘 헤일(Bernadine Healy, 미국. 의사, 여성 최초의 NIH 국장)

7. "아플 수 있는 몸도 살아 있다는 증거임을 잊지 말라."

존 케밸 진(Jon Kabat-Zinn, 미국. 명상치유 전문가, 마음챙김 치료 창시자)

8. "건강은 음식을 통해 얻는 것이 아니라, 마음에서 시작된다."

히포크라테스(Hippocrates, 고대 그리스. 의학자, '의학의 아버지')

9. "감사하는 마음은 혈압을 낮추고 심장을 평화롭게 한다."

딘 오니쉬(Dean Ornish, 미국. 심장병 전문의, 생활습관 개선 운동 선

구자)

10. "나의 하루가 건강하게 시작될 수 있음에 감사한다."

루이사 메이 올컷(Louisa May Alcott, 미국. 소설가, 『작은 아씨들』
저자)

11. "매일 아침 숨을 쉴 수 있음에 감사하는 것이 진정한 건강의 시작이다."

틱낫한(Thich Nhat Hanh, 베트남. 출신 불교 승려, 세계적 명상 지도자)

12. "감사는 질병의 뿌리를 약화시키는 정서적 백신이다."

마틴 셀리그먼(Martin Seligman, 미국. 심리학자, 긍정심리학 창시자)

13. "웃음은 건강의 음악이고, 감사는 그 음악의 리듬이다."

찰리 채플린(Charlie Chaplin, 영국. 출신, 미 영화배우, 코미디언, 무
성영화의 전설)

14. "내 몸이 나를 지탱해주는 것에 매일 감사를 보낸다."

루이즈 헤이(Louise Hay, 미국. 자기계발 작가, 긍정 확언 운동의 선
구자)

15. "건강은 나의 감사 습관에 비례한다."

조 디스펜자(Joe Dispenza, 미국. 신경과학자, 의식 치유 연구자)

16. "오늘 걸을 수 있는 두 다리에 감사하라. 내일은 그것이 당연하지 않을수
있다."

헬렌 켈러(Helen Keller 미국. 수필가. 사회운동가, 3중고의 장애 극
복의 상징)

17. "병상에서 가장 빛나는 보석은 '감사'라는 이름이다."

플로렌스 나이팅게일(Florence Nightingale, 영국. 간호학 창시자,

병원 개혁가)

18. "감사를 실천하는 사람의 면역력은 그렇지 않은 사람보다 높다."

로버트 에먼스(Robert Emmons, 미국. 긍정심리학자, 'Thanks' 저자, 감사연구 권위자)

19. "우리는 고통 없이 건강의 가치를 배우지 못한다."

카를 융(Carl Jung. 스위스. 정신분석학자, 분석심리학 창시자)

20. "건강은 감사의 마음이 머무는 장소에서 꽃핀다."

제임스 알렌(James Alle, 영국. 자기계발 작가, 『생각은 힘이다』 저자)

21. "병은 때때로 몸을 약하게 하지만, 감사는 영혼을 강하게 한다."

레오 버스카글리아(Leo Buscaglia, 미국. 교육학자, '사랑의 전도사')

22. "아픔 속에서도 감사할 이유를 찾는 사람은 가장 강한 사람이다."

빅터 프랭클(Viktor Frankl, 오스트리아. 정신과 의사,'독일 나치 '아우슈바이츠 수용소 수감자' 『죽음의 수용소에서』 저자)

23. "건강은 감사의 습관을 통해 자연스럽게 유지된다."

노먼 빈센트 필(Norman Vincent Peale, 미국. 목사, 『적극적인 사고방식』 저자)

24. "감사는 몸과 마음의 혈류를 흐르게 한다."

로빈 샤르마(Robin Sharma,캐나다. 자기계발 작가, 『리더는 마지막에 먹는다』 저자)

25. "하루 세 끼를 먹을 수 있음에 먼저 감사하라."

오프라 윈프리(Oprah Winfrey,미국. 방송인, 사업가, 영향력있는 여성,감사일기 실천가)

26. **“내 호흡 하나하나가 생명을 유지한다는 기적을 깨달아라.”**

에크하르트 톨레(Eckhart Tolle,독일 출신, 미국. 영적 스승, 『지금 이 순간을 살아라』 저자)

27. **“건강한 사람은 수천 가지 꿈을 꾸지만, 병든 사람은 단 하나만 바란다.”**

인도 속담(Indian Proverb,인도. 민간 격언)

28. **“감사를 실천하는 사람은 자가 치유력을 활성화 시킨다.”**

루퍼트 셸드레이크(Rupert Sheldrake,영국. 생물학자, 형태공명 이론 창시자)

29. **“내 몸이 주는 신호에 감사하는 순간, 진짜 회복이 시작된다.”**

브레네 브라운(Brené Brown,미국. 심리학자, 공감·취약성 연구자)

30. **“단순한 감기에도 감사를 배울 기회다.”**

헨리 데이비드 소로(Henry David Thoreau,미국. 자연주의 철학자, 『월든』 저자)

31. **“건강은 늘 가까이 있으나, 감사하지 않으면 멀어진다.”**

노자(Laozi,중국. 도가 사상가, 『도덕경』 저자)

32. **“아침 햇살과 맑은 공기에도 감사할 줄 알면 건강은 찾아온다.”**

윌리엄 워즈워스(William Wordsworth,영국. 낭만주의 시인)

33. **“마음 속 고요함은 육체적 건강의 근원이다.”**

달라이 라마(Dalai Lama XIV,티베트. 불교 지도자, 노벨평화상 수상자)

34. **“내가 오늘, 살아 숨 쉬고 있다는 사실 하나로도 충분히 감사할 수 있다.”**

메더스터 스미스(Medaster Smith,미국. 건강 회복 작가)

35. "감사는 혈관을 확장시키고 병을 물리치는 마음의 약이다."

앤드류 웨일(Andrew Weil,미국. 대체의학 전문가, 통합의학 창시자)

36. "가장 건강한 사람은 가장 감사하는 사람이다."

브라이언 트레이시(Brian Tracy,캐나다. 경영 컨설턴트, 자기계발 작가)

37. "불평은 면역력을 떨어뜨리고, 감사는 면역을 키운다."

크리스티나 노스롭(Christiane Northrup,미국. 산부인과 의사, 여성 건강 전문가)

38. "감사는 신체 내부의 회복 스위치를 켠다."

조 디스펜자(Joe Dispenza,미국. 신경과학자, 명상 과학 저술가)

39. "우리는 건강을 챙기기 위해 운동하지만, 감사를 통해 치유된다."

숀 아처(Shawn Achor,미국. 긍정심리학자, 『행복의 특강』 저자)

40. "내가 내 몸을 사랑할 때, 건강은 자연스럽게 따라온다."

루이즈 헤이(Louise Hay,미국. 자기계발 작가, '자기 치유' 운동 창시자)

41. "고통조차도 나를 치유로 이끄는 길임을 알게 될 때, 감사가 시작된다."

캐롤라인 미스(Caroline Myss,미국. 의료 직관가,'영적 에너지의 해부 학'저자)

42. "감사를 표현하는 사람은 병보다 더 큰 생명력을 품는다."

앤서니 윌리엄(Anthony William,미국. 자연치유 전문가,'메디컬 미 디엄'저자)

43. "건강을 당연하게 여기지 않을 때, 비로소 삶은 풍요로워진다."

존 카밧진(Jon Kabat-Zinn, 미국. 분자생물학자, MBSR(마음챙김 명

상) 창시자)

44. "내 몸의 소중함을 깨닫는 순간이 감사의 시작이다."

제인 구달(Jane Goodall,영국. 생물학자, 침팬지 연구의 세계적 권위자)

45. "우리는 병이 나면 후회하지만, 감사하는 이는 병들지 않는다."

히포크라테스(Hippocrates,고대 그리스. 의학자, '의학의 아버지')

46. "내 몸을 돌볼 수 있는 자유와 시간이 있다는 것이 얼마나 큰 축복인지요."

알렉산더 로웬(Alexander Lowen, 미국. 심리치료사, 바이오에너지 치료 창시자)

47. "감사를 통해 건강은 회복보다 예방에 강하다."

딥팩 초프라(Deepak Chopra,인도계 미국. 내과의사, 대체의학 전도사)

48. "병을 원망하는 대신, 배움의 기회로 삼는다면 이미 치유의 길에 있다."

루이스 스몰(Louise Small, 미국. 통합치유 강사)

49. "몸의 감각 하나하나에 감사할 줄 아는 이는 건강을 잃지 않는다."

신시아 아라이(Cynthia Aray, 일본. 심신치유 전문가)

50. "감사는 약보다 빠르고, 의사보다 현명하다."

데일 카네기(Dale Carnegie,미국. 자기계발 작가, 『인간관계론』 저자)

51. "감사하는 마음은 질병을 잊게 만들고, 생명력을 기억하게 한다."

하버트 벤슨(Herbert Benson, 미국. 심장 전문의, 이완반응 이론 창시자)

52. "내 몸의 고통은 감사가 부족하다는 신호일 수 있다."

안젤라 덕워스(Angela Duckworth, 미국. 심리학자, 『그릿(Grit)』 저자)

53. "병을 치료하는 데 가장 먼저 필요한 것은 감사의 태도다."

오쇼 라즈니쉬(Osho Rajneesh, 인도. 영적 스승, 명상 철학자)

54. "감사는 스트레스 호르몬을 낮추고, 회복 호르몬을 증가시킨다."

브루스 립튼(Bruce Lipton, 미국. 세포 생물학자, 『믿음의 생물학』 저자)

55. "건강을 되찾는 첫 번째 습관은 '감사'다."

하워드 커틀러(Howard Cutler, 미국. 정신과 의사, 달라이 라마와 공동 저술가)

56. "내가 가진 건강을 축복으로 여기는 순간, 삶은 기적이 된다."

웨인 다이어(Wayne Dyer, 미국 심리학자, 동기부여 연설가)

57. "치유는 감사를 품은 마음에서 비롯된다."

레슬리 카펜터(Leslie Carpenter, 미국. 정신건강 운동가)

58. "가장 효과적인 약은 감사의 감정이다."

메리앤 윌리엄슨(Marianne Williamson, 미국 영성 작가, 『기적 수업』 해설자)

59. "감사를 모르면 건강도 떠나고 만다."

리사 랭글러(Lisa Langler, 미국 웰빙 교육자)

60. "감사는 질병의 그림자를 밀어내는 빛이다."

버나드 시겔(Bernie Siegel, 미국 외과의사, 환자중심의학 선구자)

61. "우리가 가진 최고의 건강법은 감사하는 마음이다."

　　잭 콘필드(Jack Kornfield,미국. 명상 지도자, 심리학자)

62. "고요히 내 심장을 느끼고 감사할 수 있다면, 그것만으로도 충분하다."

　　마이클 싱어(Michael A. Singer,미국. 영성 작가, 『행복의 힘』 저자)

63. "감사는 유전자를 활성화시키는 긍정의 메시지다."

　　조 디스펜자(Joe Dispenza,미국. 신경과학자, 명상 치유 연구자)

64. "내 몸에 귀 기울이는 태도는 최고의 감사 표현이다."

　　타라 브랙(Tara Brach,미국. 임상심리학자, 명상 지도자)

65. "병상에서도 감사는 희망의 불씨를 지핀다."

　　랜디 포시(Randy Pausch,미국. 컴퓨터 과학자, 『마지막 강의』 저자)

66. "아침마다 몸이 반응하는 기적에 감사하라."

　　샤론 살즈버그(Sharon Salzberg,미국. 명상가, 마음챙김 전문가)

67. "감사는 치유의 언어다."

　　장 신다르(Jean Cindar프랑스. 심리치유 작가)

68. "매일 감사를 쓰는 사람의 병은 하루 빨리 떠나간다."

　　그레첸 루빈(Gretchen Rubin,미국. 행복 전문가, 『해빗의 힘』 저자)

69. "병든 사람들에게 감사는 약이 되고, 건강한 사람들에겐 예방이 된다."

　　댄 시걸(Daniel Siegel,미국. 정신과 의사, 뇌과학자)

70. "감사는 침묵 속에서 이루어지는 마음의 치유다."

마크 네포(Mark Nepo,미국. 시인, 영성 작가)

71. "건강은 감사가 습관이 된 사람들의 삶에 깃든다."

엘렌 랭어 (Ellen Langer,미국. 심리학자, 하버드대 교수)

72. "감사는 몸과 마음의 균형을 되찾는 명약이다."

존 레논(John Lennon,영국. 뮤지션, 비틀즈 멤버)

73. "오늘의 고요한 숨결에 감사할 수 있다면, 당신은 이미 건강하다."

나폴레온 힐(Napoleon Hill,미국. 성공학 작가, 『Think and Grow Rich』 저자)

74. "가진 것이 적다고 슬퍼하지 말고, 내가 가진 것에 감사하라."

에픽테토스(Epictetus), 고대 로마. 스토아 철학자)

75. "우리가 불행하다 느낄 때, 사실은 감사함을 잊은 때다."

데일 카네기(Dale Carnegie), 미국. 작가, 자기계발 강연가)

76. "감사는 부족함을 채우는 보이지 않는 그릇이다."

멜로디 비티(Melody Beattie,미국. 자기계발 작가, 중독 회복 운동가)

77. "가난은 마음의 태도에서 비롯된다. 감사하는 마음은 누구든지 부자로 만든다."

노먼 빈센트 필(Norman Vincent Peale, 미국. 목사, 긍정심리 전도자)

78. "세상을 원망하는 대신, 하루에 하나씩 감사할 일을 적어보라."

루이즈 헤이(Louise Hay, 미국. 동기부여 작가, 자가 치유 창시자)

79. "불만은 우리를 마르게 하지만, 감사는 우리를 살찌게 만든다."

앤 보스캠프(Ann Voskamp, 캐나다. 기독교 작가, 베스트셀러 『천 개의 선물』 저자

80. "감사는 상황이 아닌 마음의 선택이다."

오프라 윈프리(Oprah Winfrey, 미국. 방송인, 제작자, 자선가, 감사일기 실천가.)

81. "감사는 부족함 속에서도 빛나는 지혜이다."

탈레스(Thales, 고대 그리스. 철학자, 자연 철학 창시자)

82. "당신의 불행은 감사의 눈으로 보면 교훈이 된다."

마야 안젤루(Maya Angelou,미국. 시인, 시민운동가, 『나는 왜 새장에 갇힌 새가 노래하는가』 저자)

83. "만족을 배우지 않으면, 풍요 속에서도 가난할 것이다."

벤자민 프랭클린(Benjamin Franklin), 미국의 정치가, 과학자, 인쇄업자)

84. "불평은 순간의 해소이지만, 감사는 영혼의 성장이다."

스티븐 코비(Stephen R. Covey, 『성공하는 사람들의 7가지 습관』 저자, 리더십 전문가)

85. "부족함을 채우려는 욕망보다, 지금에 감사하는 마음이 더 중요하다."

에크하르트 톨레(Eckhart Tolle, 독일 출신 미국. 영성 작가,『지금 이 순간을 살아라』 저자)

86. "우리는 잃은 것에 집중하지만, 가진 것에 감사해야 한다."

플로렌스 스코벨 쉰(Florence Scovel Shinn, 미국. 영성 작가, 긍정 확언 전도자)

87. "감사는 결핍을 풍요로 바꾸는 가장 빠른 길이다."

밥 프록터(Bob Proctor), 캐나다. 자기계발 강연가, 『시크릿』 출연)

88. "삶이 불공평하다고 느낄 때, 감사는 공평함을 회복 시켜준다."

리오 버스카글리아(Leo Buscaglia, 미국. 교수, 작가, '사랑의 철학' 전도)

89. "나이 드는 것을 감사하게 받아들이기 위해서 먼저 잘못된 노화 인식을 바꾸는 과정이 필요하다."

뇔르C. 넬슨(Nelson, Noelle C. 미국. 정신치료사. 긍정심리학자, 『The Power of Appreciation(감사의 힘)』 저자, 인간관계와 긍정심리 전문가)

90. "감사는 노년에 외면적 자아보다 내면적 인식을 변화시킨다."

엘렌 링거(Langer, Ellen J. 미국. 하버드 대학교 심리학 교수, '마인드풀니스' 연구 선구자, 긍정 노화 연구)

91. "감사할 줄 아는 마음을 가지면 긍정적인 사람이 될 수 있다."

탈벤 샤하르(Tal,Ben-Shahar, 미국. 하버드대학교 긍정심리학 강사, 『행복 수업』 저자, 긍정심리 및 자기계발 전문가)

92. "최대한의 삶을 살고, 최대한 긍정적인 것에 집중하라."

매트 카메란(Cameron, Matt,미국. 긍정심리 또는 자기계발 분야 강연자)

93. "삶의 이유를 가진 사람은 거의 모든 것을 참아낼 수 있다."

프리드리히 니체(Nietzsche, Friedrich ,독일. 철학자, 『차라투스트라는 이렇게 말했다』 저자, 실존주의와 허무주의 사상에 영향)

94. "웃음은 인류로부터 겨울을 몰아내 주는 태양이다."

빅토르 위고(Hugo, Victor, 프랑스. 소설가·시인, 『레 미제라블』 저자, 낭만주의 문학 거장)

95. "웃는 순간에도 진지해야 한다. 그리고 죽을 때까지 웃음이 끊겨서는
안 된다."

조지 버나드 쇼(Shaw, George Bernard , 아일랜드. 극작가, 노벨문
학상 수상자, 『피그말리온』 저자)

96 "추억은 지난 일에 대한 감사의 표현이다. 과거의 경험들이 우리를 더
강하고 성숙하게 만들어 준다."

알렉산드르 포펜소넨(Poppensonen, Alexander 문학 작가 혹은 심
리학 분야의 저자)

97. "더 나은 삶을 만들어 준다고 우리가 믿는 것들——돈, 명성, 지위, 아
름다움, 또는 사회적인 우월성은 그다지 중요하지 않다고 한다."

긍정심리학(Positive Psychology,미국. 마틴 셀리그먼 등 주요 학자들
의 학문적 결과)

98. "감사의 하나는 우리에게 유익을 준 좋은 것이 세상에 존재한다는 긍
정이다. 둘째는 그 좋은 것을 우리에게 주기 위해 공모한 타자이다."

로버트A. 이먼스(Emmons, Robert A. 캘리포니아대 데이비스캠퍼
스, 심리학 교수, 'Thanks' 저자, 긍정심리학에서 감사 연구의 세계적
권위자)

99. "감사란 우리가 좋은 것을 성취하는 과정에서 타인으로부터 온갖 좋은선
물을 받았음을 수긍하는 행위다."

로버트A. 이먼스(Emmons, Robert A. 미국. 캘리포니아대 데이비스
캠퍼스. 심리학 교수, 'Thanks' 저자, 긍정심리학에서 감사 연구의 세
계적 권위자)

100. "감사를 줄 때나 받을 때나 절로 기분이 좋아지는 경험이다. 긍정적 정서를
향유할 줄 아는 사람일수록 감사를 경험할 가능성이 크다는 증거다."

아미 고든(Gordon, Amie M. 미국. 미시간 대학교 및 캘리포니아대

샌프란시스코 캠퍼스 연구자, 사회심리학 및 감정 연구 전문가)

101. "참 감사는 당신이 마주한 장애물을 오히려 기회로 삼을 저력이 자기
내면에 있음을 깨닫는 것이다."

바버라 헬드.(Held, Barbara, 미국. 보우든대, 심리학 교수, 긍정심리
학 및 치료심리학 분야 학자)

102. "감사를 잃을 때 우리는 가진 것의 가치를 잃는다."

존 밀턴(John Milton, 영국. 시인, 『실락원』 저자)

103. "불만은 마음을 어둡게 하지만, 감사는 눈을 밝힌다."

톰 크라우스(Tom Krause, 미국. 동기부여 연설가, 교사)

104. "감사할 줄 아는 사람은 젊어진다.

톨스토이(Leo Tolstoy, 러시아. 소설가,'전쟁과 평화'저자)

105."감사는 아름다움과 건강을 유지하는 천연의 미용제다."

마리 클레어(Marier Clair, 프랑스. 미용 저널리스트)

106."가장 큰 부는 건강이다."

비길(Virgil Maro,고대 로마시대. 서사 시인)

107. "감사는 마음은 백신이요 항독제이며 항균제이다."

존 헨리 조엣(John Henry Jowett,영국 장로교 목사,설교가,신학자)

108. "감사를 표현하는 능력과 관련된 유전자로 최근 신경과학계는 감사의
유전자를 가르켜 'CD-38'이라 칭한다"

멜라니 수책(Melanie Sutchack, 미국. 심리학자,비교심리학 연구자)

109. "연인에게 대한 감사하는 유전자(CD38)와 뉴로펩타이드, 옥시토신 호르몬 분비에 관여한다."

사라 알고(Sara Algoe, 미국. 심리학자, 긍정심리와 인간관계 연국자)

110. "우리 안에 있는 자연치유력이야말로 질병을 낫게 하는 진정한 치료자이다."

히포크라테스(Hippocrates, 고대 그리스. '서양 의학의 아버지'칭함)

111. "감사라는 렌즈를 통해 세상을 보면 유전자 표현에도 영향을 준다."

썸머 알랜(Sumer Alen,"미국.'Great Good Science Center'편집자, 신경과학 박사)

112. "감사의 태도는 DNA에 긍정적 영향을 준다."

브루스 립턴(Bruce Lipton.세포 생물학자,'허니문 이펙트'저자)

113. "감사는 노화를 늦춘다."

대니얼 아멘(Daniel Amen, 미국. 정신과 의사, 뇌 건강 전문가)

114. "감사는 삶을 '치유하는 대화'로 만든다."

마샬 로젠버그(Marshall Rosenberg. 비폭력대화 창시자)

115. "감사하는 사람은 밤잠을 깊이 잔다."

낸시 신(Nancy Sin, 캐나다. UBC대, 심리학자, 감사-수면 연구)

116. "감사는 우리의 세포를 기쁘게 한다."

디팩 초프라(Deepak Chopra, 인도계 미국. 의사, 통합의학·명상 전문가)

117. "감사는 치유의 에너지를 몸속에 순환시킨다."

바버라 브레넌(Barbara Brennan, 미국 에너지, 치유사, 전 NASA 과

학자)

118. "감사하는 마음이 아름다움을 만든다."

코코 샤넬(Coco Chanel,프랑스. 패션 디자이너, '샤넬' 창립자)

119. "건강이라는 선물이 나를 살아 있게 해준다."

론다 번(Rhonda Byrune, 호주출신,미국. '시크릿','매직' 저자,자기계발 작가)

120. "건강을 누리는 사람은 부자이지만 사실 본인은 모른다."

이탈리아 민속속담(Italian Proverb)

121. "감사는 스트레스를 완화하고 건강과 면역을 증진하며 치유를 촉진시킨다."

데브라 노빌(Debrah Norville,미국. 방송인,'감사의 힘'의 저자)

122. "실패와 좌절로 인한 괴로움에서 벗어나는 힘이 바로 회복탄력성의정의다"

얼라인 워너(Elaine Warner,미국. 회복심리학자,'회복탄력성'저자)

123. "감사는 명상보다 더 빠른 치유 효과를 준다."

조 디스펜자(Joe Dispenza,미국. 신경과학, 노아와 장수 연구, '당신도 초자연적이 될 수 있다' 저자)

124. "감사는 신체의 호르몬 균형을 되찾는다."

앤 루이스 기틀만(Ann Louise Gittleman,미국. 영양학자, 건강 전문가)

125. "감사는 미소를 선물하고, 미소는 건강을 부른다."

마더 테레사(Mother Teresa, 알바니아 출신 가톨릭 수녀, 인류 봉사자)

126. "감사의 마음은 우리 몸의 혈류를 부드럽게 흐르게 한다."

딘 오니시(Dean Ornish,미국. 샌디에이고 의대 교수,예방의학 연구소 설립)

127. "감사할 줄 아는 사람은 얼굴에 평화가 깃든다."

달라이 라마 14세(Dalai Lama XIV,티베트. 정신적 지도자, 평화상 수상자)

128. "감사와 사랑의 마음으로 음식을 먹으면, 영양가의 흡수가 좋아진다."

딘 라딘(Dean Radin, 미국,의식과학자,심리학자)

129. "감사하면 내면의 긴장이 사라진다."

존 카밧진(Jon Kabat-Zinn, 미국. MBSR 창시자, 마음챙김 기반 스트레스 완화 연구자)

130. "감사 습관은 건강한 삶을 이끄는 리듬을 만든다."

브렌 브라운(Brené Brown,미국 사회학자, 감정 회복력 연구자)

131. "감사는 병보다 강한 면역력을 선물한다."

마틴 셀리그먼(Martin Seligman,미국. 긍정심리학 창시자)

132. "감사의 말 한마디가 피로한 마음을 일으킨다."

레오 버스카글리아(Leo Buscaglia,미국. 교육자, 사랑의 철학 전도자)

133. "감사는 마음과 뇌, 신체의 조화를 이끄는 열쇠다."

대니얼 시겔(Daniel Siegel,미국. UCLA 의대 교수, 뇌-마음 연결 연구자)

134. "감사할 줄 아는 사람은 삶의 질이 향상된다."

로버트 에먼스(Robert Emmons, 미국. 감사연구 선구자, 심리학

자.'Thanks'저자')

135. "감사는 삶을 '치유하는 대화'로 만든다."

마샬 로젠버그(Marshall Rosenberg,미국. 비폭력대화 창시자)

136. "감사의 태도는 DNA에 긍정적 영향을 준다."

브루스 립턴(Bruce Lipton,미국. 후성 유전학,위스콘신 의대 생화학 교수, '자발적 진화'의 저자)

137. "감사는 마음과 뇌, 신체의 조화를 이끄는 열쇠다."

대니얼 시겔(Daniel Siegel, UCLA 의대 교수, 뇌-마음 연결 연구자)

138. "감사는 아름다움과 건강을 유지하는 천연 미용제다."

마리 클레어(Marie Claire, 프랑스. 미용 저널리스트)

139. "누군가에게 감사하는 편지를 직접 쓰고 전해보라. 그 경험이 당신을 변화시킨다."

마틴 셀리그만(Martin Seligman, 미국. 긍정심리학 창시자·심리학자)

감사의 긍정&실천
(142선)

긍정, 기쁨, 실천 141선

긍정&실천의 서문

감사는 삶의 어두운 부분 속에서도 빛을 발견하게 하는 긍정의 눈이다.

현실의 부족함보다 이미 주어진 것에 주목할 때,

마음은 불만 대신 만족으로 채워진다.

감사는 단순한 위로가 아니라 시각을 바꾸는 전환점이다.

고난 속에서도 배우고 성장할 기회를 찾게 하고,

실패 속에서도 새로운 가능성을 발견하게 한다.

이러한 긍정의 태도는 내면의 안정과 회복력을 키우며,

삶을 희망으로 바라보도록 돕는다.

감사는 단순히 상황을 좋게 보려는 억지 낙관이 아니라,

현실 속에서 의미를 찾아내는 적극적 태도이다.

결국 감사의 긍정은 인간을 더 강하고 성숙하게 만들어,

매일의 삶을 기쁨과 가능성으로 가득 채운다."

"감사는 마음속의 태도로만 머물 때 힘을 발휘하지 못한다.

그것이 행동으로 드러나고 실천으로 이어질 때

비로소 진정한 가치를 얻는다.

작은 인사, 도움의 손길, 기도의 시간, 혹은 선행의 나눔은

모두 감사의 실천이다.

이러한 실천은 자기 자신뿐 아니라 타인의 삶을 따뜻하게 하며,

공동체 전체를 긍정의 방향으로 이끌어간다.

감사의 실천은 특별한 날에만 필요한 것이 아니라,

일상의 순간마다 반복되어야 한다.

말과 행동으로 표현된 감사는 습관이 되고,

습관은 성품이 되어 결국 인생을 변화시킨다.

결국 감사의 실천은 삶을 사랑으로 채우고 ,

세상을 밝히는 구체적이고 적극적인 행위다."

"꿈을 이뤘을 때를 상상하며 웃어라. 꿈과 웃음은 한 집에 산다."

하비 멕케이(Harvey Macky,미국 사업가 ,작가 ,신디케이트 칼럼리스트)

....

"감사 실천이 행복감과 삶의 만족감을 증진하는 가장 신뢰할 만한 방법 중 하나임을 입증하며 감사는 낙관성, 기쁨, 쾌감, 열정 등 다른 긍정적 정서도 끌어올렸다."

조슈아 브라운(Joshua Brown ,심리뇌과학 교수)

1. "감사는 부부의 행동을 긍정적인 시선으로 바라보게 만들며, 그 행동을 소중하고 고맙게 여기도록 인도한다."

에어론 T.벡(Aaron T. Beck ,정신과 의사, 인지치료의 창시자, 심리치료 권위자)

2. "감사는 우리의 부정적, 비판적 자아를 눈 녹여내듯, 양육적 자아로 항해가 시작된다."

마틴 셀리그만(Martin Seligman ,미국. 펜실베니아대 교수, 긍정심리학 창시자)

3. "기쁨은 찾아낼 때에만 그 진가를 발휘한다."

C.S. 루이스(C.S. Lewis ,영국. 작가, 기독교 변증가, 『나니아 연대기』 저자)

4. "사람은 긍정적인 감정의 상태일 때, 더욱 창의적인 생각을 해내는 경향이 있다."

마틴 셀리그만(Martin Seligman ,미국. 펜실베니아대 심리학 교수 , 긍정심리 창시자)

5. "긍정적인 감정으로 감사하는 사람의 시야를 넓히며 항구적인 정신적 자원인 심리적, 사회적, 영적 자원을 증대시키기 더 큰 행복감을 느끼게 하는 원천을 제공한다."

바버라 프레드릭슨(Barbara Fredrickson ,미국. 노스캐롤라이나 대학교 심리학 교수, 긍정심리학 연구자, 사회적 심리자본 연구가)

6. "낙천적이고 긍정적이며 감사하는 마음을 가진 사람은 모든 일부의 부정적이고 불만이 많은 사람보다 삶에 대한 만족도와 성취도가 높다."

닐르 C. 넬슨(Noël C. Nelson ,미국 정신심리치료사, 『감사의 힘 저자)

7. "스스로 감사할 줄 아는 마음을 가져라. 그러면 삶이 더 크고 궁극적인

차원으로 옮겨갈 것이다."

조 디스펜자(Joe Dispenza ,미국. 신경과학자, 작가, 자기계발 강사)

8. "일반적인 사람들은 선물을 받을 때, 종종 긍정적 감정이 강하게 올라오는 것을 경험하며 보답하고 싶다는 욕구를 느낀다."

R. 이먼스(Robert Emmons ,미국. 캘리포니아 대학교 어바인, 감사 심리학 권위자)

9. "긍정적으로 생각하라. 원하는 것을 마음 속 깊이 생각하라. 또 생각하면 그 바람은 어김없이 현실로 나타난다. 원치 않는 점을 떠올리지 말고 갖고 싶은 것, 하고 싶은 것을 하라."

앤드류 매투스(Andrew Matthews ,호주작가, '행복을 그리는 철학자', 동기부여가)

10. "적응력은 부정적 사건을 극복하는데 굉장한 자원이지만 긍정적 사건을 지속적으로 누리지 못하게 하는 막강한 적이기도 하다."

톰 길로비치(Tom Gilovich ,미국. 코넬 대학교 심리학 교수)

11. "긍정적 경험을 되새길수록 그 경험이 뇌에 오래남아 심리적 유익이 증가한다."

프레드 부라이언트(Fred Bryant ,호주. 로열호주대학교 심리학 교수)

12. "믿고 첫걸음을 내딛어라. 계단의 처음과 끝을 다 보려고 하지마라. 그냥 발을 내딛어라."

마틴 루터 킹(Martin Luther King Jr. 미국. 흑인 인권운동가, 목사)

13. "감사하기는 삶을 더 풍요롭게 해주는 확실한 방법이다."

마시 시모프(Marci Shimoff,미국.'여성을 위한 닭고기 스프' 시리즈 저자, 인간개혁가)

14. "감사하는 마음을 가지려면 우선 자기 자신의 내면이나 주변 상황을긍
정적으로 바라볼 수 있어야 하기 때문이다."

닐르 C. 넬슨(Noël C. Nelson ,미국.정신치료사, 『감사의 힘』 저자)

15. "감사는 우리가 가진 것을 충분하고 넘치는 것으로 변화시키며, 부정을긍
정으로, 혼돈을 질서로, 혼란을 명쾌함으로 변화시킨다."

존 디마티니(John Demartini ,미국. 인간행동학 전문가.철학박사,교
육가, '시크릿 회복탄력성' 저서 및 강연자)

16. "인간의 가장 위대한 덕목은 넘어지지 않는 게 아니라 넘어질 때마다
다시 일어나는 것이다."

공자(Confucius ,중국. 춘추전국시대 사상가, 교육자)

17. "기쁨, 사랑, 자유, 행복, 웃음—바로 그것이다. 당신이 앉아서 한 시간동
안 명상하면서 기쁨을 느낀다면, 그렇게 하라! 살라미 샌드위치를 먹으면
서 기쁨을 느낀다면, 그렇게 하라!"

닐 도널드 월쉬(Neale Donald Walsch ,'신과 나눈 이야기' 시리즈 저
자)

18. "우리가 평생 '감사합니다'라는 기도만 해도 그것으로 충분하다."

마이스터 에카르트(Meister Eckhart ,중세 독일. 신비주의 신학자)

19. "긍정적인 생각을 가진 사람은 무슨 일이든지 무조건 감사하게 받아들
인다."

가나모리 우라코(Ura Kano ,일본 심리치료사, '행복' 저자)

20. "감사는 낙관주의자가 비관주의자 보다 +19% 더 오래 산다."

미네소타 대학 긍정연구소(University of Minnesota, Positive
Psychology Research Center)

21. "감사 실천이 행복감과 삶의 만족감을 증진하는 가장 신뢰할 만한 방법 중 하나임을 입증하며, 감사는 낙관성, 기쁨, 쾌감, 열정 등 다른 긍정적 정서도 끌어올렸다."

조슈아 브라운(Joshua Brown ,미국. 심리뇌과학 교수)

22. "감사라는 활력소 덕분에 우리가 더 능동적으로 목표를 추구하고 왕성하게 사회적 활동에 임한다."

소냐 류보머스키(Sonja Lyubomirsky ,러시아출생 ,미국. 행복 심리학 교수)

23. "기쁨이란 사물에 있는 곳이 아니요, 우리 안에 있는 것이다."

와그너(Wagner ,미국. 심리학자)

24. "감사는 긍정적인 시각을 제공한다."

헬렌 켈러(Helen Keller ,미국. 장애인 권리 운동가, 3 중고 작가)

25. "진심으로 감사하는 마음을 갖고 만족하는 사람보다 더 행복한 사람은 없다."

조이스 마이어(Joyce Meyer ,미국. 성경 강사, 작가)

26. "삶에 감사하는 마음을 가지고 매사를 대하는 것은 곧 인생의 의미이자즐거운 삶의 원천이다."

슈린(Shrin ,중국 ,하버드 대학교 교수 ,긍정심리, '탈벤 사흐르' 교수 제자)

27. "감사하는 마음을 가지고 있으면, 현실을 부정하지 않고 긍정적인 태도로 이해하고 해석하려고 노력한다."

닐르 C. 넬슨(Noël C. Nelson ,미국. 정신치료사, 『감사의 힘』 저자)

28. "낙천주의자가 감사하는 사고방식을 갖는다면 성공할 가능성이 매우 높다."

마틴 셀리그만(Martin Seligman, 미국. '낙천주의자가 돼라' 저자, 긍정심리학 창시자)

29. "감사는 누군가 당신을 도왔을 때 느끼는 긍정적 정서다. 반면 부채 의식이란 당신이 도움을 받았으니 그들에게 빚이 생겼다고 느끼는 정서이다."

아미 고든(Ami Gordon ,미국. 미시건 앤아버 대학교 사회심리학 교수)

30. "자신을 소중히 여기며 자신에게 감사한다면 그 효과가 바로 나타나는것을 바로 알 것이다."

닐르 C. 넬슨(Noël C. Nelson ,미국. 정신치료사, 『감사의 힘』 저자)

31. "인생은 반복된 선택이다. 좋은 일을 반복하면 좋은 인생을, 나쁜 일을반복하면 불행한 인생을 보내는 것이다."

W.N.L. 영안(W.N.L. Young, 미국. 심리학자)

32. "긍정적인 만남이나 감사의 감정을 겪을 때는 신경전달 물질인 도파민과 옥시토신 호르몬의 형성을 도와 뇌로 흐른다."

우나스 모버그(Unas Moberg, 호르몬 연구자)

35. "건강에 대한 염려를 건강에 대한 감사로 바꿔라."

닐르 C. 넬슨(Noël C. Nelson, 미국. 정신치료사 , '감사의 힘' 저자)

36. "감사는 회복과 치유를 촉진함으로 건강을 유지하게 만든다."

닐르 C. 넬슨(Noël C. Nelson, 미국. 정신치료사 ,'감사의 힘'저자)

37. "감사는 순간의 행복을 영원한 기쁨으로 바꾼다."

앨버트 슈바이처(Albert Schweitzer, 독일. 철학자, 음악가, 신학자아프리카 의사)

38. "감사하는 마음은 마음의 긍정 에너지를 충전시킨다."

　　데일 카네기(Dale Carnegie, 미국. 작가, 강연자)

39. "감사는 내면의 평화를 촉진하고 스트레스를 줄인다."

　　존 카밧진(Jon Kabat Zinn, 미국. 마음챙김 명상가)

40. "감사할 때 우리의 뇌는 도파민과 세로토닌을 분비한다."

　　리처드 데이비슨(Richard Davidson, 미국. 신경과학자)

41. "감사는 좋은 습관을 키우는 가장 간단한 방법이다."

　　조슈아 브라운(Joshua Brown, 미국. 심리학자)

42. "감사는 작은 것에 대한 인식에서 시작된다."

　　린다 에머슨(Linda Emerson,미국. 교육학자)

43. "긍정적인 감사는 스트레스와 불안을 감소시킨다."

　　로버트 이먼스(Robert Emmons, 미국. 긍정심리학자 ,'Thanks'저자)

44. "감사는 마음의 눈을 밝게 한다."

　　토마스 애퀴나스(Thomas Aquinas, 중세 로마. 철학자, 신학자)

45. "감사하는 사람은 삶을 더 명확하게 본다."

　　하버트 벤슨(Herbert Benson, 의학자)

46. "감사는 행복한 뇌를 만든다."

　　션 아처(Shawn Achor, 미국. 긍정심리학자)

47. "감사는 내면의 힘을 키워준다."

탈 벤 샤하르(Tal Ben Shahar, 하버드대 긍정심리학 교수, '해피어'저자)

48. "감사는 희망의 불꽃을 살린다."

헬렌 켈러(Helen Keller, 수필가, 작가 , 3 중고의 사회사업가)

49. "감사는 인간 관계를 깊게 한다."

존 고트먼(John Gottman, 심리학자)

50. "감사는 긍정적 감정을 지속시킨다."

바버라 프레드릭슨(Barbara Fredrickson, 긍정심리학자)

51. "감사의 실천은 사회성과 나눔, 쾌락의 뇌세포를 활성화한다."

키라 뉴멘(Kira Newman, 미국. 긍정심리 저널리스트)

52. "감사는 우리가 없는 것을 덜 생각하게 합니다."

오프라 윈프리(Oprah Winfrey, 미국. 방송인·사업가 , 감사일기의 모범 실천가)

53. "감사를 실천하면 우리를 겸손하게 만들고 , 더 나은 사람으로 성장하게 만든다."

찰스 디킨스(Charles Dickens, 영국. 소설가)

54. "감사를 실천함은 우리를 더 행복하게 만들고, 더 나은 세상을 만드는데 도움이 된다."

데일 카네기(Dale Carnegie, 미국. 자기계발 작가·강연가)

55. "우리가 감사를 실천할 수 있는 것들이 많을수록 우리는 더 행복해 집니다."

알버트 아인슈타인(Albert Einstein, 독일 출신 미국. 물리학자 ,노벨 물리상)

56. "지식은 귀한 보물이다. 하지만 이 보물을 얻기 위한 열쇠는 실천에 있다."

이븐 할둔(Ibn Khaldun, 튀니지. 역사학자·정치가 ,이슬람 학자)

57. "우리는 이미 가진 것에 대해서는 좀처럼 감사하지 않고 , 언제나 없는것만 생각한다."

아르투르 쇼펜하우어(Arthur Schopenhauer, 독일. 철학자)

58. "감사하다거나 고맙다고 말하면서 , 마음으로 감사하지 않으면, 마치 '나야나!사기' 같은 거야!."

나가레 오토야(Nagare Otoya, 일본. 명언 연구가)

59. "자아는 이미 만들어진 완성품이 아니라 끊임없이 행위(실천)의 선택을통해 형성되는 것이다."

존 듀이(John Dewey, 미국. 철학자·심리학자)

60. "실천은 생각에서 나오는 것이 아니라 , 책임질 준비를 하는 데서 나온다"

디트리히 본 회퍼(Dietrich Bonhoeffer, 독일, 루터교 목사·신학자,나치 정권 저항자)

61. "인간은 활동이 부족하면 건전한 상태가 망가지지만, 열심히 활동하면 규칙적인 운동까지 겸하면 건강한 상태를 꾸준히 지킬 수 있다."

플라톤(Platon, 고대 그리스. 철학자, '국가론','소크라테스의 변명' 저자)

62. "운동은 행복을 비롯해 인생의 많은 부분을 개선하고, 신체의 혈류에 '엔도르핀'이 많이 방출하며 다른 사람과 친하고 즐거운 시간을 보낼 수 있는 가장 좋은 방법 가운데 하나이다."

케롤라인A. 밀러(Caroline A.Miller, 미국. 긍정심리학 '행복하게 살고 싶다'의 저자)

63. "마침내 나는 내가 살아야 할 유일한 이유가 삶을 경험하는데 있음을 깨달았다."

리타 메이 브라운(Rita Mae Brown, 미국. 소설가·페미니스트)

64. "학교와 직장에서 감사를 강요할 수는 없지만 감사를 장려하는 환경을 조성하며 감사실천을 조직 내의 결속도 강화된다."

마리암 압둘라(Maryam Abdullah, 미국. 아동 발달 심리학자)

65. "성인이 되어서도 부모와 스승에게 지원을 요청할 수 있다고 느끼는 자녀는 감사지수가 높다."

마리암 압둘라(Maryam Abdullah, 미국. 아동 발달 심리학자)

66. "짐을 진 채로 해안까지 헤엄쳐 갈수 있는 사람은 아무도 없다."

세네카((Seneca, 고대 로마. 철학자 ,정치가)

67. "우리들을 둘러싼 모든 아름다움 , 깨닫지 못할 것같은 아름다움에 감사하는 마음을 가지시오. 태양의 빛 , 노을 , 별 , 구름 , 나무 등과 사람들에게 감사하는 마음을 가지시오."

오쇼 라즈니쉬((Osho Rajneesh, 인도. 흰두교 영적 지도자)

68. "감사하는 마음은 인간사회 중에서 온화한 마음으로 사는 최고의 발명품이다."

하라다 하츠미(Harada Hatsumi, 일본. 정신과 의사)

69. "감사는 당신을 성장하고 더 뻗어 나가도록 도와줍니다. 감사는 당신의 인생과 웃음을 가져다 줄뿐만 아니라, 당신 주변에 있는 사람들에게도 기쁨과 웃음을 준다."

엘린 캐디(Eileen Caddy, 영국. 영성 작가)

70. "빛나던 한 때가 사라졌다고 슬퍼하지 말고, 빛나는 나날이 아직까지 남아 있음을 기뻐하고 감사하라."

임마뉴엘 칸트(Immanuel Kant, 독일. 철학자)

71. "오늘 나는 행복한 사람이 될 것을 선택 하겠다. 나는 어떤 상황에서도 나와 삶에 감사하겠다."

안네 프랑크(Anne Frank, 독일계 유대인. '안네의 일기',작가)

72. "만족을 모르는 사람에게는 어느 것도 충분하지 않다."

에피쿠루스(Epicurus, 고대 그리스. 철학자)

73. "감사는 가장 작은 것에서 시작된다."

마야 안젤루(Maya Angelou, 미국. 시인·작가)

74. "인생에 일어나는 모든 일들에 감사하라. 그것은 모두 경험이다."

로이 베넷(Roy T. Bennett, 미국. 자기계발 전문 작가)

75. "감사에 보답하는 것보다 더 다급한 일은 없다."

제임스 알렌(James Allen, 영국. 자기계발 전문 작가)

76. "인생에 칭찬하고 축하해 줄수록 삶에 축하할 일이 많아집니다."

오프라 윈프리(Oprah Winfrey, 미국. 방송인·여성기업가 ,감사일기의 실천가 ,작가)

77. "나는 감사할 것이 많다. 나는 건강하고 행복하며 사랑 받고 있다."

레바 메킨타이어(Reba Mcentire, 미국. 컨트리 가수)

78. "감사함을 표현할 때, 최고의 감사는 말로만 그치는 것이 아니라, 그 말에 따라 사는 것임을 잊지 말아야 한다."

존 F. 케네디(John F. Kennedy, 미국. 제35대 대통령 ,암살)

79. "당신이 가진 것에 감사하세요. 더 많은 것을 갖게 될 것입니다."

오프라 윈프리(Oprah Winfrey, 미국. 방송인·기업가 ,감사일기의 실천가.작가)

80. "누구엔가 부채의식을 느끼지 않게 하면서 무언가를 주기 위해서는자신이 아닌 타인에 초점을 맞추고 진심이 아닐 때도 감사를 실천하며 조건 없이 나누는 기쁨에 마음을 여는 방법을 실천해보라."

필립 왓킨스(Philip C. Watkins, 미국. 심리학 교수)

81. "스스로 감사지수가 높다고 평가한 사람일수록 우울감이 적었고, 높은수준의 심리적 안녕감과 트라우마 후 성장한다."

나타 그린(Natasha Green, 미국. 심리학자)

82. "살아 있음에 감사할 때, 기분이 최고로 좋아진다는 것을 깨달았다. 그것은 복권을 당첨된 것이나 딸의 좋은 대학을 졸업식을 보는 것보다 더 좋은 강렬한 느낌이다. 인간이 경험할 수 있는 가장 좋은 모든 것은 감사할 때 생겨난다."

루이스 스미디스(Lewis Smedes, 미국. 신학자·작가 ,'A Pretty Good Person')

83. "고요한 병실에 혼자 누웠을 때 , 갑자기 감사가 봇물 터지듯 흘러 나왔습니다. 저는 그 순간이 이 좋은 세상에 멀쩡한 몸으로 살아갈 수 있도록 은총을 베풀어 주신 하나님께 감사했습니다."

루이스 스미디스(Lewis Smedes, 미국. 신학자·작가 ,'A Pretty Good Person')

84. "감사를 행동으로 옮기는 순간, 그것은 단순한 감정을 넘어 삶의 방식이 된다."

월리엄 제임스(William James ,미국. 심리학자·철학자, 근대 심리학
의 아버지)

85. "매일 누군가에게 감사의 메시지를 전해보라. 그 작은 실천이 인생을 바
꾼다."

손 아처(Shawn Achor ,미국. 긍정심리학자, 『행복의 특권』 저자)

86. "감사는 말로 끝나지 않는다. 그것은 행동으로 보여야 한다."

존 F. 케네디(John F. Kennedy , 미국. 제35대 대통령)

87. "감사를 느낀다면, 그 감정을 표현하라. 표현되지 않은 감사는 촛불 없
는 생일 케이크와 같다."

월리엄 아서 워드(William Arthu Ward , 미국. 교육자·영감 명언 작가)

88. "감사의 가장 순수한 형태는 친절로 나타나는 행동이다."

프란시스 베이컨(Francis Bacon ,영국, 철학자·귀족·과학 방법론 창
시자)

89. "감사는 연습할수록 강해지는 근육과 같다."

멜로디 비티(Melody Beattie ,미국. 자기계발 작가, 『공동의존의 기
술』 저자)

90. "감사하는 마음으로 시작한 하루는 더 나은 행동으로 이어진다."

루이자 메이 올콧(Louisa May Alcott , 미국. 소설가, 『작은 아씨
들』 저자)

91. "감사의 말은 작지만, 그것을 실천하는 태도는 사람의 인격을 드러낸다."

헨리 워즈워스 롱펠로(Henry Wadsworth Longfellow ,미국. 시인·
작가)

92. "감사는 누군가를 도운 뒤, '괜찮아, 네가 행복하다면 나도 기뻐'라고 말

할 수 있는 용기다."

프레드 로저스(Fred Rogers 미국. 아동 방송 진행자, 『미스터 로저스 네이버후드』)

93. "작은 일에도 감사할 줄 아는 사람은 큰 일에도 책임을 다한다."

조지 위싱턴(George Washington , 미국. 초대 대통령)

94. "감사의 행동은 말보다 오래 기억된다."

벤자민 프랭클린(Benjamin Franklin , 미국. 정치가·과학자·작가)

95. "행복은 감사하는 자의 발끝에 머무른다."

아비게일 반 뷰런(Abigail Van Buren ,미국. 칼럼니스트, '디어 애비' 칼럼 창시자)

96. "감사하는 사람은 가진 것을 나누고, 감사하지 않는 사람은 가진 것조차 숨긴다."

레오 버스카글리아(Leo Buscaglia , 미국. 교수·작가·'사랑의 철학자')

97. "감사를 행동으로 표현하는 사람은, 침묵 속에서도 많은 것을 말할 수 있다."

잭슨 브라운(H. Jackson Brown Jr, 미국. 『인생에서 꼭 필요한 것들』 저자)

98. "감사의 실천은 마음의 평화를 가져오고, 그 평화는 또 다른 감사로 이어진다."

틱낫한(Thich Nhat Hanh ,베트남. 명상가·불교 스승)

99. "감사를 말하는 것이 어렵다면, 먼저 감사의 행동을 실천하라. 말은 그 다음을 따라온다."

제임스 앨런(James Allen ,영국. 자기계발 작가, 『생각하는 대로 살

라』저자)

100. "감사는 마음속의 꽃이며, 실천은 그 꽃을 피우는 물이다."

존 맥스웰(John C. Maxwell , 미국. 리더십 전문가·연설가)

101. "감사는 예의에 불과한 것이 아니다. 감사함을 실천하는 것은 생산적이다. 감사는 감사하지 않았더라면 일어나지 않았을 일들을 일어나게 한다. 그것이 바로 감사에 대해 하나님이 정하신 방식이다."

샘 크랩트리(Sam Clabtree, 이스라엘. 베들레헴침례교회, '감사의 기술'저자)

102. "감사를 실천하는 사람은 언제나 희망의 씨앗을 뿌린다."

노먼 빈센트 필(Norman Vincent Peale , 미국. 목사·긍정사고 운동 창시자)

103. "진심 어린 감사는 말보다 행동으로 더 강하게 전달된다."

브레네 브라운(Brené Brown ,미국. 사회심리학자, 『불완전함의 선물』 저자)

104. "감사를 실천할 때, 우리는 세상을 더 밝게 만드는 작은 등불이 된다."

데스몬드 투투(Desmond Tutu ,남아프리카국. 성공회대주교·노벨평화상 수상)

105. "감사는 행동으로 옮겨질 때, 기적처럼 사람들의 마음을 움직인다."

오그 만디노(Og Mandino ,미국. 자기계발 작가, 『위대한 상인의 비밀』 저자)

106. "감사를 실천하는 일은 사소한 일처럼 보여도, 그 여운은 매우 크다."

마야 안젤루(Maya Angelou , 미국. 시인·작가·시민운동가)

107. "감사를 몸으로 표현할 때, 우리는 삶의 진정한 기쁨을 맛본다."

톰 크라우더(Tom Krause , 미국, 교육자·동기부여 연설가)

108. "감사를 실천하는 사람은 언제나 누군가의 하루를 바꾼다."

로버트 인거솔(Robert G. Ingersoll , 미국. 연설가·자유사상가)

109. "감사하는 행동은 관계를 살리고, 불평은 관계를 무너뜨린다."

게리 채프먼(Gary Chapman , 미국. 상담가·『5가지 사랑의 언어』
저자)

110. "감사의 행동은 세상에서 가장 강력한 변화의 도구이다."

스티븐 코비(Stephen R. Covey , 미국. 경영 컨설턴트, 『성공하는 사
람들의 7가지 습관』 저자)

111. "감사를 실천하지 않는 감사는, 열린 문 앞에 멈춘 여행자와 같다."

엘렌 화이트(Ellen G. White ,미국, 종교저술가 ,안식일예수재림교 창
립자)

112. "감사의 실천은 마음을 정화시키는 영적 운동이다."

헨리 나우웬(Henri Nouwen ,네덜란드. 신학자·영성 작가)

113. "감사의 행동은 사랑을 전염시키는 가장 순수한 방식이다."

바바라 드 안젤리스(Barbara De Angelis , 미국. 관계 심리학자·작가)

114. "감사하는 마음으로 행동하면, 세상은 곧 당신에게 그 따뜻함을 돌려준다."

파울로 코엘료(Paulo Coelho ,브라질. 소설가, 『연금술사』 저자)

115. "감사를 행동으로 보여줄 때, 그 진심은 말보다 깊게 전해진다."

수잔 L. 테일러(Susan L. Taylor ,미국. 잡지 편집자·작가)

116. "감사의 실천은 사람의 인격을 성장시키는 보이지 않는 교육이다."

조너선 하이트(Jonathan Haidt , 미국. 심리학자, 윤리학 연구자)

117. "감사의 실천은 상대방에게 주는 선물이자,스스로를 치유하는 약이다."

앨리스 워커(Alice Walker ,미국. 소설가, 『컬러 퍼플』 저자)

118. "감사를 실천하는 자는 불만 대신 평화를 선택하는 사람이다."

달라이 라마(Dalai Lama XIV , 티베트. 정신적 지도자·노벨평화상 수상)

119. "감사의 실천은 인류를 연결하는 공통 언어가 된다."

알베르트 슈바이처(Albert Schweitzer ,독일. 의사·신학자·노벨평화상 수상)

120. "감사를 실천하는 삶은 매일 기적을 발견하는 여행이다."

사디 구루(Sadhguru Jaggi Vasudev , 인도. 요가 스승·영적 지도자)

121. "감사의 마음은 머물러선 안 된다. 그것은 실천이라는 형태로 흘러야 보내야 한다."

조이스 마이어(Joyce Meyer , 미국. 기독교 작가·설교자)

122. "감사를 행동으로 표현할 때, 삶은 한층 더 생생하게 살아난다."

릭 워렌(Rick Warren , 미국. 목사, 『목적이 이끄는 삶』 저자)

123. "감사의 실천은 자신을 낮추는 것이 아니라, 자신을 가장 높은 곳으로 이끄는 길이다."

C.S. 루이스(C.S. Lewis ,영국. 문학자·기독교 변증가·『나니아 연대기』 저자)

124. "감사의 행동은 나를 변화시키고, 나아가 세상을 변화시킨다."

마하트마 간디(Mahatma Gandhi ,인도. 비폭력 저항 운동가·정치지

도자)

125. "감사의 실천은 우리가 인간답게 살아가는 방식이다."

빅터 프랭클(Viktor E. Frankl ,오스트리아. 정신과 의사·독일나치 홀로코스트 생존자 ,『죽음의 수용소에서』 저자)

126. "감사의 행동은 신뢰를 만들고, 신뢰는 사랑을 낳는다."

브레네 브라운(Brené Brown ,미국. 사회심리학자·『취약함의 힘』 저자)

127. "감사를 행동으로 옮기면, 그것은 사랑과 같은 힘을 발휘한다."

제임스 알렌(James Allen , 영국. 사상가·『생각하는 대로』 저자)

128. "감사는 실천될 때 비로소 진정한 감정이 된다."

노먼 빈센트 필(Norman Vincent Peale ,미국. 목사·'적극적인 사고 방식'저자)

129. "감사의 실천은 희망의 씨앗을 뿌리는 일이다."

마리안 윌리엄슨(Marianne Williamson ,미국. 작가·정치 활동가)

130. "감사하는 말보다 감사하는 행동이 더 깊은 감동을 준다."

잭 캔필드(Jack Canfield ,미국. 작가·『영혼을 위한 닭고기 수프』 공동 저자)

131. "감사할수록 감사할 내용이 더 많이 생겨난다. 비록 당장 상황이 나아지지 않더라도 풍요로움에 초점을 맞추면 삶이 풍요해진다. 그러므로 이미 가진 것을 보려고 노력하는 사람들의 삶 속에는 감사가 넘쳐나기 마련이다."

수산 제프스(Susan Jeffers, 미국. 심리학자, 베스트셀러'두려움을 넘어'저자)

132. "감사는 긍정적인 엔도르핀을 분비해 건강하게 해준다."

샤론 허프만(Sharon Huffman, 미국. 건강교육 전문가, 동기부여 강사)

133. "남의 삶과 비교하지 말고, 네 자신의 삶을 즐겨라."

마르큐 콘도르셋(Marquis de Condorcet, 프랑스. 계몽주의 철학자, 수학자(1743-1794)

134. "감사는 교만함이나 지나친 이기심과는 다르다. 다른 사람을 배제하고 오로지 자신에게만 감사하거나 자신을 그들보다 우월하게 여기지 마라."

뇔르 C.넬슨(Noel C. Nelson, 미국. 정신심리치료사, 『The Power of Appreciation』 저자)

135. "감사가 행동으로 옮겨졌을 때 '상처와 전쟁'을 치유하는 효과를 발휘하게 된다."

람다스(Ram Dass, 미국. 하버드대 교수, 심리학자·영성 지도자, 『Be Here Now』 저자)

136. "감사를 실천하는 구체적인 방법으로써 매일 감사거리를 읊조리거나, 식사 전에 기도를 드린다거나, 소원 목록을 만든다거나, 기분 좋게 음악을 듣거나, 명상과 사색에 잠겨 고요한 시간을 보내는 등에 얼마간의 시간을 투자함으로써 육체, 정신, 영성에 놀랄 만큼의 자양분을 얻게 된다."

존 디마티니(John Demartini, 미국. 행동학자, 『The Gratitude Effect』 저자)

137. "다른 사람에게 나쁜 감정을 품으면 당신의 살갗에 화상을 입지만, 감사하는 마음을 느끼면 나쁜 감정이 사라진다."

론다 번(Rhonda Byrne, 호주. 미국 작가, 『비밀The Secret』, 『매직The Magic』 저자)

138. "아는 것만으로 부족하다. 우리는 그것을 사용해야 한다. 의지만으로는

충분하지 않다. 우리는 그것을 행해야 한다.”

괴테(Johann Wolfgang von Goethe, 독일. 시인·극작가·사상가 (17491832)

138. “감사는 그것을 행동으로 옮길 때 비로소 의미를 갖는다.”

뇔르 C.넬슨(Noel C. Nelson, 미국. 작가·심리치료사)

139. “지식은 귀한 선물이다. 하지만 이 보물을 얻기 위한 열쇠는 바로 실천이다.”

이븐 쿨든(Ibn Khaldun al, 튀니지. 역사가, 정치가, 『무까디마』 저자)

140. “감사 활동은 5단계로 구분해 단계별로 접근해 봅시다. 제1단계는 ‘만약 한다면(If) 감사. 제2단계는 ‘그 때문에(Because of) 감사. 제3단계는 ‘그럼에도 불구하고(Inspite of) 감사. 제4단계는 ‘선행’(Ation First) 감사. 제5단계는 ‘독서’(Reading) 감사이다.”

손 욱(Son Wook, 삼성그룹 인력개발원 원장, 행복나눔 이사장 (Chairman of Korea Happiness Sharing)

141. “긍정심리자본(Positive Psychological Capital)은 1. 희망(Hope), 2.효능감·자신감(Efficacy), 3.회복력(Resilience), 그리고 4.낙관주의(Optimism)의 네 가지 요소로 구성으로 보고 경제.인적.사회자본을 확장해 제시하며, 개발가능한 긍정적 심리상태로 성과에 기여하는 자본이라 앞 글자를 따서 ‘HERO’지칭 하기도 한다.”

프레드 루선스(P.Luthans, 미국, 2000초, 루선스가 최초 소개, 미국 갤럽의 선임연구원 자격으로 개인이 발전을 추구하는 긍정심리 상태를 발표했다)

감사의 교육
(160선)

아동교육, 학습, 예의 160선

교육의 서문

"교육은 지식의 전달을 넘어 인격과 태도의 형성을 이끈다.

감사의 교육은 아동과 학생들에게 단순한 학업 능력을 넘어,

삶의 근본적 자세를 가르친다. 작은 일에도 감사하는 태도를 배우면,

어려움 속에서도 긍정적으로 살아가는 힘을 얻게 된다.

가정과 학교, 사회가 함께 감사의 가치를 심어줄 때,

미래 세대는 성취뿐 아니라 관계와 행복을

중시하는 성숙한 인격체로 성장한다.

감사 교육은 단순히 예절을 가르치는 차원을 넘어,

타인을 존중하고 세상을 긍정하는 사고를 길러주는 과정이다.

결국 어린이와 학생들은 물론 성인들에게도 감사의 교육은

가정과 사회공동체 그리고 국민과 인류가 더 평화롭고

 성숙한 사회를 세우는 초석이 된다."

"감사하는 말은 길 들여지는 것이다. 그러므로 아이들에게 그것을 가르쳐 주어야 한다."

데일카네기(Dale Carnegie. 미국. 자기계발 전문가, 《인간관계론》 저자)

1. "감사를 가르치면 아이는 자신의 길을 사랑하게 된다."

파울루 프레이리(Paulo Freire,브라질. 교육자, 의식화 교육 운동 창시자)

2. "감사를 표현하는 아이는 타인을 존중하는 마음도 함께 자란다."

제인 넬슨(Jane Nelsen,미국. 심리학자, 긍정적 훈육(Positive Discipline)창시자).

3. "어린아이에게 감사는 배려와 존중을 배우는 첫걸음이다."

다니엘 골먼(Daniel Goleman,미국. 심리학자, 감성지능(EQ) 이론 창시자)

4. "어릴 적 감사하는 습관은 평생의 인격을 빚는다."

마리아 몬테소리(Maria Montessori,이탈리아. 교육자, 몬테소리 교육법 창시자)

5. "감사의 교육은 인간성과 연민을 자라게 한다."

캐롤 드웩(Carol Dweck,미국. 심리학자, 성장 마인드셋 이론 창시자)

6. "가정에서 감사의 언어가 살아 있을 때, 아이의 마음이 열린다."

존 가트먼(John Gottman, 미국. 심리학자, 관계 및 감정 지능 분야 권위자)

7. "아이의 교육은 지식 이전에 감사와 예의부터 시작되어야 한다."

호레이스 맨(Horace Mann,미국. 공교육의 아버지, 교육 개혁자)

8. "감사하는 아이는 자기 통제력도 강하다."

로이 바우마이스터(Roy Baumeister,미국. 심리학자, 의지력과 자기 통제 연구의 권위자,저자)

9. "일상생활에서 감사의 중요성을 알고 경험하고 표현하도록 가르치는데

부모가 큰 역할을 할 수 있다."

마리암 압둘라(Mariam Abdullah,미국. UC버클리 '자녀 감사교육 프로그램' 연구자)

10. "감사를 배우는 과정에는 결코 졸업이 없다."

발레리 엔더스(Valerie Anders, 미국. 교육자, 감정 교육 및 인성 훈련 전문가)

11. "감사는 연습이 필요하다."

에크하르트 톨레(Eckhart Tolle,독일출신 미국. 영성작가,《지금 이 순간을 살아라》 저자)

12. "학생이 선물 이면의 배려, 즉 누가 그들의 필요에 관심을 가지고 그 관심을 어떻게 실천으로 옮겼는지 감사하도록 지도하라."

자코모 보노(Giacomo Bono,미국. 긍정심리학자, 캘리포니아 주립대 (도밍게스 힐스)

13. "감사하는 말은 길들여지는 것이다. 그러므로 아이들에게 그것을 가르쳐 주어야 한다."

데일 카네기(Dale Carnegie, 미국. 자기계발 전문가,《인간관계론》 저자)

14. "아이의 감사 토대 형성기는 만3살이 되며 형성되기 시작하면 아이가 감사를 잘 느낀다."

안드레아 후송(Andrea Hussong, 미국. 심리학자, 노스캐롤라이나대 교수, 발달심리학)

15. "언어적 감사하기, 구체적 감사(7-1 4세)하기, 연결적 감사(소원을 들어준 사람에게 좋아할 만한 일로 보답하기)로 매우 중요하다. 감사를 잘 받는 아이일수록 더 감사하는 아이가 된다."

자코모 보노(Giacomo Bono,미국. 긍정심리학자, 캘리포니아주립대, 교수)

16. "감사는 사고와 정서, 행동을 수반하면서 유의미한 결과를 내는 풍성하고 다면적인 경험이다."

자코모 보노(Giacomo Bono,미국. 긍정심리학자, 켈리포니아주립대 교수)

17. "겸손은 모든 덕행의 탄탄한 기초다. 겸손과 성품, 성장을 서로 때려야 뗄 수 없는 관계다."

공자(Confucius, 중국. 춘추시대 고대 철학자, 유교의 창시자)

18. "우리가 요람 속의 아기일 때, 우리가 태어난 것이 소중하고 감사한 일이며 잠에서 깨어났을 때에 엄마와 아빠가 행복해하는 모습을 보면서 더 없이 행복을 느낀다."

E. 샤프란스크(E. Sharfransk, 심리학자)

19. "위험을 무릅쓰는 사람을 이길 도리는 없다."

존 스컬리(John Sculley, 미국. 기업인, 전 애플 CEO).

20. "아이의 생후 10개월에서 13개월 사이에 아기뇌와 부모사이에 긍정적인 감정교류가 많아야 한다. 왜냐하면 그 시기의 아이들은 뇌회로에 '기쁨'이라는 영구적인 경로를 창조하기 때문이다."

앨런 쇼어(Allan Schore, 미국. UCLA 신경정신과학자, 감정조절 발달 이론가)

21. "도움을 준 누군가가 그 일을 위해 자기 시간이나 노력을 들였다는 점을 강조하는게 중요하다. "

자코모 보노(Giacomo Bono,미국. 긍정심리학자, 캘리포니아 주립대(도밍게스)교수.)

22. "아이에게 감사하는 자세를 보여주는 것은 아이가 자신에 감사하는 법,
즉 미래의 행복과 성공을 향해 문을 활짝 여는 법을 가르치는 것이다."

널르 C.넬슨(Noel C. Nelson, 미국. 정신치료사, 《감사의 힘》 저자)

23. "감사할 줄 아는 부모 밑에서 감사할 줄 아는 자녀가 나온다."

안드레아 후송(Andrea Hussong, 미국.심리학자, 노스캐롤라이나대
교수, 발달심리학)

24. "감사를 많이 느끼는 부모일수록 6-9세 자녀들에게 감사를 심어주기
위해 더 노력한다는 사실을 발견한다."

안드레아 후송(Andrea Hussong, 미국. 심리학자, 노스캐롤라이나대
교수)

25. "사람들은 배우자나 자녀와 함께 있을 때보다 친구들과 함께 있을 때
더욱 행복감을 느낀다."

사이콜로지 투데이(Psychology Today,미국. 심리학 전문매거진
(1967년 창간).표지 기사)

26. "아동에게서의 감사는 조금씩 꾸준히 발달한다. "

마리암 압둘라(Mariam Abdullah,미국. UC버클리 '자녀 감사교육 프
로그램' 연구자)

27. "자녀와 감사의 가치에 대해 자주 이야기하라."

마리암 압둘라(Mariam Abdullah,미국. UC버클리대, '자녀 감사교육
프로그램' 연구자)

28. "감사 교육이 지향하는 목표와 부모가 가진 가치관, 자녀가 보이는 발
달 상황을 고려하여 균형점을 찾아야 한다."

마리암 압둘라(Mariam Abdullah,미국. UC버클리대, '자녀 감사교육
프로그램' 연구자)

29. "자녀를 감사할 줄 아는 사람으로 키우고져 한다면, 열쇠는 바로 감사 또한 자녀교육 기술임을 깨닫고 훈련하도록 돕는 데 있다."

마리암 압둘라(Mariam Abdullah,미국. UC버클리대, '자녀 감사교육 프로그램' 연구자)

30. "감사하는 법을 제대로 배우지 못한 아이들은 자신에 대한 자부심이 부족하다."

닐르C.넬슨(Noel C. Nelson, 미국. 정신치료사, 감사 연구가, 《감사의 힘》 저자)

31. "감사로 가르치는 교육이 아이를 빛나게 한다."

마야 안젤루(Maya Angelou,미국. 시인, 교육자, 시민운동가)

28. "감사하는 아이는 변화의 중심이 된다."

미셸 오바마(Michelle Obama,미국. 전 영부인, 아동 교육 및 건강 캠페인 주도)

29. "감사로 시작한 배움은 끝까지 기억된다."

수잔 케인(Susan Cain,미국. 내향성 연구자, 『콰이어트』 저자)

30. "감사하는 아이는 학교를 세상의 일부로 느낀다."

살만 칸,(Salman Khan,프랑스. 칸아카데미 창립자, 온라인 무료 교육 확산)

31. "감사하라. 아이가 삶을 사랑하게 된다."

닐르 C.넬슨((Noel C. Nelson, 미국. 정신심리치료사, 《감사의 힘》 저자)

32. "감사는 아이의 인격을 완성시킨다."

호레이스 맨(Horace Mann,미국. 교육 개혁가, '공교육의 아버지')

33. "감사의 정의는 소중히 여기고 고맙게 생각하는 마음이다."

놀르 C.넬슨(Noel C. Nelson, 미국. 정신심리치료사, 《감사의 힘》 저자)

34. "창의성은 신뢰에서 나온다. 자기 본능을 믿자."

리타 매이 브라운(Rita Mae Brown, 미국. 페미니스트, 《루비프루트 정글》 저자)

35. "감사의 뜻은 '먼저 지극 정성을 다해 마음이 동 한다'

(국어백과사전Korean Dictionary, 한국 국립국어원 또는 표준국어대사전)

36. "다른 어떤 공부도 먼저 감사할 줄 아는 방법부터 배우라. 감사의 기술을 배울 때, 그대는 비로소 행복해진다."

제임스 깁스(James Gibbs, 미국.심리학자,철학자)

37. "어릴 때부터 아이들에게 매일 자신과 주변 사람들에게 감사하는 습관을 들이도록 훈육하라."

M.J.레이언(M,j. Ryan,미국. 자기계발 작가, 『Attitudes of Gratitude』 저자)

38. "감사를 모르면 아무리 배워도 채워지지 않는다."

공자(Confucius, Kongzi 중국. 고대 사상가, 유교의 창시자)

39. "감사하는 자녀는 부모의 수고를 진심으로 이해한다."

하임 기놋(Haim Ginott, 이스라엘 출신, 미국. 심리학자, 아동중심 대화법 창안자)

40. "아이에게 '고마워'라고 말하게 하기보다, 왜 고마운지를 느끼게 하라."

미셸 보르바(Michele Borba,미국. 교육 심리학자, 아동 감성교육 전문가)

41. "아이의 정서지능은 감사의 표현에서 출발한다."

다니엘 골먼(Daniel Goleman,미국. 감성지능(EQ) 개념 정립자, 하버드대 박사)

42. "감사를 배우는 아이는 거절보다 수용에 익숙하다."

수전 케인(Susan Cain,미국. 작가, 콰이어트(Quiet)저자, 내향성 옹호자)

43. "감사하는 습관은 불평하는 습관보다 훨씬 더 많은 문을 연다."

멜로디 비티(Melody Beattie,미국. 자기계발 작가, 감사의 기적(The Language of Letting Go)저자)

44. 감사를 표현하는 교실에서는 따돌림이 줄어든다."

제프리 프로(Jeffrey Froh,미국. 청소년 감사 연구자, 긍정 심리학 적용 전문가)

45. "아이에게 감사는 선택이 아닌 책임으로 가르쳐야 한다."

안젤라 더크워스(Angela Duckworth,미국 심리학자, 그릿(Grit)이론 창시자)

46. "감사 교육은 교과서보다 먼저 필요한 교훈이다."

넬 노딩스(Nel Noddings,미국. 교육 철학자, '배려의 윤리' 이론가)

47. "감사는 상처받기 쉬운 청소년기 아이들에게 방패가 된다."

리사 다무어(Lisa Damour,청소년 심리 전문가, 'Under Pressure' 저자)

48. "감사는 어린이의 정신 건강을 지켜주는 정서 백신이다."

마틴 셀리그먼(Martin Seligman, 미국. 긍정심리학의 창시자, 펜실베이니아대 교수)

49. "어릴 적 감사하는 습관은 평생의 인격을 빚는다."

마리아 몬테소리(Maria Montessori,이탈리아. 교육자, 몬테소리 교
육법 창시자)

50. "아이가 감사하는 습관을 갖게 되면 평생 감사하는 사람이 된다. "

배광석(Bae Kwang Soek, 한국. '감사의 과학적 비밀'저자, 감사 명언
연구가)

51. "어른들은 돈으로 환산할 수 없는 것은 모두 무가치한 것으로 안다. 그
점이 어린아이와 다른 점이다."

이어령(Lee Eo Ryeong, 한국. 전문화부 장관, '축소지향의 일본인','흙
속에 저 바람 속에', '바람이 불어 오는 곳', '둥지 속의 날개' 저자)

52. "배움은 마음이 불타오를 때 가장 잘 일어난다."

존 두이(John Dewey,미국. 철학자,교육학자,기능심리학 주창자)

53. "감사의 교육은 인간성과 연민을 자라게 한다."

캐롤 드웩,(Carol Dweck,미국. 심리학자, 성장 마인드셋 이론 창시자)

54. "가정에서 감사의 언어가 살아 있을 때, 아이의 마음이 열린다."

존 가트먼(John Gottman, 미국. 심리학자, 관계 및 감정 지능 분야 권
위자)

55. "아이의 교육은 지식 이전에 감사와 예의부터 시작되어야 한다."

호레이스 맨(Horace Mann,미국. 공교육의 아버지, 교육 개혁자)

56. "감사하는 아이는 자기 통제력도 강하다."

로이 바우마이스터(Roy Baumeister,미국. 심리학자, 의지력과 자기
통제 연구의 권위자)

57. "감사를 모르면 아무리 배워도 채워지지 않는다."

공자(Confucius, Kongzi,중국. 고대 사상가, 유교의 창시자)

58. "감사하는 자녀는 부모의 수고를 진심으로 이해한다."

하임 기놋(Haim Ginott, 이스라엘출신 미국. 심리학자, 아동 중심 대화법 창안자)

59. "감사할 줄 아는 아이는 문제보다 해결을 본다."

숀 아쳐(Shawn Achor, 미국. 하버드대 긍정심리학자)

60. "아이의 정서지능은 감사의 표현에서 출발한다."

다니엘 골먼(Daniel Goleman,미국. 감성지능(EQ) 개념 정립자, 하버드대 박사)

61. "감사를 배우는 아이는 거절보다 수용에 익숙하다."

수전 케인(Susan Cain,미국. 작가, 콰이어트(Quiet)저자, 내향성 옹호자)

62. "감사하는 습관은 불평하는 습관보다 훨씬 더 많은 문을 연다."

멜로디 비티(Melody Beattie,미국. 자기계발 작가, 감사의 기적(The Language of Letting Go)저자)

63. "감사를 표현하는 교실에서는 따돌림이 줄어든다."

제프리 프로.(Jeffrey Froh,미국. 청소년 감사 연구자, 긍정 심리학 적용 전문가)

64. "아이에게 감사는 선택이 아닌 책임으로 가르쳐야 한다."

안젤라 더크워스(Angela Duckworth, 미국. 심리학자, 그릿(Grit)이론 창시자)

65. "감사 교육은 교과서보다 먼저 필요한 교훈이다."

넬 노딩스(Nel Noddings,미국. 교육 철학자, '배려의 윤리' 이론가)

66. "감사는 상처받기 쉬운 청소년기 아이들에게 방패가 된다."

리사 다무어(Lisa Damour.청소년 심리 전문가, Under Pressure저자

67. "감사는 어린이의 정신 건강을 지켜주는 정서 백신이다."

마틴 셀리그먼(Martin Seligman,미국. 긍정심리학의 창시자,펜실베이니아대 심리학교수)

68. "감사를 아는 아이는 세상을 더 따뜻하게 만든다."

프레드 로저스(Fred Rogers,미국. 어린이 프로그램 진행자, Mr. Rogers' Neighborhood 창작자)

69. "감사의 마음은 배움을 향한 문을 연다."

켄 로빈슨(Ken Robinson, 영국. 교육자, 창의성 교육 옹호자, TED 명강연자)

70. "감사를 배운 아이는 실패 속에서도 희망을 본다."

캐롤 드웩(Carol Dweck,미국. 심리학자, 성장 마인드셋 이론 창시자)

71. "감사는 아이의 내면을 단단히 세우는 교육의 기초다."

하워드 가드너(Howard Gardner,미국. 다중지능 이론 창시자, 하버드대 교육학 교수)

72. "감사의 습관은 학습의 지속성을 만든다."

알피 콘(Alfie Kohn,교육 이론가, 보상 없는 교육운동 주도자)

73. "감사를 실천하는 아이는 작은 배려도 큰 기쁨으로 안다."

린다 카벨린 포포브(Linda Kavelin Popov '성품교육'(Virtues Project) 창시자, 교육 컨설턴트)

74. "감사는 교육이 길러야 할 가장 실용적인 미덕이다."

월리엄 제임스(William James,미국. 심리학자, 철학자, 실용주의 이론 창시자)

75. "감사로 시작한 하루가 아이의 공부도 달라지게 만든다."

숀 에이커(Shawn Achor, 미국. 긍정심리학자, 행복의 특강TED 연설자)

76. "감사를 훈련받은 아이는 감정 조절을 더 잘한다."

마크 브래킷(Marc Brackett,미국. 예일대 감정지능센터 소장, SEL 교육 전문가)

77. "감사는 교사와 학생 모두에게 교육의 기쁨을 돌려준다."

파커 J. 파머(Parker J. Palmer, 교육자, 가르치는 용기(The Courage to Teach)저자)

78. "감사를 배우면 아이는 인생의 진짜 선물을 발견한다."

오프라 윈프리(Oprah Winfrey,미국. 방송인, 자선가, 자기계발 분야의 영향력 있는 인물, 감사일기 실천가)

79. "아이들에게 감사의 힘을 가르치면, 세상이 달라진다."

말랄라 유사프자이(Malala Yousafzai,파키스탄. 여성교육 운동가, 노벨평화상 수상자)

80. "감사를 가르친다는 것은 세상에 희망을 전하는 일이다."

에린 그루웰(Erin Gruwell,미국. 고등학교 교사, Freedom Writers Diary저자)

81. "감사는 학습보다 더 중요한 삶의 기술이다."

레오 부스카글리아(Leo Buscaglia,'사랑의 박사', 미국 교육학자 및 동기부여 강연자)

82. "감사를 가르치는 순간, 아이는 자신과 세상을 사랑하게 된다."

프레드 로저스(Mister Fred Rogers,미국. 어린이 방송 진행자, 감성 교육의 상징적 인물)

83. "감사의 언어는 아이의 자존감과 연결된다."

내서니얼 브랜든(Nathaniel Branden,미국. 심리학자, 자존감 심리학의 선구자)

84. "감사할 줄 아는 아이는 배움의 기쁨을 오래 간직한다."

장 피아제(Jean Piaget,스위스. 발달심리학자, 인지 발달 이론 창시자)

85. "감사하는 아이는 배움에 책임감을 가진다."

로리스 말라구치(Loris Malaguzzi,이탈리아. 레지오 에밀리아 교육 창시자, 이탈리아 교육자)

86. "감사는 교사의 가장 강력한 가르침이다."

앤 설리번(Anne Sullivan,미국. 헬렌 켈러의 교사, 인내와 사랑의 상징)

87. "감사를 가르치면 아이는 자신의 길을 사랑하게 된다."

파울루 프레이리(Paulo Freire,브라질. 교육자, 의식화 교육 운동 창시자)

89. "감사를 가르치면 아이의 자존감과 사회적 관계가 함께 성장한다."

자코모 보노(Giacomo Bono,미국. 심리학 교수, 아동 감사교육 연구자)

90. "아이는 감사를 배울수록 더 많은 친절을 실천한다."

안드레아 후송(Andrea Hussong,미국. 노스캐롤라이나대 심리학 교수, 아동 발달 전문가)

91. "감사의 언어는 부모로부터 시작된다."

마리암 압둘라(Mariam Abdullah, 미국. UC버클리대, 'Greater Good Science Center' 소속, 아동 발달 심리학자)

92. **"감사를 표현하는 아동일수록 친구가 많고 행복감이 높다."**

닐르 C. 넬슨(Noel C. Nelson,미국. 임상심리학자, 저서 "The Power of Appreciation(감사의 힘)"의 저자)

93. **"감사를 받는 사람도, 표현하는 사람도 더 건강하고 행복하다."**

로버트 에몬스(Robert Emmons, 미국. UC데이비스대, 심리학 교수, 감사 연구의 세계적 권위자,'Thanks'저자)

95. **"아이의 감사 능력은 정서 조절과도 밀접히 관련되어 있다."**

앨런 쇼어(Allan Schore,미국. UCLA대 정신과 교수, 뇌 발달 및 애착 이론 권위자)

96. **"감사를 가르치는 것은 단지 매너가 아니라 인생의 태도를 가르치는 일이다."**

데일 카네기(Dale Carnegie,미국. 자기계발 작가, 저서 "인간관계론" 저자)

97. **"아이가 감사를 배울 수 있도록 반복적 훈련이 필요하다."**

닐르 C. 넬슨(Noel C. Nelson,미국. 정신치료사, 심리학자, 감사의 힘 (The Power of Appreciation'.저자)

98. **"아이에게 감사의 본을 보이려면, 부모부터 감사의 눈을 떠야 한다."**

마리암 압둘라(Mariam Abdullah,미국. UC버클리대, Greater Good Science Center,아동 프로그램 디렉터)

99. **"감사를 체계적으로 가르친 교실은 따뜻하고 안전한 분위기가 형성된다."**

제프리 프로(Jeffrey Froh,미국. 청소년 감사 교육 프로젝트 선도자)

100. **"감사와 예의는 가정에서 시작해 학교로 확장된다."**

제인 넬슨(Jane Nelsen,미국. 교육심리학자, Positive Discipline시

리즈 저자)

101. "감사를 가르치지 않으면, 아이는 받는 것을 당연하게 여긴다."

닐르 C. 넬슨(Noel C. Nelson,미국. 정신심리치료사, 부모 교육과 감사 교육 전문가)

102. "부모는 아이의 첫 번째 감사 교사다."

안드레아 후송(Andrea Hussong,미국. 심리학 교수, 감사 발달 연구자)

103. "감사는 지식보다 지혜에 더 가깝다."

플라톤(Platon,고대 그리스. 철학자, 서양 철학의 기초를 세운 사상가)

104. 감사하는 학생일수록 학점이 높은 경향이고, 방과 후 활동에 더 많이 참여하고 사회 기여 욕구가 강하다."

로버트 에몬스(Robert Emmons,미국. UC데이비스대 심리학 교수, 감사 연구의 세계적 권위자,'Thanks'저자)

105. "감사는 단지 행복하고 건강한 삶 뿐만 아니라, 스스로 삶을 개선하도록 동기부여를 한다."

소냐 류보머스키(Sonja Lyubomirsky, 러시아 출신, 미국. 행복심리 교수,'행복책' 저술가)

106. "내 인생의 사람들에게 감사하면, 그들은 내게 감사한다."

네일 도널드 월츠(Neale Donald Walsch,미국. 작가,『신과의 대화』 저자)

107. "감사는 인간의 인성(Appreciation)과 성향적 감사(Dispositional Gratitude) 수준은 높은 상관 관계를 보였다."

서머 앨런(Summer Allen,미국, 심리학자, 과학 저널리스트)

108. "평소에 작은 일들을 찾아서 감사할 줄 아는 기술을 익히면, 좀 더 쉽게 그리고 더 크게 성공할 수 있다."

차동엽(Dong-Yeop Cha, 한국. 천주교 신부, 행복책 저술가)

109. "감사하는 법을 배울 때, 좋은 일에 집중하는 법을 배우고 있는 것이다."

에이미 반데빌트(Amy Vanderbilt,미국. 예절 전문가, 저술가)

110. "매일 자신과 주변 사람들에게 감사하는 습관을 들이면 아이는 더 긍정적이고 희망적이며 기쁨이 가득한 사람으로 자라날 것이다."

M.J.라이언(M.J. Ryan.미국. 코나리출판사 편집장,베스트셀러 작가,'Thanks'저자)

111. "감사하는 모든 작용에는 언제나 돌려받는 반작용이 따른다."

론다 번(Ronda Buryn,호주 출신, 미국 '시크릿','매직'의 유명인기 저자)

112. "감사에 집중력을 매일 살아 움직이게 하라."

뇔르C.넬슨(Noel C. Nelson,미국. 정신치료사,'감사의 힘'저자)

113. "감사를 표현하는 가장 좋은 방법은 모든 것을 기쁨으로 받아들인다."

마더 테레사(Mother Teresa, 불가리아 출신, 인도. 카토릭 수녀,노벨 평화상)

114. "감사는 갚아야 할 의무는 있지만, 어느 누구도 그것을 기대할 의무는 없다."

루쏘(Jean Jacques Rousseau, 프랑스. 철학자,사회계약론자)

115. "감사하는 마음으로 아이를 제대로 키워라."

노엘 C. 넬슨(Noel C. Nelson,미국. 심리학자, 아동 교육, '감사의 힘' 저자)

116. "주변 사람들과 친해져라, 그러면 나도 감사하는 사람이 된다."

유대인 어머니의 속담. (Jewish Mother Proverb)

117. "내 인생의 사람들에게 감사하면 그들은 내게 감사한다."

닐 도널드 월쉬(Neale Donald Walsch,미국. 작가, 『신과의 대화』 저자)

118. "가장 어려운 산수는 우리가 받은 축복에 덧셈이다."

에릭 호퍼(Eric Hoffer, 미국. 사회철학자,'길위의 철학자' 명명)

119. "일상 속의 소소한 즐거움들을 음미하는 능력, 순간에 감사하는 마음
은 저절로 얻어지지 않는다."

칼 필레머(Karl Pillemer, 미국. 코넬대, 인간생태학 교수, 『30
Lessons for Living』 저자)

120. "감사하기 위해 시간을 내십시오. 그것은 행복으로 가는 길입니다."

톨스토이(Leo Tolstoy,러시아. 소설가, 『전쟁과 평화』 저자)

121. "어릴 때부터 아이들에게 매일 자신과 주변 사람들에게 감사하는 습
관을 들이도록 훈육하라."

M.J.레이언(M,j. Ryan,미국. 자기계발, 'Thanks' & 『Attitudes of
Gratitude』 저자)

122. "사랑하는 가장 빠른 길은 뭔가요?" 대답은 단 하나라고 생각한다.
"감사하라"이다."

마시 시모프(Marci Shimoff,미국. 베스트 셀러, '영혼을 위한 닭고기
수프' 공저자),

123. "나는 항상 4가지를 감사한다. 첫째. 헬라인으로 태어난 것, 둘째.
자유인으로 태어난 것, 셋째. 남자로 태어난 것, 넷째. 소크라테스와
동시대에 태어난 것이다."

플라톤(Platon,고대 그리스. 철학자,사상가, 국가론 저자)

124. "감사하는 마음은 부유한 것이며 불평은 가난한 것이다."

사이어스(Cyrus Hymn Writer, 미국. 고전 찬송가)

125. "행복은 소유에 정비례하기 보다는 감사에 정비례한다."

김 필(Pil Kim,한국 목사, 『감사에 길이 있다』 저자)

125. "감사는 패배의 인생을 승리의 인생으로 바꾼다."

헨리 프로스트(Henry Frost,미국. 하버드대 디자인 스쿨 교수)

126. "감사는 아이가 세상을 배워가는 가장 고귀한 방식이다."

마리아 포포바(Mria Popova, 브레인 픽킹스(Brain Pickings) 운영자)

127. "남들 보다 가진 것이 없어도, 있는 것에 대해서 자족하고, 작은 것이라
도 내 삶을 채워주는 조건이 된다면 감사하며 사는 것이 행복이다."

전 광(Kwang Jeon, 한국, 목사, 『감사의 조건』 저자)

128. "행복의 문을 여는 열쇠는 감사이다."

전 광(Kwang Jeon, 한국, 목사, 『감사의 조건』 저자)

129. "다른 어떤 가치보다 감사가 자녀에게 삶의 의미를 가장 빨리 가르친다."

뇔르C. 넬슨(Noel C. Nelson,미국 정신치료사, '감사의 힘'의 저자)

130. "감사를 가르치면 아이의 자존감과 사회적 관계가 함께 성장한다."

자코모 보노(Giacomo Bono,미국. 캘리포니아주립대(도밍게스힐스)
심리학 교수, 긍정심리학 연구자)

131. "아이는 감사를 배울수록 더 많은 친절을 실천한다."

안드레아 후송(Andrea Hussong 미국. 노스캐롤라이나대 심리학 교수, 아동 발달 전문가)

132. "감사의 언어는 부모로부터 시작된다."

마리암 압둘(Mariam Abdullah, 미국. UC버클리대 'Greater Good Science Center',소속, 아동 발달 심리학자)

133. "감사를 표현하는 아동일수록 친구가 많고 행복감이 높다."

제프리 프로(Jeffrey Froh,미국 호프스트라대 심리학 교수, 아동감사 교육 연구자)

134. "감사를 받는 사람도, 표현하는 사람도 더 건강하고 행복하다."

로버트 에몬스(Robert Emmons,미국. UC데이비스대 심리학 교수, 'Thanks'저자,감사 연구의 세계적 권위자)

135. "아이의 감사 능력은 정서 조절과도 밀접히 관련되어 있다."

앨런 쇼어(Allan Schore,미국. UCLA 정신과 교수, 뇌 발달 및 애착이론 권위자)

136. "감사를 가르치는 것은 단지 매너가 아니라 인생의 태도를 가르치는 일이다."

데일 카네기(Dale Carnegie, 미국. 자기계발 작가, 저서 "인간관계론" 저자)

137. "아이가 감사를 배울 수 있도록 반복적 훈련이 필요하다."

닐르 C. 넬슨(Noel C. Nelson, 미국. 정신치료사, 감사의 힘(The Power of Appreciation)저자)

138. "아이에게 감사의 본을 보이려면, 부모부터 감사의 눈을 떠야 한다."

마리암 압둘라,Mariam Abdullah UC 버클리 Greater Good Science Center 아동 프로그램 디렉터)

139. "감사를 체계적으로 가르친 교실은 따뜻하고 안전한 분위기가 형성된다."

제프리 프로(Jeffrey Froh,미국의 청소년 감사 교육 프로젝트 선도자)

140. "감사와 예의는 가정에서 시작해 학교로 확장된다."

제인 넬슨(Jane Nelsen,미국 교육심리학자, Positive Discipline시리즈 저자)

141. "감사를 가르치지 않으면, 아이는 받는 것을 당연하게 여긴다."

뇔르 C. 넬슨(Noel C. Nelson,임상 심리학자, 부모 교육과 감사 교육 전문가)

142. "부모는 아이의 첫 번째 감사 교사다."

안드레아 후송(Andrea Hussong,미국. 심리학 교수, 감사 발달 연구자)

143. "감사는 지식보다 지혜에 더 가깝다."

플라톤(Plato,고대 그리스 철학자, 서양 철학의 기초를 세운 사상가)

144. "감사는 아이의 영혼을 건강하게 만든다."

조엘 오스틴(Joel Osteen,미국 목사, 레이크우드교회,『감사의 힘』설교자)

145. "감사의 교육은 평생을 살아가는 인생의 도구를 쥐여주는 것이다."

스티븐 코비(Stephen Covey,미국의 리더십전문가,'성공하는 사람들의 7가지 습관'저자)

146. "아이에게 감사의 말을 습관화시키면 인생이 달라진다."

션 코비(Sean Covey,교육자, '10대들을 위한 7가지 습관' 저자,스티븐 코비의 아들)

147. "'나에게는 꿈이 있다.'라는 연설처럼 목표와 거대한 비전을 결합하면

개인과 조직이 많은 일을 이룰 수 있다."

마틴 루터 킹(Martin Luther King Jr.미국 흑인 인권운동가, 목사,노벨평화상)

148. "나는 살아 숨 쉬게 하는 일이 무엇인지 자문해 본 뒤, 그 일을 하라. 세상에는 생생하게 살아 숨 쉬는 사람이 필요한다."

하워드 서먼(Howard Thurman미국 신학자,시민운동 사상가, 보스턴 대학 첫 흑인교목)

149. "두려움을 느낀 사람은 눈 앞의 상황을 피하려 한다.그래서 결국 특출한 재능을 발휘하지 못하고 창의성도 무너져 인생에 패자가 된다."

프랜 타켄튼(Fran Tarkenton 미국 NFL 쿼터백, 기업가, 동기부여 연설가)

150. "감사하는 아이는 더 잘 배운다."

캐런 푸리(Karen Purvis)아동 트라우마 회복 전문가, 'TBRI' 모델 공동 창안자)

151. "감사하는 법을 배우는 것이 치유의 첫걸음이다.

브루스 페리(Bruce Perry,미국 소아정신과 의사, 아동 트라우마 전문가)

152. "감사하는 습관은 아이의 미래를 비춘다."

줄리안 스타노벡(Julian Stanojevic,유럽 청소년 감정교육 프로그램 개발자

153. "감사는 창의성과 배움의 원천이다."

테레사 아마빌레(Teresa Amabile,하버드 경영대 교수,창의성과 동기 연구가)

154. "감사하는 아이는 갈등을 해결할 줄 안다."

패티 듀크(Patty Duke,미국 배우, 아동 정신건강 옹호자)

155. "감사는 아이의 리더십을 키운다."

셰릴 샌드버그(Sheryl Sandberg,전 메타 COO, 여성 리더십 교육운동가)

156. "감사 표현은 아이에게 말보다 깊은 교훈을 준다."

데니스 크렁클턴(Dennis Crunkleton,아동 감사교육 컨설턴트, 교육 코치)

157. "감사는 아이가 받은 사랑을 세상에 되돌리는 길이다."

마크 베터슨(Mark Batterson,미국 목사, 청소년 동기부여 강연자)

158. "감사는 아이의 리더십을 키운다."

셰릴 샌드버그(Sheryl Sandberg,전 메타 COO, 여성 리더십 교육운동가)

159. "감사를 말하는 아이는 스스로 사랑하는 아이다."

리타 피어슨(Rita Pierson,미. 아동교육 연설가,TED Talk 강연자)

160. "감사하는 아이는 부모와 교사를 연결하는 다리다."

에이미 맥크리디(Amy McCready,미국. 긍정 양육 전문가, 부모교육 프로그램,'Positive Parenting Solutions' 창립자)

감사의 조직&경영
(220선)

조직, 고객, 기업의 마케팅 100
기업, 교회, 학교, 군대의 경영사례 120

조직의 서문

"감사는 조직과 공동체를 건강하게 세우는 기초가 된다.

리더가 감사를 실천할 때 구성원들은 존중받는다는 확신을 얻고,

조직은 신뢰와 협력의 문화로 성장한다.

기업, 군대,학교, 교회, 가정 등 다양한 조직 속에서

감사는 동기를 부여하고 구성원의 자발적 헌신을 이끌어 낸다.

감사는 단순한 감정이 아니라 조직의 성과와 창의성으로 이어지는

실질적 자원이다.

서로에 대한 인정과 감사가 축적될수록 소속감과 만족감은 깊어지고,

이는 곧 지속 가능한 발전으로 연결된다.

결국 감사의 조직은 성과를 넘어 관계와 행복을 함께 추구하는

공동체로 나아간다."

마케팅의 서문

"마케팅은 단순히 이익을 추구하는 활동이 아니라,

사람과 관계를 통해 성과를 이루는 과정이다.

감사의 경영은 직원과 고객, 사회 모두를 존중하고

그 가치를 인정하는 데서 출발한다.

감사하는 리더는 구성원들의 노고를 인정하고,

이는 조직의 충성도와 창의성을 높인다.

또한 고객에 대한 감사는 신뢰를 구축하고

지속적인 관계를 가능하게 한다.

감사의 마케팅은 단기적 성과보다 장기적 비전을 중시하며,

사회적 책임과 나눔으로 확장된다.

이는 결국 기업과 조직을 단단히 세우고,

지속 가능한 사업체 조직의 발전으로 이끈다.

감사의 경영 마케팅은 단순한 전략이 아니라

공동체적 가치를 높이는 감사 문화의 창달이다."

"감사는 위기를 기회로 바꾸는 리더십의 언어다"

인디라 누이(Indra Nooyi,펩시코 전 CEO,미국/인도, 2006~2018)

....

"게시판이나 온라인 등을 활용해 감사할 다양한 기회를 마련하라."

키라 뉴먼(Kira Newman),GGS 매거진 편집자)

1. "애플의 경영10계명 중, 제10계 감사하라."

   스티브 잡스(Steve Jobs, 애플사 창업자)

2. "나에게 꿈이 있다."라는 연설처럼 목표와 거대한 비전(Vision)을 결합하면 개인과 조직이 많은 일을 이룰 수 있다."

   마틴 루터 킹(Martin Luther King Jr.흑인 인권운동가, 목사,"나에게 꿈이 있다'는 연설처럼, 목표와 비전을 결합하면 개인과 조직이 많은 일을 이룰 수 있다."

3. "가장 큰 위험은 위험을 감수하지 않는 것이다."

   마크 저커버그(Mark Zuckerberg,이스북 창립자)

4. "서로 관계가 좋을 때, 조직내 파트너를 향한 감사를 비축해두면, 어려운 시기에 큰 도움이 된다."

   닐르C. 넬슨(Nyle C. Nelson,'감사의 힘' 저자,감사 연구자, 정신치료사)

5. "맹인들의 나라에서는 눈 하나인 사람이 왕이다.

   네들란드 속담(Dutch Proverb)

6. "목표가 클수록 그것을 이루기 위해 감수해야 하는 위험도 커진다."

   캐롤라인A. 밀러(Callain A. Mill,미,'나는 이제 행복하게 살고 싶다.' 저자,와튼스쿨에서 '행복한 인생 만들기 프로그램 개발자)

7. "감사는 과거에 대한 이해와 현재의 평화, 그리고 미래의 희망을 가져다 준다."

   M.J. 라이언(M.J. Ryan, 미국,감사책 저자,방송인)

8. "감사가 개인은 물론 가족 그리고 회사를 변화시킨다."

   허남석(Heo Nam-Seok, 포스코ICT사장,한국 기업에서 감사의 기업

문화 창달자)

9. "감사가 행복한 일터(GWP;Trust,Pride,Fun)를 만드는 데, 매우 유용한 거름의 역할을 한다."

허남석(Heo Nam-Seok, 포스코ICT사장,한국 기업에서 감사의 기업 문화 창달자)

10. "감사는 사회적 관계 즉 타인을 귀하게 여기는 데, 매우 중요한 역할을 한다."

에릭 피더슨(Eric Pederson,미국,콜로라도볼더대 교수,신경과학자,진화심리학자,)

11. "우리는 모두 인생이라는 경기를 뛰는 선수다"

존 맥스웰(John Maxwell,리더십 전문가, '리더십 골드' 저자)

12. "목표를 추구하는 것이 목표를 포기하는 것보다 큰 행복을 가져다 준다는 사실이다."

소냐 류보스키(Sonja Lyubomirsky, 러시아 출생,'행복도 연습이 필요하다'저자,심리학 교수)

13. "중요한 것은 내 안의 가능성과 잠재력으로 인생이라는 경기에 성실히 임했다는 자부심이다.

존 맥스웰(John Maxwell,리더십 전문가, '리더십 골드' 저자')

14. "돈을 많이 벌었다는 것이, 명예를 높이 쌓았다는 것이, 공부를 많이 했다는 것이 결코 인생에서 승리를 의미하지 않는다."

존 맥스웰(John Maxwell,리더십 전문가, '리더십 골드' 저자')

15. "좋아하는 것보다는 잘하는 것을 찾아야 행복해질 수 있다."

존 맥스웰(John Maxwell,리더십 전문가, '리더십 골드' 저자)

16. "일을 하거나 여가활동을 즐기면서 꾸준히 몰입 상태에 도달하는 사람이 독특하고 개성적인 사람이 될 수 있다."

칙센트미하이(Mihaly Csikszentmihalyi, 이탈리아 출신, '몰입의 즐거움'저자, 미국 시카고대 심리학 교수)

17. "아무리 감사를 표현해도 감사받는 사람의 마음이 열려 있지 않으면 무의미하다."

사라 킨트(Sarah Kint, 자율적 동기 부여 전문가)

18. "난 감사가 사치품이라고 생각하지 않는다. 감사는 생존의 기술이다."

숀 테일러(Shaun Taylor, 행동건강 지도자, 작가)

19. "낙관적인 상사 밑에서 일하는 사람은 비관적이고, 냉소적인 상사 밑에서 일하는 사람보다 생산성이 높고 행복하다."

캐롤라인A. 밀러(Callain A. Mill,미,'나는 이제 행복하게 살고 싶다.'저자,와튼스쿨에서 '행복한 인생 만들기 프로그램 개발자)

20. "소망을 이루어 주는 감사의 힘에너지 동조현상에 따라 진동에너지로 가득찬 이 우주에서 당신이 어떤 에너지를 발산하느냐에 따라 동일한 에너지가 되돌아 온다."

뉠르C. 넬슨(Nyle C. Nelson, '감사의 힘'저자, 감사 연구자, 정신치료사)

21. "가정에서 배우자가 자신을 인정한다고 느끼는 사람일수록 가사 분업에 대한 과도한 억울함보다는 관계에 대한 만족감을 더 크게 느낀다."

일리 호쉬차일드(Eli Hochschild, 사회학자)

22. "감사가 부부의 가사 노동 분담에 변혁을 일으킬 수 있다. 감사는 집안일을 소홀히 하던 이에게 배우자의 기여가 선물임을 일깨워 더 많은 일을 하도록 이끈다."

앤절라 트레서웨이((Angela Trethewey, 시카고 소통교육대 학장)

23. "당신을 향해 또는 당신을 위해 행한 무언가를 인정하고, 그 도움이나 경험을 제공한 사람이나 대상을 인정하고, 짧은 순간이라도 어떻게 당신의 삶이 나아졌는지를 깨달아야 진정한 감사다."

숀 테일러(Shaun Taylor.행동건강 지도자, 작가)

24. "평소에 주목받지 못하는 감사하지 않은 사람들에게 감사하라."

키라 뉴먼(Kira Newman, GGS 매거진 편집자)

25. "게시판이나 온라인 등을 활용해 감사할 다양한 기회를 마련하라."

키라 뉴먼(Kira Newman, GGS 매거진 편집자)

26. "감사하면 온 마음이 창조적 에너지와 조화를 이루게 된다."

월하스 워틀스(Wahace D. Watles,미국 신사고 운동 전문가, 성공학 강사, '부는 어디서 오는가' '건강의 과학' 등 저서 다수)

27. "매일 매일 우리의 인생에서 남아 있는 날들을 정리할 수 있는 기회를 신으로 부터 선사 받고 있다."

하이럼 스미스(Hyrum Smith, 허버드대 경영대학원 교수,'자연법칙들'저자)

28. "감사할 줄 모르는 불평, 불만하는 부정적인 사람들은 무시하라. 공동체 조직의 모든 에너지를 다 빨아먹어 공동체의 힘을 바닥에 떨어뜨리기 때문이다."

존 고든(Jon Gordon,'에너지 버스'저자)

29. "사람과 인생 사이의 단순한 조화 없이는 행복도 없다."

알베르 카뮈(Albert Camus,프랑스 작가, 철학자)

30. "여러분도 가족, 직장, 학교, 교회, 단체 등 주위에 있는 사람들과 나누고 싶은 마음이 자연스럽게 생겨난다는 뜻이다."

M.J. 라이언(M,J.Ryan, 'Thanks'감사베스트셀러 작가,변화 전문가, 방송인)

31. "공동체의 사람들의 장점을 보기 시작하면 사람과 사람 사이에 공감대가 형성되고 창조적인 사고와 한계를 극복할 능력을 가질 수 있게 된다."

M.J.라이언(M,J.Ryan, 'Thanks'감사, 베스트셀러 작가,변화 전문가, 방송인)

32. "다른 사람을 바꿔려면 스스로 먼저 바뀌어야 한다. 이 세상이 나아지지 않는 이유는 한가지 때문이다.서로가 서로를 변화시키려고만 할 뿐 자신을 변화하려고 들지 않기 때문이다."

애덤스 토마스(Adams Tomas, 청교도의 신학자,산문의 세익스피어 칭송)

33. "우리에게 소속감을 느끼게 해주는 집보다, 직장보다 더 좋은 곳은 없다."

데이비드 화이트(David Whytea,사회 연구가)

34. "우리 조상에게 감사하게 되면 그들의 존재를 객관적으로 바라볼 수 있게 된다. 비록 부정적인 본보기라도 해도 조상이 교훈을 바탕으로 소속감과 일체감을 느끼며 더 멋진 사람이 될 수 있다."

M.J.라이언(M,J.Ryan, 'Thanks'감사책 베스트셀러 작가,변화 전문가,방송인)'

35. "무엇보다 중요한 것은 상대방에게서 마음이 드는 부분에만 초점을 맞춰 보라. 분명히 상대방을 향한 감정이 바뀔 것이다."

M.J. 라이언(M,J.Ryan, 'Thanks'감사의 베스트셀러 작가,변화 전문가,방송인)

36. 감사는 조직의 지속 가능성을 높이는 필수 요소다.”

　　짐 콜인스(Jim Collins,경영 컨설턴트, 『Good to Great』 저자)

37. “감사는 직원 간 신뢰와 협력을 심화시킨다.”

　　스텝엔 M.R. 코비(Stephen M.R. Covey.신뢰 전문가, 『The Speed of Trust』 저자)

38. “감사하는 조직은 빠르게 변화하는 환경에 유연하게 대응한다.”

　　존 코터(John Kotter.하버드 경영대학원 교수, 변화관리 전문가)

39. “감사는 직원들의 동기와 만족도를 동시에 향상시킨다.”

　　겔럽(Gallup Organization,미국 여론조사 및 인재관리 연구기관)

40. “감사는 리더십의 가장 강력한 자산이다.”

　　로빈 슈마(Robin Sharma, 『The Monk Who Sold His Ferrari』 저자)

41. “감사는 조직의 혁신 문화를 구축하는 초석이다.”

　　케리톤 크리스텐센(Clayton Christensen,‘파괴적 혁신’ 개념 창시자)

42. “감사 표현은 조직 내 긍정적인 피드백 순환을 만든다.”

　　테레사 암에빌(Teresa Amabile,하버드 비즈니스 스쿨 교수)

43. “감사는 위기 상황에서도 조직의 결속을 유지한다.”

　　아미 에드몬드(Amy Edmondson,하버드 비즈니스 스쿨 교수)

44. “감사는 조직 내 심리적 안전을 보장하는 핵심 요소다.”

　　아미 에드몬드(Amy Edmondson,하버드 비즈니스 스쿨 교수)

45. “감사는 조직의 긍정적인 에너지를 증폭시킨다.”

바바라 프레드릭슨(Barbara Fredrickson,긍정심리학자)

46. "감사는 조직 내 신뢰를 구축하는 데 가장 중요한 방법이다."

다니엘 골먼(Daniel Goleman,감성지능 대중화 저자)

47. "감사는 조직 문화를 변화시키는 강력한 촉매제이다."

김 카메론(Kim Cameron,긍정 조직 연구 권위자)

48. "감사하는 마음은 조직 구성원들의 자존감을 높인다."

아담 그란트(Adam Grant,조직 심리학자)

49. "감사는 모든 성공적인 협업의 숨은 동력이다."

시몬 시넥(Simon Sinek,미국 동기부여 연설가, 『Start with Why』 저자)

50. "조직 내에서 감사의 문화는 직원들의 행복과 생산성을 동시에 증대시킨다."

스완 액홀(Shawn Achor,긍정심리학자, 『The Happiness Advantage』 저자)

51. "사회적 위기의 공동체는 물론 나라 전체에까지 영향을 미칠 수 있다. 감사는 이런 위기가 초래할 절망감과 위압감으로부터 우리를 구출해 준다."

노엘 C. 넬슨(NoelleC. Nelson, 미국, 심리치료사, 『The Power of Appreciation』 저자)

52. "감사의 경제학으로 적용해 보면, 상대가 움직이기 전 먼저 일을 해치우기 때문에 가사 분담에는 점차 불평등이 발생한다."

제츠 앨버츠(Jets Alberts, 미국, 인간관계 전문가, 애리조나대 교수)

53. "감사는 우리 모두에게 효과적인 메시지이자 소중한 도구이다. 자신과

다른 사람에 대한 감사, 자유에 대한 감사만이 우리 자신과 세계 평화
에 큰 도움이 된다.”

바바라 그룹(감사모임)(Barbara Group, 미국, 감사문화 실천 공동체)

54. “조직 공동체는 배와 같다. 다들 키를 잡을 준비가 되어 있어야 하기 때
문이다.”

헨릭 입센(Henrik Ibsen, 노르웨이, 극작가, 『인형의 집』 저자)

55. “감사는 조직 구성원의 행동을 변화시키는 데 지난 200년 동안 고안된
그 어떤 이론들보다 훨씬 더 깊고 풍부한 수단을 제공할 수 있다.”

주하니 록코엔(Juhani Lokkoen, 핀란드, 조직심리학자)

60. “경영자들은 직원들에게 ‘감사’를 표현하거나 조직에 가치를 추가할 창
의적 방법을 찾는 것이 아니라, 감독과 통제를 관습적으로 강조해 왔다.”

산티노 고샬(Santino Ghoshal, 미국, 경영학자)

61. “일본의 ‘다가께 제과공장’은 제품이 출하될 때까지 ‘감사합니다(고자
이마스)’라는 말을 100만 번 반복한 결과, 어린이 과자 일본 시장 점유율
60%를 차지하고, 상장 감사기업 100개 이상을 탄생시켰다.”

히스이 고타로(Hisui Kotaro, 일본, 『3초만에 행복해지는 명언 테라
피』 저자)

62. “일을 하면서 감사하는 마음만큼 소중한 것이 없다.”

나가나노 시게오(Shigeo Nagano, 일본, 상공회의소 회장)

63. “오늘 나의 성공은 부하사원과 고객의 덕택이다. 정말 고맙습니다.”

마쓰시타 고노스케(Konosuke Matsushita, 일본, 파나소닉 창업자)

64“대부분의 사람들은 조직에서 사소한 의리는 지키려고 하고, 그 의리에

대해서는 감사하는 마음을 가진다. 그러나 정작 큰 은혜에 대해서는 모
르는 척하는 사람이 많다.".

라 로슈푸코(La Rochefoucauld, 프랑스, 철학자, 『잠언들』 저자)

65. "감사하는 마음을 가지는 자는 풍성한 수확을 얻을 수 있다."

윌리엄 블레이크(William Blake, 영국, 시인, 화가)

66. "많은 긍정적 사고를 가진 기업이 부정적 사고를 가진 기업을 인수해 부
유한 기업으로 변화시켜준다."

로버트 앨런(Robert Allen, 미국, 투자전문가, 강연자)

67. "일을 하거나 여가활동을 즐기면서 꾸준히 몰입의 순간을 경험하면 전
보다 독특하고 개성적인 사람이 될 수 있다."

미하이 칙센트미하이(Mihaly Csikszentmihalyi, 미국, 심리학자,
『몰입』 저자)

68. "우리 모두가 자기만의 독특한 강점을 지니고 있지만, 제대로 깨닫지
못하거나 높이 평가하지 않는 경우도 있다."

캐롤라인 A. 밀러(Caroline Adams Miller, 미국, 긍정심리학자)

69. "평범한 재능과 야심, 평균적인 교육 수준의 보통 사람도 자신의 모든 것
을 걸 수 있는 명확한 목표만 있으면 가장 뛰어난 천재도 이길 수 있다."

메리 케이 애시(Mary Kay Ash, 미국, 메리케이 화장품 창업자)

70. "조직의 힘은 한 사람 리더의 힘보다 강력하다"

배광석(Bae KwangSeok, '감사의 과학적 비밀' 저자, ·KBS2TV'11시
에 만납시다'출연자)

71. "당신의 야망을 깍아 내리려고 애쓰는 사람들을 멀리하라. 그릇이 작은

사람들은 늘 그렇게 행동한다. 진정으로 훌륭한 사람들은 상대방도 그렇게 훌륭해질 수 있다고 느끼게 해준다.”

마크 트웨인(Mark Twain,미국.‘톰소여의 모험,허클베리 핀의 모험’저자,아동소설 작가로 유명)

72. “직장에서 감사 문화를 만드는 첫 단추는 꼭대기 상사가 직원들에게 먼저 감사 인사하는 것이다.”

키라 뉴먼(Keira Newman,Great Good 매거진 편집자)

73. “나의 경험으로 보면, 우리 임직원들이 큰 성과를 올리고 나면 시간이 지나면서 당연한 일이 되고, 감사의 말이 사라지고 인정이 줄어들면서 조직은 곧 분열 상태로 진입한다.

이건희(Lee Geon Hee,한국 조지워싱톤대 경영학 석사,삼성그룹 2 대 회장)

74. “닐르 넬슨의 ‘감사클럽 모임’시에 헌장10계명)

1. 계:감사는 파동이다. 감사는 힘이다. 감사는 에너지이다.

2. 계:당신은 파동을 가진 존재다. 따라서 파동을 발산한다.

3. 계:당신의 파동은 당신이 어떻게 생각하고 느끼느냐에 결정된다.

4. 계:당신의 생각과 느낌은 당신이 경험할 일에 영향을 미친다.

5. 계:당신은 자신의 생각을 선택할 능력이 있다. 그리고 생각은 느낌을 바꾼다.

6. 계:당신이 집중하는 것은 성장한다.

7. 계:누군가에게 감사할 때, 그 대상에 파동을 발산하는 것이다.

8. 계:동조하는 마음은 그것을 끌어들인다(호의는 호의를 끌어들인다)

9. 계:누구나 증오와 사랑을 동시에 품을 수 없다.

10. 계:감사하려면 먼저 상대가 감사해주길 기다리지 말라.

닐르C. 넬슨(Nyle C. Nelson,'감사의 힘'저자,감사 연구자, 정신치료사)

1장,고객마게팅(53선)

1. "감사는 혼자 하지 않고 함께해야 빛을 발한다."

   이군형(포스코ICT 팀장,포스코ICT는 협력과 감사의 문화를 통해 조직 시너지를 높이고 있다)

2. "감사는 기업문화의 근간이다. 감사하는 조직은 무너지지 않는다."

   하워드 슐츠(Howard Schultz1987~2017) –미국, 스타벅스 CEO)

3. "크리스마스 이후, 내가 좋아하는 일과가 하나 있다. 바로 감사편지를 쓰는 것이다."

   말콤(포프스지 창업자로 감사를 통한 직원과 고객과의 신뢰 강화에 힘썼다)

4. "고객이나 손님을 왕처럼 생각하라. 그들을 귀하게 대접하라. 지금 당장 당신의 물품이나 서비스를 사주지 않더라도 그들이 한 인간으로서 당신을 찾아 준 것에 대해 고맙게 생각하라."

   넬슨(Nelson,기업 컨설턴트,고객 존중과 감사를 경영 철학으로 삼아 고객 충성도를 높이는 전략가)

5. "감사는 기업 문화의 뿌리다. 감사하는 조직은 위기에도 강하다."

   박정수(삼성전자 인사팀장, 삼성전자는 감사 문화를 기반으로 구성원

간 신뢰를 구축하고 있다)

6. "감사하는 리더는 신뢰를 구축하고, 조직은 자발적으로 움직인다."

사토 노부유키 -(일본, 2000년대, 히타치 제작소 前 CEO,정기적으로 사원과 고객에게 감사의 인사를 전하며, 장기 고용과 충성도 높은 조직 문화 형성)

7. "감사를 표현하면 직원은 더 깊이 헌신한다."

리처드 브랜슨(Richard Branson,영국,1970년대~현재, 버진그룹 창립자, 성과보다 사람을 먼저 감사로 대접하는 '직원우선주의' 기업문화를 실천)

8. "감사하는 마음은 직원들의 동기부여를 자극한다. 그것이 결국 기업 성과로 연결된다."

김민호(LG전자 HR 부장,LG전자는 감사 메시지 시스템을 도입해 긍정적 조직문화를 조성했다)

9. "고객 감사는 단순한 마케팅이 아니다. 진심을 전하는 관계 경영이다."

이수현(카카오 고객경험팀장,카카오는 고객 감사를 통한 서비스 개선을 지속하고 있다)

10. "고객에게 '감사 카드'를 보내는 순간, 브랜드가 사랑받기 시작했다."

자포스(Zappos.com(미국, 2000년대,고객 서비스팀이 자율적으로 감사 엽서를 보내 고객 만족도와 충성도를 크게 높임)

11. "감사는 상사가 아닌 동료 간에도 오가야 조직이 따뜻해진다."

패타고니아(Patagonia,미국, 2010년대,'감사 포스트잇' 캠페인으로 협업의 질 상승)

12 "매일 아침 5분간 감사명상을 도입한 팀은 실적이 가장 좋았다."

마인드풀컴퍼니(MindfullCo.영국, 2010년대, 팀 단위 감사명상 정례

화 후 생산성·감정지수 상승)

13. "감사의 문화를 만든 기업은 위기도 배움의 기회로 바꾼다."

IBM(미국, 2000년대, 위기 시 임직원 대상 '감사와 성찰 회의' 정례화)

14. "감사는 고객이 아닌 직원에게 먼저 시작해야 한다."

사우디 아람코(사우디아라비아, 2010년대, 30년 근속 직원에게 가족 포함 감사 여행 제공, 이직률 최소화)

15. "감사받는 직원은 고객에게 감사를 돌려준다."

에미레이트 항공(UAE, 2000년대,객실승무원 감사 피드백 시스템 도입 후, 고객 재이용률 20% 상승)

16."감사는 가장 강력한 직원 몰입 전략이다."

마이크로소프트 사티아 나델라(Satya Nadella, 미국, 2014년~현재, 감사를 통한 조직문화 리빌딩으로 사내 신뢰지수 70% 이상 상승)

17. "고객을 존중하는 감사는 기업의 장기 브랜드 자산이 된다."

애플 팀 쿡(Tim Cook, 미국, 2010년대~현재,고객 피드백에 진심으로 감사하고 개선하는 전략으로 팬덤 형성)

18. "감사 문화는 수직 조직을 수평적으로 만든다."

구글(Google,미국, 2000년대,'감사 피드백 앱(Thanks Bot)'을 활용해 구성원 간 실시간 감사 표현 문화 정착)

19. "감사 리더십은 말보다 실천이다."

존 매키(John Mackey) Whole Foods Market 창업자,미국, 1980년 대~2020년대 '감사 공유 게시판' 운영으로 직원간 감사를 실천하게 하 며 조직문화를 따뜻하게 변화시킴)

20. "고객 1명을 진심으로 감사하면, 그 고객은 브랜드의 전도사가 된다."

델타항공 고객서비스팀,미국, 2010년대, 고객에게 손편지와 선물로 감사를 표현해, SNS 입소문과 매출 증가 유도)

21. "회사는 성과보다 감사를 먼저 말해야 한다."

사토 류지(교세라 창업자, 일본, 1959~2000년대,'감사의 경영'을 도입, 매일 아침조회에서 감사의 말로 하루를 시작)

22. "감사하는 직원이 고객의 불만도 감사로 돌린다."

사우스웨스트 항공(Southwest Airlines,미국, 1980년대 이후, 고객불만에 '감사 메시지'로 대응하며 항공업계에서 유일하게 흑자를 지속.

23. "감사의 힘은 직원이 회사를 '자기 회사'로 느끼게 만든다."

CJ 그룹(한국, 2010년대,사내 감사 캠페인 '고맙습니다 프로젝트'로 조직 몰입도 상승)

24. "감사 문화는 경영철학을 고객의 언어로 바꾼다."

현대자동차(한국, 2020년대,'고객감사 데이' 및 AS 감사콜 제도 도입)

25. "성과보다 감사가 먼저일 때, 진짜 성과가 찾아온다."

포스코(한국, 2010년대, 성과급 전 감사 이벤트로 직원 만족도와 자발성 향상)

26. "감사 인사는 매출을 올리는 가장 인간적인 기술이다."

이케아(IKEA,스웨덴, 2000년대,고객에게 자필 감사쪽지를 동봉하며 리턴율 감소)

27. "감사는 조직의 긴장을 풀고 창의력을 높인다."

넷플릭스(Netflix,미국, 2010년대,'Peer Gratitude(동료감사)' 제도 도입으로 팀워크와 자율성이 동시에 강화됨)

28. "감사에 기반한 조직은 갈등이 아니라 조율을 배운다."

세븐일레븐 재팬 이토 마사토시, -(일본, 1980년대,가맹점주에게 '감사
주간'을 운영하여 장기 신뢰관계 구축)

29. "정기적인 감사는 비용이 아닌 투자다."

도미노피자 일본지사, -(일본, 2010년, 생일마다 감사 편지를 보내 고
객 충성도와 직원 이직률 감소를 동시에 달성)

30. "감사일기를 쓰는 조직은 위기에 강했다."

도요타 자동차 -(도요다 아키오 회장,일본, 2000년대 품질위기 이후 모
든 팀이 감사일기 회의를 시행, 내부결속 강화)

31."고객과 직원의 생일에 손편지를 쓰는 것이 전통이 되었다."

도미노피자(일본지사, 2010년대,생일마다 감사 편지를 보내 고객 충성
도와 직원이직률 감소를 동시에 달성)

32. "CEO의 하루는 감사편지를 쓰는 것으로 시작된다."

코스트코 짐 시네갈(Jim Sinegal) 前 CEO,미국, 1983~2011,주간 감
사편지를 직원들에게 직접 보내며, 업계 최고의 직원 만족도 기록)

33. "감사는 최고 성과자에게 주는 최고의 보상이다."

GE, 잭 웰치(Jack Welch,GE 전 회장. 미국, 1980~2000년대, 성과와
감사를 연결한 인센티브 구조 설계로 성과 지향적 문화 구축)

34. "감사하는 직원이 고객의 불만도 감사로 돌린다."

사우스웨스트 항공(Southwest Airlines, 미국, 1980년대 이후,고객불
만에 '감사 메시지'로 대응하며 항공업계에서 유일하게 흑자를 지속)

35. "하루 3번 감사문화를 전파하며 매출이 3배 성장했다."

김영식 대표(한국 '자연드림', 한국, 2010년대,임직원 모두 감사 3가지
를 매일 나누는 '3감사 운동'을 통해 내부 만족과 성과 증가)

36. "감사는 문제 해결의 첫걸음이다."

김태훈(삼성 SDS 프로젝트 매니저,프로젝트 팀 내 감사로 협업 효율성
이 높아졌다)

37. "감사의 힘은 작은 행동에서부터 시작된다."

이현정(LG생활건강 HR 부장,사내 감사 이벤트로 긍정적 분위기 조성)

38. "감사는 신뢰의 토대다."

송지훈(한화 그룹 인사담당,한화는 감사 문화 확산으로 임직원 간 신뢰
를 강화)

39. "고객이 전하는 감사의 메시지는 우리에게 가장 큰 보상이다."

김나영(배달의민족 고객 서비스 팀장,고객 감사를 반영한 서비스 개선
사례가 많음.

40. "감사를 습관화하는 기업만이 진정한 혁신을 이룰 수 있다."

조민수(쿠팡 운영팀장,쿠팡은 감사의 일상화로 직원 참여도와 혁신을
촉진)

41. "감사는 고객의 충성도를 높이는 최고의 투자다."

박준혁(CJ 그룹 마케팅 부장,CJ는 고객 감사 캠페인을 통해 브랜드 충
성도를 극대화했다)

42. "직원들의 감사 표현은 조직의 생산성을 향상시킨다."

이성민(SK하이닉스 인사팀장,SK하이닉스는 내부 감사 시스템을 구축
해 직원 만족도를 높였다)

43. "감사는 경영의 모든 단계에 녹아 있어야 한다."

정은지(LG화학 경영지원팀장,LG화학은 감사경영을 통해 전사적 효율
을 개선했다)

44. "감사의 메시지는 직원 동기부여의 핵심이다."

김동현(카카오 인사팀,카카오는 정기적인 감사 피드백으로 사내 분위기를 개선했다)

45. "고객 감사를 통한 신뢰 구축이 장기적 성장을 만든다."

황지훈(롯데 그룹 고객경험 매니저,롯데는 고객 감사 프로그램을 통해 충성 고객을 확보 중)

46. "감사는 조직 내 긍정적 소통의 시작이다."

박지수(현대모비스 HR 담당,현대모비스는 감사의 문화를 통해 사내 소통 활성화를 이루었다)

47. "감사는 혁신의 원동력이다."

김하늘(네이버 혁신팀,네이버는 감사 문화를 혁신 프로세스와 연결하여 운영한다)

48. "감사는 위기 극복의 밑거름이다."

이승민(포스코 안전관리팀장,포스코는 위기 상황에서 감사 문화가 조직 결속력을 높였다고 평가한다)

49. "감사의 말은 직원들의 업무 만족도를 높인다."

최유진(삼성전자 고객지원팀,삼성전자는 감사 표현을 통한 고객 및 직원 만족도 향상에 주력한다)

50. "감사 문화는 기업 내 신뢰 형성의 기초이다."

윤재훈(한화 인재개발팀,한화는 감사문화를 인재 관리의 핵심으로 삼는다)

51. "감사는 조직 내 긍정적 변화를 촉진한다."

김은경(LG CNS 조직문화팀,LG CNS는 감사 활동이 변화를 이끄는 동력임을 확인했다)

52. "감사하는 기업이 더 오래 살아남는다."

박성민(SK이노베이션 경영기획팀,SK이노베이션은 감사 문화가 장기 생존에 도움이 된다고 보고 있다)

53. "감사는 위기를 기회로 바꾸는 리더십의 언어다."

인디라 누이(Indra Nooyi 펩시코 전 CEO,미국/인도, 2006~2018,위기 시 감사 편지를 임직원 가족에게도 직접 발송하며 조직의 응집력을 강화)

2장 국내,국외 대기업 57개의 마케팅 사례

1. 현대자동차 한국

- 핵심 키워드: 고객 감사, 사회 환원

- 내용: 현대자동차는 고객을 위한 '감사 리콜 캠페인'을 통해 제품 결함 없이도 무상 점검과 서비스를 제공하며 고객에게 감사를 표현합니다. 또한 사회공헌활동과 감사의 언어를 결합한 캠페인으로 브랜드 호감도를 높였습니다.

2. 구글(Google)미국

- 핵심 키워드: 감사 저널, 인정 문화

- 내용: 구글은 직원들에게 **'감사 저널(Gratitude Journal)'**을 쓰도록 장려합니다. 또한 동료 간 감사 이메일이나 사내 포인트 감사 시스템을 운영하여 감사를 표현하도록 합니다. 이러한 문화는 창의성과 협업을 촉진시켜 구글의 혁신을 뒷받침하는 기반이 되고 있다.

3. 파타고니아(Patagonia)미국

- 핵심 키워드: 공동체 감사, 환경 윤리

- 내용: 파타고니아는 직원뿐 아니라 고객, 협력업체, 환경에 대한 감사의 가치를 실천합니다. 정직한 기업 철학과 감사의 마음을 담은 윤리적 경영은 충성도 높은 고객과 지속가능한 성장의 원동력이 되었습니다.

4. CJ 그룹 한국

- 핵심 키워드: 감사를 통한 조직문화 변화

- 내용: CJ그룹은 사내에 '감사 캠페인'을 정례화하고, 직원 간 감사를 나누는 칭찬 릴레이, 감사 편지쓰기활동을 전개합니다. 감사를 통한 조직 내 신뢰와 존중 문화는 업무 몰입도와 협업 능력 향상으로 이어지고 있습니다.

5. KB국민은행 한국

- 핵심 키워드: 고객과 직원에게 감사 표현

- 내용: KB국민은행은 고객 감사 주간을 마련하여 전 지점에서 고객에게 감사 메시지를 전달합니다. 또한, 직원 간 감사 메시지를 나누는 내부 감사 플랫폼을 운영하여 내부 소통과 서비스 마인드를 강화하고 있습니다.

6. Zappos(자포스)미국

- 핵심 키워드: 감사를 통한 고객 중심 문화

- 내용: 자포스는 고객에게 감사 편지를 직접 쓰거나 선물을 보내는 문화로 유명합니다. 고객뿐 아니라 직원 상호 간 감사 표현이 장려되며, 이것이 직원 만족과 탁월한 고객 서비스로 이어져 자포스를 '전설적인 고객 서비스 기업'으로 만든 핵심이 되었습니다..

7. LG그룹 한국

- 핵심 키워드: '감사경영' 캠페인

- 내용: LG는 그룹 차원에서 '감사로 시작하는 하루' 캠페인을 도입하고,

사내방송 및 회의 시작 전 감사를 나누는 문화를 확산시켰습니다. 이는 경직된 조직문화의 유연화, 직원 이직률 감소등 긍정적인 성과를 가져왔습니다.

8. 롯데그룹 한국

- 핵심 키워드: 긍정심리학 기반 감사교육

- 내용: 롯데는 직원 대상 감사교육 프로그램을 통해 긍정심리 기반의 조직문화 변화를 시도하고 있습니다. ＊ 감사일기 쓰기, 감사 나눔 모임 등을 통해 스트레스 감소와 조직 몰입도 향상이라는 결과를 얻고 있습니다.

9. 네슬레(Nestlé)스위스

- 핵심 키워드: 직원 참여, 감사 리더십

- 내용: 네슬레는 전 세계 지사에서 감사의 날(Thank You Day)'을 지정해 직원들의 공로에 감사를 전하는 문화를 도입했습니다. 상사에서 직원으로 내려오는 감사 메시지 캠페인은 조직 내 상하 신뢰 형성과 참여를 이끌어내는 중요한 역할을 하고 있습니다.

10.사우스웨스트 항공(Southwest Airlines)미국

- 핵심 키워드: 직원 존중, 감사 카드

- 내용: 사우스웨스트 항공은 직원 간 감사카드 작성 프로그램을 도입해 직원들끼리 자발적으로 감사를 표현하는 문화를 만들었습니다. 이러한 상호 감사 문화는 직원 만족도, 고객 서비스 품질, 기업 성과까지 긍정적으로 연결되었고, 오랜 시간 고객만족도 1위항공사로 자리매김했습니다.

11. 유니클로(UNIQLO)일본

- 핵심 키워드: 감사 세일, 고객 감사 메시지

- 내용: 유니클로는 매년 **'감사제(感謝祭)'**라는 이름으로 대규모 세일을 진행하며, 고객에게 감사를 표현합니다. 이 기간 동안 고객

에게 감사 카드, 소소한 선물 증정등의 이벤트도 병행하여 고객 충성도 강화에 기여하고 있습니다.

12. 스타벅스(Starbucks)미국

- 핵심 키워드: 파트너 존중, 감사의 피드백

- 내용: 스타벅스는 직원(파트너)들이 서로에게 감사와 칭찬을 표현할 수 있도록 *디지털 감정표현 도구(예: Kudos system)*를 제공합니다. CEO가 직원들의 감사 메시지 일부를 정기적으로 소개하며 감사 중심 리더십을 실현하고 있습니다.

13. 삼성전자 한국

- 핵심 키워드: 감사의 날, 팀워크 강화

- 내용: 삼성전자는 부서별로 '감사의 날'을 자율 운영하며, 직원 간 감사를 전하고 선물을 나누는 프로그램을 장려합니다. 이를 통해 수직적 관계 완화, 팀워크 개선, 성과 중심 문화를 완화하는 효과를 얻고 있습니다.

14. 인튜이트(Intuit)미국

- 핵심 키워드: 감사의 앱, 팀원 인식 시스템

- 내용: 회계 소프트웨어 기업 인튜이트는 직원 간 감사 표현을 장려하기 위해 *'Cheers for Peers'*라는 앱을 도입했습니다. 이는 감사를 받은 팀원이 보상을 받을 수 있도록 연결되어 있어 감사보상성과의 선순환구조를 창출합니다.

15. 아산병원 한국

- 핵심 키워드: 환자와 직원 간 감사 나눔

- 내용: 아산병원은 환자들이 직원에게 감사의 글을 남기고, 이를 병원 내 감사 게시판에 공유하는 문화를 운영합니다. 의료진은 환자와 동료에게 감사를 표현하며 정서적 소진 감소와 조직 소속감 향상에 도움을 받고 있습니다.

16. 마이크로소프트(Microsoft)미국

- 핵심 키워드: 감사의 리더십 피드백, 조직 심리

- 내용: 마이크로소프트는 리더십 교육에서 감사를 통한 동기부여와 신뢰 형성을 핵심 전략으로 삼고 있으며, 리더들은 정기적으로 감사를 피드백으로 전하는 훈련을 받습니다. 이는 성과 중심에서 인간 중심 조직으로의 전환을 이끌고 있습니다.

17. 애플(Apple)미국

- 핵심 키워드: 혁신과 감사, 직원 인정

- 내용: 애플은 혁신적인 제품 개발과 함께 직원 개개인의 노력과 창의성에 대한 감사 표현을 중시합니다. 팀 내에서 성과를 달성한 직원에게 공개적으로 감사를 표하고, 이를 통해 동기부여와 창의적 협업을 강화하고 있습니다.

18. 아마존(Amazon)미국

- 핵심 키워드: 고객 중심 감사 문화

- 내용: 아마존은 고객에게 감사를 표현하는 문화가 강하며, 직원들도 고객 피드백을 공유하며 감사를 나눕니다. 이를 통해 고객 만족도를 높이고, '고객에 대한 감사'가 서비스 혁신의 원동력이 되고 있습니다.

19.포드(Ford Motor Company)미국

- 핵심 키워드: 직원 참여, 감사 행사

- 내용: 포드는 매년 직원 감사 행사를 개최해 임직원의 노고에 감사를 전합니다. 이 행사는 조직의 소속감 강화와 사기 진작에 큰 역할을 하며,직원 충성도를 높이는 중요한 프로그램입니다.

20. LG전자 한국

- 핵심 키워드: 감사 경영 캠페인

- 내용: LG전자는 전사적인 감사 경영 캠페인을 통해 임직원 간 칭찬과
  감사 메시지를 활성화하고 있습니다. 이를 통해 내부 소통 강화와
  협력 문화 정착에 기여하고 있습니다.

21. 코카콜라(CocaCola)미국

- 핵심 키워드: 고객 감사, 브랜드 충성도

- 내용: 코카콜라는 고객 감사 캠페인을 정기적으로 실시하며, 다양한 이
  벤트와 프로모션을 통해 고객에게 감사를 표현합니다. 이로 인해
  고객 충성도와 브랜드 이미지가 지속적으로 상승했습니다.

22. 삼성생명 한국

- 핵심 키워드: 고객 맞춤 감사 서비스

- 내용: 삼성생명은 고객 맞춤형 감사 메시지와 이벤트를 운영해 * 고객
  과의 신뢰를 쌓고 있습니다. 고객이 만족할 수 있는 서비스를 제
  공하면서 감사를 통한 고객 관계 강화를 실천합니다.

23. 넷플릭스(Netflix)미국

- 핵심 키워드: 직원 자율과 감사

- 내용: 넷플릭스는 직원들에게 자율성을 부여하며, 이를 존중하는 리더
  들이 감사와 인정 문화를 조성합니다. 이는 혁신과 창의성 촉진에
  직접적인 영향을 미치고 있습니다.

24. CJ대한통운 한국

- 핵심 키워드: 현장 직원 감사 프로그램

- 내용: CJ대한통운은 배송 및 물류 현장 직원들에 대한 감사 캠페인을
  통해 직원들의 사기와 업무 만족도를 높이고 있습니다. 감사를 통
  한 현장 중심 소통 강화가 핵심입니다.

25. 페이스북(Facebook, Meta)미국

- 핵심 키워드: 팀 감사 세션

- 내용: 페이스북은 정기적인 팀 미팅 중 감사를 표현하는 시간을 마련하여 팀원 간 긍정적 관계를 증진시킵니다. 이러한 감사 세션은 협업과 조직 유대 강화에 기여합니다.

26. 현대중공업 한국

- 핵심 키워드: 안전 감사 프로그램

- 내용: 현대중공업은 안전사고 예방을 위해 직원들의 안전 행동에 대해 감사를 표하는 프로그램을 운영합니다. 안전에 대한 감사는 직원 의식 강화와 안전 문화 정착에 효과적입니다.

27. 스타트업 A사(비공개)

- 핵심 키워드: 감사일기 쓰기, 긍정문화

- 내용: 작은 스타트업에서는 전 직원이 매일 감사일기를 작성하며, 이를 주간 회의에서 공유합니다. 이는 스트레스 감소와 긍정적 조직문화 형성에 도움을 주고 있습니다.

28. 도요타(Toyota)일본

- 핵심 키워드: 칭찬 문화, 감사와 개선

- 내용: 도요타는 직원 간 칭찬과 감사를 중요시하며, 개선 제안을 낼 때에도 감사의 마음을 기반으로 소통합니다. 이는 지속적인 개선과 직원 만족에 기여합니다.

29. 네이버 한국

- 핵심 키워드: 사내 감사 플랫폼

- 내용: 네이버는 직원들이 서로 감사 메시지를 쉽게 주고받을 수 있는 디지털 플랫폼을 운영하여 상호 존중과 협력 문화를 강화하고 있습니다.

30. 아마존 웹 서비스(AWS)미국

- 핵심 키워드: 고객 감사, 서비스 신뢰

- 내용: AWS는 고객 서비스 팀에서 고객의 피드백과 감사 메시지를 공유하며, 고객과의 신뢰 관계를 강화하는 문화를 조성합니다. 이를 통해 고객 중심 서비스 품질이 지속적으로 개선되고 있습니다.

31. 삼성바이오로직스 한국

- 핵심 키워드: 연구원 감사 문화

- 내용: 삼성바이오로직스는 연구 개발 인력의 노고에 감사하는 '감사의 밤' 행사를 개최하여, 직원들의 동기부여와 연구 역량 강화에 기여합니다.

32. 구글(Google)미국

- 핵심 키워드: 감사 카드 프로그램

- 내용: 구글은 직원들이 동료에게 감사 메시지를 쓸 수 있도록 '감사 카드 프로그램'을 운영하여, 협업과 긍정적 사내 문화를 조성합니다.

33. SK텔레콤 한국

- 핵심 키워드: 고객 감사 이벤트

- 내용: SK텔레콤은 고객 충성도 향상을 위해 정기적인 고객 감사 이벤트를 열어 고객과의 관계를 강화합니다.

34. IBM 미국

- 핵심 키워드: 리더 감사 교육

- 내용: IBM은 리더십 프로그램에 감사의 중요성을 포함하여 리더들이 조직 내 감사 문화를 주도하도록 교육합니다.

35. 롯데백화점 한국

- 핵심 키워드: 고객 감사 캠페인

- 내용: 롯데백화점은 정기적으로 고객 감사 세일과 맞춤형 감사 이벤트를 진행하여 고객 만족도를 높입니다.

36. 델타항공(Delta Air Lines)미국

- 핵심 키워드: 직원 감사 프로그램

- 내용: 델타항공은 항공 승무원 및 직원들에게 감사를 표현하는 다양한 프로그램을 운영하여 직원 만족도와 서비스 품질을 향상시킵니다.

37. 현대모비스 한국

- 핵심 키워드: 감사의 날 운영

- 내용: 현대모비스는 임직원 간 감사 메시지 교환과 함께 소소한 선물을 주고받는 '감사의 날' 행사를 통해 조직 문화를 활성화합니다

38. 테슬라(Tesla)미국

- 핵심 키워드: 혁신 감사 문화

- 내용: 테슬라는 직원들의 혁신과 도전 정신에 대해 경영진이 공개적으로 감사를 표하며, 이를 통해 혁신 분위기를 조성합니다.

39. 신한은행 한국

- 핵심 키워드: 고객과 직원 감사

- 내용: 신한은행은 고객 감사 이벤트와 직원 감사 캠페인을 병행하여, 양측 모두에게 감사의 메시지를 전하고 신뢰를 구축합니다.

40. 에어비앤비(Airbnb)미국

- 핵심 키워드: 고객 및 호스트 감사

- 내용: 에어비앤비는 호스트와 고객 간의 상호 감사를 장려하는 프로그램을 운영, 긍정적 경험과 신뢰를 높입니다.

41. 카카오 한국

- 핵심 키워드: 감사 소통 플랫폼

- 내용: 카카오는 임직원 감사 메시지 공유 플랫폼을 도입하여, 조직 내 긍정적 소통과 협업을 강화합니다.

42. P&G(Procter & Gamble)미국

- 핵심 키워드: 직원 감사 프로그램
- 내용: P&G는 직원들의 성과에 대해 감사와 인정을 표하는 프로그램을 운영하며, 직원 몰입도를 높입니다.

43. 바이엘(Bayer)독일

- 핵심 키워드: 감사와 지속가능경영
- 내용: 바이엘은 지속가능경영 전략 속에 감사 문화를 포함해 직원, 고객, 사 회에 대한 감사를 표현합니다.

44. 네슬레(Nestlé)스위스

- 핵심 키워드: 직원 감사 캠페인
- 내용: 네슬레는 전 세계 지사별로 '감사의 날'을 운영, 직원들의 노고에 감사를 표하며 조직문화 개선에 힘쓰고 있습니다.

45.아마존(Amazon)미국

- 핵심 키워드: 직원 감사 문화
- 내용: 아마존은 정기적으로 직원들의 공로에 감사를 표하며 긍정적인 조직문화를 조성합니다.

46.SK이노베이션 한국

- 핵심 키워드: 직원 감사 프로그램
- 내용: SK이노베이션은 임직원 간 감사 메시지 교환과 '감사의 날' 운영을 통해 조직 문화를 활성화하고 있습니다.

47.구글(Google)미국

- 핵심 키워드: 감사 기반 리더십

- 내용: 구글은 리더들이 감사를 통한 동기부여 및 신뢰 형성을 조직문화 핵심 가치로 삼고 있습니다.

48.마이크로소프트(Microsoft)미국

- 핵심 키워드: 감사의 리더십

- 내용: 마이크로소프트는 리더십 교육에 감사를 포함시켜, 직원들과의 신뢰 및 소통을 강화하고 있습니다.

49.현대자동차 한국

- 핵심 키워드: 안전 감사 캠페인

- 내용: 현대자동차는 안전한 작업 환경 조성을 위해 직원들의 안전 실천에 대해 감사를 표현하는 '안전 감사 주간'을 운영하며 사고 예방과 직원 만족도를 높이고 있습니다.

50.IBM 미국

- 핵심 키워드: 감사 기반 조직문화

- 내용: IBM은 전사 차원에서 '감사의 달'을 운영하며 직원들의 성과와 헌신에 감사를 전하는 문화를 정착시켰습니다.

51.삼성전자 한국

- 핵심 키워드: 고객 감사 캠페인

- 내용: 삼성전자는 신제품 출시 시 고객 감사 행사를 진행하고, 고객 의견을 반영하는 피드백 프로그램을 통해 고객 신뢰를 구축합니다.

52.마이크로소프트 미국

- 핵심 키워드: 감사 리더십 교육

- 내용: 마이크로소프트는 리더들을 대상으로 한 감사 리더십 교육 프로그램을 운영하여, 조직 내 신뢰와 협력을 증진시키고 있습니다.

53. 사우스웨스트 항공(Southwest Airlines)

- 사례 요약: 임직원과 고객에게 '감사의 편지'를 직접 쓰고 전달하는 전통.

- 성과: 직원 이직률이 업계 평균보다 현저히 낮고, 고객 충성도가 매우 높음.

- 포인트: 최고경영진부터 감사를 실천하며 '감사 문화'를 자연스럽게 내재화.

54. 구글(Google)

- 사례 요약: 'gThanks' 시스템을 도입하여 직원 간 감사 메시지를 전자적으로 공유.

- 성과: 업무 몰입도 및 팀워크 향상. 피드백 기반 문화 형성.

- 포인트: 감사가 개인의 성장과 팀 협업에 긍정적 자극을 줌.

55. Zappos(자포스)

- 사례 요약: 고객 및 동료에 대한 감사 표현을 장려하는 '감사 우편카드' 제도.

- 성과: 고객 만족도 1위, 직원 행복 지수 상위 기업.

- 포인트: 감사를 고객 서비스와 연결한 혁신 기업의 대표 사례

56. 스타벅스(Starbucks)

- 사례 요약: 파트너(직원)에게 매달 '감사의 별'을 통해 상호 존중 문화를 확산.

- 성과: 세계적인 브랜드 충성도 유지, 매년 직원 만족도 상승.

- 포인트: 작은 감사 표현이 기업 문화를 바꾼 사례.

57. 사노피(Sanofi, 글로벌 제약사)

- 사례 요약: '감사의 주간(Thank You Week)'을 통해 글로벌 전 직원 감사 실천.

- 성과: 기업 내부 소통 향상, 직원의 헌신도 상승.

- 포인트: 글로벌 기업의 감사 실천 사례로, 전 세계적으로 동시 진행.

3장 감사의 마케팅 운영사례 43선』

중소기업,공공기관,학교,군대 편
(기업·공공기관·학교·교회 등 다양한 조직에서의 감사 실천 사례)

Ⅰ. 중소기업 중심의 감사 경영 사례

1). ㈜다산북스(한국 출판사)
- 책 한 권 출간마다 편집자, 저자, 마케팅 팀 간 감사 편지 교환.
- 성과: 제작자들의 책임감 & 만족감 상승.

2). 스마일게이트(게임기업)
- 직원 생일·입사기념일에 감사를 담은 손글씨 카드 전달.
- 성과: 조직에 대한 애정도 상승.

3). ㈜행복한 고기집(외식업)
- '고객에게 감사 인사 5번' 캠페인 실시.
- 성과: 재방문율 증가, 종업원 자부심 고양.

4). ㈜이음소시어스(스타트업)
- 매주 금요일 '감사의 시간' 운영 동료에게 감사를 발표.
- 성과: 구성원 간 신뢰 형성 및 정서 안정.

5). ㈜정원테크(중소 제조업)

- 팀장 이상이 매월 1회 팀원에게 감사 인터뷰 실시 후 사내 게시판 공개.

- 성과: 리더십 신뢰도 상승, 이직률 저하.

2. 공공기관 및 지자체의 감사 실천 사례

6). 국민건강보험공단

- '고객감사 캠페인'과 '칭찬합시다' 운동 진행.

- 성과: 민원 대응 태도 개선, 조직 이미지 향상.

7). 경기도청

- '직원 감사릴레이' 주간 서로에게 감사 카드 전달.

- 성과: 부서 간 갈등 해소 및 협업 증진.

8). 서울지하철(서울교통공사)

- "고객이 고맙습니다" 안내방송 도입.

- 성과: 서비스 이미지 제고, 승객 만족도 상승.

9). 한국전력공사

- 사내 '감사문화실천보고서' 운영 → 매월 우수 사례 포상.

- 성과: 공기업 특유의 관료문화 개선에 기여.

3. 학교·교육기관에서의 감사 실천 사례

10). 서울대학교 사범대학 부설초등학교

- 매일 '3감사일기' 작성, 아침 조회 때 공유.

- 성과: 정서 안정, 학교폭력 감소.

11). 대전 덕명중학교

• '감사 나무' 설치 학생들이 쪽지로 감사를 표현.

• 성과: 관계 회복, 학급 분위기 긍정 전환.

1 2). 고려대학교

• 강의 마지막 주 '감사 메일 보내기' 제도 장려.

• 성과: 교수-학생 간 소통 증진, 강의 평가 향상

4. 교회·비영리기관의 감사 경영 사례

• '감사의 주간' 운영 성도 간 감사 영상 공유.

• 성과: 공동체 연대감 강화, 이탈률 감소.

1 4). 대한예수교장로회(합동) 모 교회

• 주보 뒷면에 '성도 감사 칼럼' 수록.

• 성과: 감정 치유, 교회 내 관계 회복.

1 5). 아름다운재단(비영리단체)

• 기부자에게 매년 감사편지 직접 전달, 감사 사진전 개최.

• 성과: 기부 지속률 상승, 신뢰도 강화.

4항 『개인/팀별,감사의 경영 실천 예시 20선』

(모든 조직이 적용할 수 있는 실천적 감사문화 프로그램)

I장. 일상 실천 중심의 활동

1). '하루 3감사' 기록하기

• 매일 아침 또는 퇴근 전 감사한 일 3가지를 메모

• 대상: 전 임직원 / 학생 / 교회 성도

• 비고: 조직 차원에서 감사노트 또는 앱 제공 시 효과 증가

2). '감사 카드 쓰기' 캠페인
• 동료·가족·고객에게 손편지 또는 엽서를 작성해 전달

• 대상: 사내·교내 전 구성원

• 효과: 감정 공유, 갈등 해소

3). '감사 릴레이'(칭찬릴레이)
• 감사의 마음을 다음 사람에게 전달하고 이어가기

• 팀, 학급, 부서 간 적용 가능

• 예: "○○님 덕분에 오늘 하루가 좋았습니다"로 시작

4). '감사의 시간' 운영(주 1회)
• 정기 회의·예배·조회 등 시작 전에 감사를 나누는 시간 마련

• 예: "이번 주 고마웠던 사람에게 공개 감사 한마디"

5). 감사 포스트잇 보드 운영
• 조직 내 게시판에 감사 메시지를 자유롭게 붙일 수 있도록

• 장소: 교실 벽, 사무실 입구, 교회 로비 등

Ⅱ장. 조직문화 정착 활동(조직 차원 프로그램)

6). '감사의 날' or '감사의 주간' 제정
• 연중 1~2회, 감사만을 주제로 한 공식 행사 진행

• 예: 감사 영상 제작, 감사 칼럼 공유, 감사 강연,감사 축제

7). '감사 우수자 포상제' 도입

• 동료에게 감사받은 횟수가 높은 직원을 분기별 시상

• 단순한 성과보다 '감사받은 실천' 중심으로 평가

8). '고객 감사 캠페인' 진행

• 고객에게 '감사합니다' 인사를 직원 이름과 함께 전달

• 예: 전화응대/대면 시 "고객님, 감사 인사 전해드립니다"

9). ' 감사일기 공모전'

• 구성원에게 감사한 순간을 에세이 형식으로 공모

• 우수작은 사보, 홈페이지, 교회 주보에 소개

10). '감사 메시지 전광판/스크린' 운영

• 조직 내 디지털 전광판·TV에 감사 메시지 자동 송출

• 예: "○○팀의 △△님, 항상 친절히 응대해주셔서 감사합니다!"

Ⅲ장. 교육·예배·예절과 연계된 실천 활동

11). 감사 교육 프로그램 운영

• 외부 강사 초청 or 내부 강연 형식으로 감사 교육 실시

• 예: "감사의 과학", "감사가 행복에 미치는 영향" 등

12). 감사를 주제로 한 월례설교 또는 조회 운영

• 교회: 감사 주간 설교,

• 학교: 아침조회 감사 스토리 공유

13). '감사기도' 또는 '감사묵상' 시간 마련

• 정기예배나 회의 시작 전 감사 기도 or 조용한 묵상 시간

14). 감사와 예절 결합한 생활실천 캠페인

• "감사합니다" 말하는 습관 장려(인사 캠페인)

• 포스터, 미디어 활용 가능

Ⅳ장. 감정 회복 & 조직 치유 중심 활동

15). 감사 인터뷰 실시

• 리더가 구성원에게 감사를 담아 1: 1 인터뷰

• 내용은 사내 소식지나 팀 회의에서 공유

16). 감사 사진 전시회 개최

• 조직 구성원이 찍은 '감사한 순간' 사진 공모 및 전시

• 가족, 학교, 고객 등 다양한 주제로 확장 가능

17). 감사 캘린더 만들기

• 월별 감사 문구 또는 실천 활동을 포함한 캘린더 제작

• 배포용 or 디지털 캘린더로도 활용 가능

18). 감사 명언 나눔 캠페인

• 매일 한 문장씩 감사 명언을 공유하거나 구호로 외치기

• 활용 문구 예: "감사는 마음의 햇살이다." 탈 벤 샤하르

19). 감사 뮤직데이 운영

• 하루 동안 감사 주제의 음악만 틀며 사무실/교실 분위기 조성

• 예: Louis Armstrong의 "What a Wonderful World"

20). 감사 시간표 또는 루틴표 제작

• 일상 속 특정 시간대를 '감사의 순간'으로 지정

• 예: 오후 3시, '감사 1분 집중 명상 시간'.

2. 군대 조직의 감사경영 사례 및 적용 시안

1장. 군대 조직 내 감사경영의 중요성

• 엄격한 위계질서 속에서 구성원 간 신뢰 및 소통 강화 필요

• 병사들의 정신건강과 사기진작에 긍정적 영향

• 상명하복 문화에 감사를 접목하여 심리적 안정 도모

2장. 군대 조직 감사경영 실제 사례

1). '감사카드' 제도

• 상급자가 부하 장병에게 매달 감사 내용을 적은 카드를 전달

• 긍정적인 피드백 문화 조성, 동기 부여 효과

2). '감사 토크 타임' 운영

• 하루 10분간 자유롭게 고마웠던 점을 나누는 시간 마련

• 계급 간 벽을 허물고 소통 활성화

3). '감사명언 배포 및 게시'

· 부대 내 게시판, 휴게실 등에 감사 관련 명언, 격언 부착

· 일상 속 감사 의식 고취

4). '감사 영상 제작 및 공유'
· 부대원들이 서로에게 감사 메시지를 담은 영상을 제작해 공유

· 단합력 및 동료애 강화

5). '감사 우수 병사 포상'
· 정기적으로 감사 문화 실천이 우수한 병사 및 간부 선정하여 표창

· 모범 사례 확산

3장. 군대 감사경영 적용 시 기대 효과
· 병사 및 장교의 심리적 안정과 스트레스 감소

· 조직 내 존중과 배려 문화 확산

· 전투력 및 협동심 증진

· 부대 분위기 긍정적 전환, 이탈률 감소

4장. 군대용 감사경영 실천 프로그램 예시

프로그램명	구체적 내용	운영 방법	비고
1.감사카드 작성 캠페인	매주/월별 감사카드 작성 및 전달	지휘관→부하병사, 동료 간 교환	
2.감사 릴레이 미팅	조별 감사 표현 및 피드백 시간	일일 혹은 주간 단위 짧은 미팅	
3.감사 영상 공모전	부대원 감사 영상 제작 및 시상	분기별/반기별 영상 공모, 부대 내부 시청	
4.감사명언부착 및 공유	감성 글귀 및 명언 포스터 부착	휴게실, 식당, 숙소 등 눈에 띄는 장소에 게시	
5.감사 우수병사 포상	감사 문화 실천 우수자 선정 및 시상	지휘관 평가 및 동료 추천 병사 표창	

감사의 성공
(150선)

소유, 부자, 재산 150선

성공의 서문

"성공은 단순히 목표를 달성하는 것을 의미하지 않습니다.

진정한 성공은 과정 속에서 감사할 줄 아는 마음에서 비롯됩니다.

감사는 우리에게 소유와 부, 기회뿐 아니라 주변 사람과 환경에 대한

인식을 새롭게 하고,

겸손과 배려를 통해 성취를 더욱 값지게 만듭니다.

성공한 사람들의 공통점은 바로 작은 일에도 감사하고,

실패 속에서도 배움과 성장을 발견하는 태도입니다.

이곳의 지혜는 성공을 향한 여정에서

감사가 얼마나 큰 힘이 되는지 보여줍니다.

이 책을 통해 독자들은 감사가 단순한 덕목이 아니라,

성취와 행복을 동시에 가져오는 실질적인 전략임을 깨닫게 될 것입니다.

오늘의 감사가 내일의 성공을 여는 열쇠가 됩니다."

"성공이라는 목표를 달성하기 위해서는 반드시 감사할 줄 아는 태도를 배워야 한다."

탈 벤 샤하르(Tal Ben-Shahar): 하버드대 긍정심리학 교수)

1. "감사를 통해 인간은 부자가 된다."

    본 회퍼(Dietrich Bonhoeffer, 독일. 루터교 목사, 히틀러나치 저항운동 참가자)

2. "영혼에 필요한 것을 구입 하는 데는 돈이 들지 않는다."

    헨리 데이비드 소로우(Henry David Thoreau, 미국. 사상가, 자연주의 작가)

3. "집은 세상 모든 건물 가운데 가장 인기 있고 가장 오래 남을 산물이다."

    채닝 폴락(Channing Pollock, 미국. 극작가, 비평가)

4. "집을 사지 말고 이웃을 사라."

    러시아 속담(a Russian Proverb)

5. "성공한 사람들의 공통점은 감사할 줄 아는 마음이다."

    로빈 샤르마(Robin Sharma: 캐나다. 작가, 《리더 없이도 리더가 되라》 저자)

6. "미국 경제지 [포브스]가 발표한 미국 최고의 부자 리스트 중 40%는 평균적인 미국인에 비해 덜 행복하다"

    포브스지(Forbes, 미국 경제 전문지)

7. "성공이 행복의 열쇠가 아니라, 행복이 성공의 열쇠다"

    허만 케인 (Herman Cain, 미국. 기업인, 정치인)

8. "감사란 우리가 좋은 것을 성취하는 과정에서 타인으로부터 온갖 좋은 선물을 받았음을 수긍하는 행위다."

    제르미 애덤 스미스(Jeremy Adam Smith, 미국. 작가, 긍정심리학 칼럼니스트)

9. "감사하는 마음으로 받은 사람들에게는 풍부한 수확이 있다."

윌리엄 블레이크(William Blake: 영국 시인, 화가, 신비주의자)

10 "이 세상에서 가장 부유한 사람은 누구인가? 자기 가진 것에 만족하면서 감사하는 사람이다."

.탈무드(Talmud,유태교 경전)

11. "부자가 되기 전에 먼저 감사의 사람이 되어야 한다."

랄프 왈도 에머슨(Ralph Waldo Emerson, 미국. 철학자, 시인, 수필가)

12. "감사하는 사람이 오히려 목적의식과 성취동기도 강하며, 성공의 기회도 높다."

R. 이먼스 (Robert Emmons,미국. 심리학자, 감사 연구의 권위자)

13. "감사하는 마음은 부유한 것이고, 불평은 가난한 것이다."

크리스찬 사이언스(Christian Science Hymnal, 미국. 종교단체의 찬송가)

14. "가장 성공한 사람은 평생 배우는 사람이다."

탈벤 샤흐르(Tal Ben Shahar,미국. 하버드대 조직행동심리 교수,'Happier'저자)

15. "좋아하는 일을 열심히 하는 것이 휴식을 취하는 것이다."

M.몬테소리(Maria,Montessori,이탈리아. 교육학자, 몬테소리 교육 창시자)

16. "감사하는 마음이 있을 때에만 부유해 진다."

본 회퍼 (Dietrich Bonhoeffer,독일 루터교 목사, 히틀러 암살 저항운동 참가자)

17. "단지 성공한 사람이 아니라. 가치있는 사람이 되기 위해 노력하라."

알베르트 아인슈타인(Albert Einstein,독일태생 미국. 이론물리학자,
노벨물리학상)

18. "감사하는 마음은 부유한 것이고, 불평하는 가난한 것이다."

크리스챤 사이언스(Christian Science Hymnal, 미국. 종교단체의 찬
송가)

19. 학생들에게 행복을 추구하고 궁극적인 가치를 생산하는 활동에 초점을
맞추도록 격려한다면 그들은 평생 그런 식의 삶을 살아갈 것이다."

미하일 칙센트미하이(Mhaly Csikszentmihaly,미국. '몰입의 즐거움'
저자.시카고대 심리학)

20. "나는 내면적 삶과 외부로 드러난 삶은 모두 살아 있거나 죽은 다른 사
람들의 노고에 의존해 있다는 것. 그리고 이제껏 내가 받은 만큼, 지금
도 여전히 받고 있는 만큼 나도 돌려주기 위해 열심히 노력해야 한다는
것을 매일 100번씩 스스로 일깨운다."

알베르트 아인슈타인(Albert Einstein.독일태생 미국. 이론물리학자,
노벨 물리학상 수상자, 20C 최고의 인물,Time지 선정)

21. "감사하는 마음이 우리의 성공과 행복에 영향을 미친다."

뇔르C. 넬슨(Noel.C Nelson, 미국. 심리학자, 동기부여 연설가)

22. "감사할 줄 아는 마음씨는 돈으로 살 수 없는 것 중 하나이다."

조지 S. 헬리팩스(George Savile, Marquis of Halifax, 영국. 정치가,
수필가)

23. "감사하는 마음으로 받은 사람들에게는 항상 풍부한 수확이 있다."

윌리엄 블레이크(William Blake, 영국. 시인, 화가, 신비주의자)

24. "감사는 눈에 보이지 않는 부를 보이게 한다."

데보라 노빌(Deborah Norville, 미국 방송인, 《Inside Edition》
앵커)

25. "풍족한 것이 좋은 일이지만 감사할 줄 모르게 하고, 부족함이 나쁜
것이지만 감사하게 만든다."

세르반데스((Miguel de Cervantes, 스페인. 소설가, 『돈키호테』 저자)

26. "자신이 얻은 이익에 대해 감사하는 사람은 이미 빚을 갚기 시작한 것
이나 마찬가지다."

세네카(Seneca, 고대 로마. 철학자, 스토아 학파)

27. "감사하는 자는 이미 성공의 가장 높은 단계에 서 있다."

라우즈 홀츠(Lou Holtz, 미국 미식축구 감독, 동기부여 연설가)

28. "부자가 되기 전에 먼저 감사의 사람이 되어야 한다."

랄프 왈도 에머슨(Ralph Waldo Emerson, 미국. 철학자, 시인, 수필가)

29. "나의 성공은 최고의 조언을 듣고 떠나, 정반대의 일을 한 덕분이다."

G.K. 체스터튼(G.K.Chesterton, 2 0 C 영향력이 큰 영국. 작가.추리
작가,시인.),

30. "나는 결코 성공에 대해 꿈꾸지 않았다, 나는 꿈을 위해 행동했다."

에스티 로더(Estee Lauder,미국. 화장품＆ 패션사 설립자 회장)

31. "나는 작은 일에 감사하기 시작 했고, 더 많이 감사할수록 내게 주어지
는 포상금이 늘었다. 내 삶에 무슨 일이 일어나든 감사하는 법을 배우
자. 기회, 인간관계, 심지어 돈도 내게로 왔다."

오프라 윈프리(Oprah Winfrey, 미국. 방송인, 자선가, 영향력 있는 여

성 리더)

32. "감사할 줄 아는 마음씨는 돈으로 살 수 없는 것 중 하나이다."

조지S. 헬리팩스(George Savile, Marquis of Halifax, 영국. 정치가, 수필가)

33. "감사는 성공을 이끄는 중요한 동기부여이자 평범한 사람들의 성공 에너지의 근원임을 깨달을 수 있다."

에픽테투스(Epictetus,고대 그리스. 철학자,스토아학파)

34. "감사할 줄 모르는 사람은 결코 행복할 수 없다."

다케다(Dakeda, 일본 성공 기업가, '감사를 ３０００번'을 외친 감사로 기업 성공자)

35. "감사하는 마음을 가지면 부가 생기고, 불평하는 마음을 가지면 가난이 온다."

존 템플턴(Sir John Templeton, 영국계 미국인. 투자자, 자선가)

36. "사람들은 자신이 처한 상황을 환경 탓이라고 생각한다. 하지만 환경은 별로 중요하지 않다."

토마스 풀러(Thomas Fuller, 영국. 성직자, 수필가)

37. "자리에 일어나 자신이 원하는 상황을 찾아 나서고, 찾을 수 없을 때는 직접 만드는 사람들이 성공한다."

조지 버나드 쇼(George Bernard Shaw, 아일랜드. 극작가, 노벨 문학상 수상자)

38. "감사할 줄 아는 마음씨는 돈으로 살 수 없는 것 중의 하나이다. 그것은 타고나는 것으로 이 세상의 어떤 것으로도 창조할 수 없다."

조지S. 헬리팩스((George Savile, Marquis of Halifax, 영국. 정치가,

수필가)

39. "어떤 일에 성공하고 싶다면 주위를 살펴 성공한 사람들을 찾아, 그들이
   했던 일들을 똑같이 따라 할 것이다."

   조지프 마셜 웨이드(Joseph Marshall Wade 영국계 미국인. 출판인,
   영국계 미국인 출판업자, Wade & Co.출판사 설립자)

40. "바보와 말다툼할 때는 양편 모두 재정신이 아닌 것이다."

   E. 젤렌스키(E. Zelenski,미국. 행복 저술가,긍정심리학을 바탕으로 한
   행복 관련 저술가. "The Happiness Equation"저자일 가능성 있음).

41. "대다수의 사람이 자신이 갖고 있지 않은 자질을 과시하려고 애쓰면서 많
   은 시간을 보낸다."

   새뮤얼 존슨,(Samuel Johnson 1709-1784, 영국. 시인, 비평가, 사전
   편찬자,A Dictionary of the English Language편찬자, 18세기 영문
   학계의 대표 지식인)

42. "인생의 성공과 행복을 결정하는 아주 밀접한 관계가 실증적이다."

   로버트 이먼스(Robert Emmons, 미국. 심리학자,미국 UC 데이비스
   대 교수, 감사와 긍정심리학 분야의 세계적 권위자)

43. "성공은 목표를 달성하는 것이 아니라, 목표를 가지고 노력하는 것이다."

   빌 코스비(Bill Cosby, 미국. 코미디언 겸 배우,미국의 유명 코미디언
   이자 배우)

44. "나는 부자도 경험했고 가난도 경험했다. 그런데 부자가 더 좋더라."

   소피 터커(Sophie Tucker 1887-1966, 미국. 가수 겸 배우,유머러스
   한 재즈와 블루스 스타일로 인기를 끈 여성 공연예술가)

45. "'부'의 창조에 관해 말하자면, '부'란 곧 마음가짐이다. 결국 문제는 당
   신의 생각이다."

데이비드 셔머(David Schirmer 호주. 금융 컨설턴트, 영화 The Secret에 출연한 자산·마인드셋 전문가, '트레이딩 엣지' 설립자).

46. "외부로 부터 갈채만 구하는 사람은, 자기의 모든 행복을 타인에게 맡기고 있다."

데일 카네기(Dale Carnegie,1888-1955, 미국. 자기계발 작가.베스트셀러 'How to Win Friends and Influence People' 저자.)

47. "감사는 성공이라는 선물의 포장지다."

도로시 톰슨(Dorothy Thompson, 미국. 저널리스트, 여성운동가)

48. "당신이 되고 싶었던 어떤 존재가 되기에는 지금도 결코 늦지 않았다."

조지 엘리엇(,George Eliot,본명 Mary Ann Evans, 1819-1880, 영국. 작가,여성임을 숨기고 활동한 빅토리아 시대의 대표적 리얼리즘 소설가)

49. "의심으로 가득 찬 마음으로 승리의 여정에 집중할 수 없다."

아서 골든(Arthur Golden, 미국. 소설가,'Memoirs of a Geisha' 저자로 소설 잘 알려진 현대 미국 작가)

50. "소유가 늘 때마다 근심도 늘어난다."

존 러스킨(John Ruskin, 1819-1900, 영국. 예술 비평가, 사회사상가, 예술과 건축, 사회 정의를 아우르는 저술가. '예술과 삶의 통합'을 주장)

51. "자기 힘으로 달성할 수 있는 목표를 세워라. 타인에게 의지하지 말라."

토니 로빈스(Tony Robbins, 미국. 동기부여 강연가, 저술가,Awaken the Giant Within등으로 유명한 자기계발 분야 세계적 인물)

52. "뛰어난 권투 선수라도 자신의 걱정거리를 주먹 한 방에 날려버릴 수는 없다."

로레 크레이너(Lore Craner, 미국. 외교관 및 정책가, 미국 국무부 및

여러 국제기구에서 활동한 외교 및 경제 전문가)

53. "경험을 현명하게 사용하다면 어떤 존재가 되기에는 지금도 결코 늦지
않았다."

조지 엘리엇,(George Eliot 1819-1880, 영국. 작가,여성 리얼리즘 문
학 대표 작가)

54. "우리의 삶은 우정을 통해 힘을 얻는다. 사랑하고 사랑받는 것은 존재의
가장 큰 행복이다."

시드니 스미스,(Sydney Smith,1771-1845, 영국. 성직자 겸 수필가,교
양 있는 유머로 유명한 성공회 사제이자 평론자.)

55. "성공의 비결은 내가 결코 실패하지 않은 비결을 찾는 것이 아니라, 실패
를 두려워하지 않는 것이다."

앤드류 카네기(Andrew Carnegie, 1835-1919, 미국. 철강왕,자수성
가한 백만장자,교육 및 자선사업에 거대한 기부를 남긴 인물).

56. "자신을 이기지 못하면, 다른 누구도 이길 수 없다."

앤드류 카네기(Andrew Carnegie, 미국. 철강왕,수익 4 ／ 3 기부왕)

57. "어두운 겨울을 지나야, 내 안에 꺼지지 않은 여름이 있음을 알게 된다."

알베르 카뮈(Albert Camus, 1913-1960, 프랑스 작가·철학자.노벨 문
학상,'이방인' 저자)

58. "가진 것에 감사하라. 그러면 더 많이 갖게 될 것이다. 갖지 못한 것에
집중하면 절대로 풍족해 질 수 없다."

오프라 윈프리(Oprah Winfrey, 미국. 방송인, 자선가, 영향력 있는 여
성리더,감사일기 의 실천가)

59. "감사하는 마음은 성공을 끌어들이는 가장 강력한 자기 자석이다."

밥 프록터(Bob Proctor,캐나다. 자기계발 작가, 『The Secret』 출연, 부의 철학. 전도사)

60. "우리가 가진 것에 감사할 때, 우리는 이미 부자가 된 것이다."

에크하르트 톨레(Eckhart Tolle 독일 출신 미국. 영성 작가, 『지금 이 순간을 살아라』 저자)

61. "감사는 우리가 가지고 있는 것을 배로 만드는 마법이다."

로다 번(Rhonda Byrne: 호주 출신 미국 작가, 『시크릿(The Secret)』,'매직' 저자)

62. "성공은 감사에서 피어나는 꽃이다. 감사는 뿌리이고, 겸손은 물이다."

로빈 샤르마(Robin Sharma, 캐나다. 리더십 전문가, 『리더는 마지막에 먹는다』 저자)

63. "사람은 얻는 것보다 감사할 줄 아는 능력으로 더 크게 성공한다."

지그 지글러(Zig Ziglar,미국 동기부여 연설가, 세일즈 전문가)

64. "감사하지 않는 성공은 금세 사라지는 모래성이다."

존 C. 맥스웰(John C. Maxwell, 미국. 리더십 전문가, 목회자, 작가)

65. "성공은 물질의 문제가 아니라 태도의 문제다. 감사는 그 태도의 핵심이다."

토니 로빈스(Tony Robbins,미국. 자기계발 전문가, 『거인의 도구』 저자)

66. "감사는 우리가 가진 것을 사랑하게 만들고, 성공은 그것을 더하게 한다."

루이스 헤이(Louise Hay, 미국. 자기 치유 전문가, 『치유는 나로부터』 저자)

67. "성공은 감사라는 기초 위에 지어진 성이다."

나폴레온 힐(Napoleon Hill, 미국. 성공 철학자, 『Think and Grow Rich』 저자)

68. "가장 풍요로운 인생은 많이 가진 것이 아니라, 가진 것에 진심으로 감사하는 삶이다."

브렌 브라운(Brené Brown, 미국. 사회심리학자, 감사의 가치에 TED 강연으로 유명)

69. "감사는 진정한 부의 가장 빠른 길이다."

에크하르트 톨레(Eckhart Tolle,독일 출신의 영적 지도자)

70. "성공은 하루 아침에 오는 것이 아니라, 매일의 감사에서 싹트는 것이다."

스티븐 코비(Stephen R. Covey, 『성공하는 사람들의 7가지 습관』 저자)

71. "감사는 당신이 이미 갖고 있는 것을 사랑하게 만든다."

조디 피콜트(Jodi Picoult, 미국. 베스트 셀러 작가)

72. "감사는 지금 이 순간 당신을 부자로 만들어 준다."

로버트 홀든(Robert Holden, 긍정심리학자, 행복 전문가)

73. "감사하는 사람은 자신이 가진 것에 만족하며 더 큰 것을 이루어낸다."

데일 카네기(Dale Carnegie, 미국. 자기계발 작가, 『인간관계론』 저자)

74. "당신이 감사할 줄 아는 한, 세상은 늘 당신 편이다."

루 리차드슨(Lou Richardson, 미국. 동기부여 강연자)

75. "감사는 부를 끌어들이는 마그넷(자석)이다."

밥 프록터(Bob Proctor, 캐나다. 자기계발 강사, 『시크릿』 출연자)

76. "감사는 삶의 모든 부를 끌어당기는 가장 순수한 힘이다."

마이클 버나드 벡위스(Michael Bernard Beckwith, 미국 영성 지도자,애거피 국제영성센터 설립자)

77. "감사의 눈으로 세상을 보면, 성공은 저절로 따라온다."

웨인 다이어(Wayne Dyer, 미국 심리학자, 동기부여 작가)

78. "지금 가진 것을 감사히 여기면, 미래는 풍성함으로 보답한다."

로라 와일더(Laura Ingalls Wilder,미국 아동문학 작가, 『초원의 집』 시리즈저자)

79. "성공한 사람들의 공통점은, 늘 감사를 표현한다는 것이다."

짐 론(Jim Rohn, 미국 기업가, 동기부여 연설가)

80. "감사는 성공의 마음가짐이자 출발점이다."

나폴레온 힐(Napoleon Hill, 『Think and Grow Rich』 저자, 성공철학가)

81. "부유함은 재산보다 감사를 통해 드러난다."

헨리 데이비드 소로(Henry David Thoreau, 미국 사상가, 자연주의자, 『월든』 저자)

82. "감사는 세상에서 가장 값진 투자의 시작이다."

마리 폴리오(Marie Forleo, 미국 사업가, 동기부여 연설가)

83. "감사를 표현하는 사람은 이미 삶에서 성공한 사람이다."

아리아나 허핑턴(Arianna Huffington,미국. 허핑턴 포스트 창립자, 작가)

84. "감사는 자신이 가진 모든 것을 풍성하게 만드는 마법이다."

멜 로빈스(Mel Robbins,미국. 방송인, 자기계발 작가)

85. "감사하는 마음은 그 무엇과도 비교할 수 없는 성공의 씨앗이다."

잭 캔필드(Jack Canfield, 미국.『마음의 닭고기 수프』 공동저자)

86. "감사하는 태도는 곧 풍요의 문을 여는 열쇠다."

로버트 키요사키(Robert Kiyosaki,일본.『부자 아빠 가난한 아빠』 저자, 금융교육가)

87. "성공이란, 가진 것에 대한 깊은 감사를 바탕으로 이루어진다."

엘렌 디제너러스(Ellen DeGeneres,미국. 코미디언, 방송인)

88. "감사할 줄 아는 사람은 성공을 만들어 낼 줄 아는 사람이다."

톰 라스(Tom Rath, 미국. 작가,『당신의 강점을 발견하라』 공동저자)

89. "당신이 견딜 수 있는 것보다 성공이 빨리 오지 않기를 기도하라."

엘버트 허바드(Elbert Hubbard,미국. 출판 경영자,'가르시아 장군에게 보내는 편지' 저자, 1 9 1 5년 5월 독일 잠수함의 습격으로 유람선 루시타니아호에서 임종')

90. "감사는 성공을 낳는 토양이다."

스티브 마라볼리(Steve Maraboli, 미국 행동 과학자, 작가, 동기부여 연설가)

91. "감사를 매일 실천하는 사람은 실패할 수 없다."

샤론 레흐터(Sharon Lechter,미국.『부자 아빠』 공동저자, 회계사, 교육가)

92. "감사는 인생을 금빛으로 물들이는 성공의 습관이다."

제이 셰티(Jay Shetty,미국. 전 승려, 인기 자기계발 연설가)

93. "당신이 감사하는 만큼, 인생은 더 많은 것을 준다."

    티하브 에커(T. Harv Eker, 『부자들의 돈 버는 습관』 저자)

94. "부자이란, 감사할 줄 아는 사람을 뜻한다."

    브라이언 트레이시(Brian Tracy, 미국. 성공학 강사, 『목표 달성의
    기술』 저자)

95. "감사는 당신을 계속 성공으로 이끄는 나침반이다."

    버나 브라운(Verna Brown,미국 심리상담가, 동기부여 연설가)

96. "감사할수록 더 많은 성공의 문이 열린다."

    대런 하디(Darren Hardy, 미국. 『The Compound Effect』 저자,
    성공 전략가)

97. "성공이란 감사의 축적이다."

    존 우든(John Wooden,미국. 전미 대학농구 명감독, 리더십 멘토)

98. "감사는 더 큰 것을 품을 그릇을 넓힌다."

    브렌던 버처드(Brendon Burchard, 미 동기부여 전문가,『High
    Performance Habits』 저자)

99. "감사는 인생의 성공과 기쁨을 끌어당기는 자석이다."

    오프라 윈프리(Oprah Winfrey,방송인, 작가,기업가,자선가,감사일기
    의 실천가)

100. "감사는 소유보다 만족을 중요하게 여긴다."

    토마스 머튼(Thomas Merton, 미국 트라피스트 수도사, 작가)

101. "감사하는 마음은 어떤 부족도 채워준다."

    디팩 초프라(Deepak Chopra,인도계 미국인 의사, 통합의학 전문가)

102. "감사하는 삶을 사는 사람은 언제나 성공한 사람이다."

마거릿 와이즈 브라운(Margaret Wise Brown,미국 아동문학 작가)

103. "감사는 지금 이 순간을 충분히 누리게 한다."

제임스 클리어(James Clear, 『Atomic Habits』 저자)

104. "성공의 열쇠는 늘 가진 것에 감사하는 마음에 있다."

숀 아처(Shawn Achor,하버드대 긍정심리학자, 『행복의 이점』 저자)

105. "감사는 성공을 축적하는 마음의 습관이다."

조 로웰(Joe Loewell, 미국 리더십 강사)

106. "감사는 성공을 넘어 의미 있는 삶으로 이끈다."

엘리자베스 길버트(Elizabeth Gilbert,미국.『먹고 기도하고 사랑하라』 저자)

107. "감사는 가진 것 이상의 것을 끌어당긴다."

에스더 힉스(Esther Hicks,미국. '끌어당김의 법칙' 전도사)

108. "감사하는 사람은 성공에 끌리는 자석이다."

조 디스펜자(Joe Dispenza,미국. 뉴로사이언스 기반 자기계발 전문가)

109. "감사할 줄 알면 성공은 저절로 따라온다."

로빈 샤르마(Robin Sharma, 미국.『리더는 마지막에 먹는다』 저자)

110. "성공한 사람은 항상 감사하는 습관을 갖고 있다."

크리스 가드너(Chris Gardner,미국.『행복을 찾아서』 실존 인물, 기업가)

111. "감사는 지금 가진 것을 더 빛나게 한다."

엘레노어 루즈벨트(Eleanor Roosevelt, 미국 전 영부인, 인권운동가)

112. "감사는 마음의 은행에 성공을 저축하는 것이다."

데이비드 스탠리(David Stanley,미국. 자기계발 연설가, 작가)

113. "당신의 삶이 풍요롭길 원한다면 먼저 감사하라."

린 그레이븐(Lynn Grabhorn,미국.『Excuse Me, Your Life Is Waiting』저자)

114. "우리 마음속에는 '부요하게 하시는, 풍족하게 하시는, 나에게 축복을 주시기를 원하시는 하나님'이란 믿음을 가져야 한다.(시편112:3참조)"

신민규(Min-Gyoo Shin, 에모리대 목회상담학 박사, 상암동교회 담임 목사, 나사렛대학교 총장, 현 이사장, 12월 성탄 설교중에, '희망의 끈' 저자)

115. "감사는 성공한 삶의 증거요, 성공의 보증수표다."

존 그레이(John Gray,미국.『화성에서 온 남자, 금성에서 온 여자』저자)

116. "감사하는 태도는 곧 성공을 끌어당기는 에너지다."

크리스티 마리 쉘던(Christie Marie Sheldon,미국. 에너지 힐러, 성공 코치)

117. "감사가 자라난 결과가 성공이다."

스티븐 프레스필드(Steven Pressfield, 미국.『전쟁의 기술』저자)

118. "감사는 당신이 진짜 부자라는 걸 알려준다."

엘렌 배서킨(Ellen Bassen, 미국. 자기계발 작가)

119. "성공은 감사가 주는 선물이다."

캐럴라인 미스(Caroline Myss, 영성 작가, 직관 치료사)

120. "감사하는 마음은 성공의 가장 안전한 기반이다."

바바라 프레드릭슨(Barbara Fredrickson,미국. 긍정심리학 권위자)

121. "감사는 지금 가진 것을 충분히 느끼는 능력이다."

레슬리 레크론(Leslie Lecron,미국. 심리학자, 자기최면 전문가)

122. "감사는 삶의 모든 성공을 더 깊게 느끼게 해준다."

캐서린 폰더(Catherine Ponder,미국. '풍요와 성공'의 영성 작가)

123. "감사는 성공을 실현하는 가장 쉬운 실천이다."

해롤드 셔먼(Harold Sherman,미국. 심령 작가, 초심리학자)

124. "감사는 부를 끌어들이는 가장 고귀한 습관이다."

찰스 필모어(Charles Fillmore,미국. 유니티 교회 창립자, 영적 작가)

125. "감사하는 사람은 언제나 성공한 삶을 산다."

헨리 워드 비처(Henry Ward Beecher, 미국. 성직자, 사회개혁가)

126. "성공이 반드시 행복으로 이어지는 것은 아니지만, 행복은 성공에 일조한다."

모가댓(Mokadat,이집트. '행복을 풀다' 저자.구글 공학도. 본부장)

127."당신이 가진 것에 감사할 때, 더 많은 것을 얻게 된다."

루이자 메이 올컷(Louisa May Alcott, 미국. 작가, 《작은 아씨들》 저자)

128."감사는 인생에서 가장 큰 성공으로 가는 지름길이다."

지그 지글러(Zig Ziglar, 미국. 동기부여 연설가, 작가)

129."감사는 성공의 시작이자 끝이다."

데일 카네기(Dale Carnegie, 미국. 자기계발서 작가, 《인간관계론》 저자)

130."작은 성공에 감사하는 자만이 큰 성공을 맞이할 자격이 있다."

브라이언 트레이시(Brian Tracy, 캐나다. 출신 자기계발 전문가, 작가)

131."감사하는 마음은 삶의 모든 부를 두 배로 만든다."

에크하르트 톨레(Eckhart Tolle, 독일. 출신 영적 지도자, 《지금 이 순간을 살아라》 저자)

132. "당신이 가진 것에 감사를 표하는 순간, 성공은 이미 당신 것이다."

밥 프록터(Bob Proctor,캐나다. 동기부여 연설가, 《비밀(The Secret)》 출연자)

133. "감사는 부의 에너지를 불러 들이는 자석이다."

월러스 D. 와틀스(Wallace D. Wattles,미국. 자기계발 작가, 《부자가 되는 과학》 저자)

134. "감사하는 사람은 자기가 부자인 줄 안다."

벤저민 프랭클린(Benjamin Franklin, 미국. 건국의 아버지, 발명가, 외교관)

135. "감사는 부와 성공의 문을 여는 열쇠다."

짐 론(Jim Rohn, 미국. 기업가, 자기계발 연설가)

136. "감사는 지금 이 순간을 가치 있게 만들고, 미래를 풍요롭게 한다."

웨인 다이어(Wayne Dyer, 미국. 심리학자, 자기계발 작가)

137. "감사는 우리가 가진 것을 넘치는 선물로 만든다."

멜로디 비티(Melody Beattie, 미국. 자기계발 작가, 《공감의 기술》
저자)

138. "감사는 기회를 성공으로 바꾸는 촉매제다."

나폴레온 힐(Napoleon Hill, 미국.《Think and Grow Rich》 저자,
성공철학 창시자)

139. "성공의 진정한 지표는 가진것이 아니라 그것에 감사하는 능력이다."

존 맥스웰(John C. Maxwell, 미국. 리더십 전문가, 목사, 작가)

140. "성공이란 실패에 실패를 거듭하면서도 열의를 잃지 않는 것이다."

윈스턴 처칠(Winston Churchill, 영국,역사가,총리, 2 차대전 승리자)

141. "늘 이것을 명심하라. 그 무엇보다 성공하겠다는 결의가 중요하다"

에이브러햄 링컨(Abraham Lincoln,미국. 제 1 6 대,노예해방 대통령)

142. "더 열심히 일하면 할수록 운이 더 좋아진다는 것을 알게 된다."

토마스 제퍼슨(Thomas Jefferson,미국. 초대 대통령,혁명 사상가)

143. "더 나은 것을 위해 좋은 것을 포기하는 걸 두려워 하지 마라."

존 록펠러(John D. Rockefeller,미국. 석유왕 기업인, 1 4 5 조원 기
부자)

144. "나는 결코 성공에 대해 꿈꾸지 않았다. 나는 꿈을 위해 행동했다."

에스티 로더(Estee Lauder,미국. 화장품 & 패션사 설립자,회장)

145. "독특한 사람이 되려 하지 말아라. 좋은 사람이 되도록 해라."

토마스 에디슨(Thomas Edison,미국. 천재 발명가, 세계 최고발명가, 축음기 발명)

146. "우리의 최대 약점은 포기다. 성공으로 가는 가장 확실한 방법은 언제든지 한번 더 시도해 보는 것이다."

폴 랜드(Paul Rand,세계 최고 그래픽 디자이너,다양한 기업 로고 기획자)

147. "더 좋은 것을 쫓기 위해서 좋은 것을 버리는 것을 두려워 하지마라."

존 록펠러(John D. Rockefeller,미국. 석유왕 기업인, 1 4 5 조원 기부자)

148. "무언가를 시작하고 실패하는 것보다, 더 나쁜 것은 아무것도 시작하지 않는 것이다."

세디 고딘(Seth Godin, 미국. 기업의 생존 전략가,'생존을 이야기 하다' 저자)

149. "모든 것이 여러분에게 불리하게 다가오는 것처럼 느껴질 때, 비행기는 바람에 편승 하는 게 아니라, 바람을 거슬러 이륙한다는 사실을 기억하세요."

헨리 포드(Henry Ford,미국. 포드자동차 창시자,기업인,기술자)

150. "구제를 좋아하는 자는 풍족하여질 것이요 남을 윤택하게 하는 자는 자기도 윤택하여지리라."

구약성경(잠언,Proverbs 11장 25절)

감사의 행복
(160항)

즐거움, 사랑, 자족, 축복 160선

행복의 서문

"행복은 먼 곳에서 오는 것이 아니라,

오늘의 삶 속에서 감사할 줄 아는 마음에서 시작됩니다.

감사는 우리가 가진 작은 것들의 소중함을 일 깨우고,

이웃과 관계와 사회 경험 속에서 기쁨과 만족을 발견케 됩니다.

일상의 순간마다 감사하는 습관은 마음의 평화를 가져오고,

불평, 불만을 줄이며, 삶을 더 풍요롭고 의미 있게 만듭니다.

[감사 명언의 행복]에서 모은 지혜들은 행복을 찾는 길에서

감사가 얼마나 강력한 힘을 발휘하는지 보여줍니다.

감사가 단순한 덕목을 넘어,

삶을 바꾸는 원천임을 체험하게 될 것입니다.

오늘의 감사가 내일의 행복을 만드는 소중한 씨앗이 됩니다."

"행복은 감사하는 마음이 주는 선물이다."

웨인 다이어(Wayne Dyer, 미국 '행복한 이기주의자' 저자, 영적 성장과 긍정사고의 전도사)

....

"감사는 삶의 고난을 껴안는 용기를 주며, 그 자체가 행복이다."

잔 바니에(Jean Vanier, 캐나다지적 장애인을 위한 공동체 '라르슈' 설립자)

1. "우리에게 최고의 선은 행복이며, 그렇기 때문에 우리는 행복을 욕망하고 추구한다."

아리스토텔레스(Aristotle,기원전 3 5 0,그리스.철학자,사상가,윤리학)

2. "감사는 행복을 지속시키는 열쇠다."

라이언 홀리데이(Ryan Holiday,미국. 현대 스토아철학 저자.)

3. "감사는 행복의 문을 여는 열쇠다."

에이미 모린(Amy Morin, 미국. 심리학자, 자기계발 작가)

4. "감사는 진정한 행복의 근원이다."

부처(Buddha,고대 인도. 철학자, 영적 지도자)

5. "감사는 일상 속에서 행복을 발견하게 해주는 안경이다."

마이클 J. 폭스(Michael J. Fox ,캐나다. 배우이자 파킨슨병 연구 재단 설립자)

6. "감사의 힘은 평범한 순간을 행복의 기적으로 바꾼다."

바버라 디 안젤리스,(Barbara De Angelis, 미국. 인간관계 및 영성 분야 작가. 사랑과 자기치유에 관한 저서 다수)

7. "감사하는 마음은 행복의 가장 빠른 지름길이다."

마시 시모프,(Marci Shimoff,미국. 『행복 프로젝트』 공동저자. 긍정심리학 강연가)

8. "행복은 감사라는 씨앗에서 자라난다."

로빈 샤르마,(Robin Sharma 캐나다. 『리더는 마지막에 먹는다』 저자. 리더십과 자기계발 전문가)

9. "감사할 줄 아는 마음이야말로 행복의 본질이다."

아밋 레이(Amit Ray, 인도.명상가이자 평화 운동가. '인공지능과 영성' 통합 저자.)

10. "감사의 힘은 순간을 영원한 행복으로 바꾼다."

닐 도널드 월쉬(Neale Donald Walsch, 미국. 『신과의 대화』 저자. 영성 및 자아 발견 분야의 대표 작가).

11. "행복한 사람은 감사할 줄 아는 사람이기도 하다."

지그 지글러,(Zig Ziglar 미국. 동기부여 연설가, 자기계발 작가. 실용적 조언과 긍정 철학 전파)

12. "감사는 지금 이 순간의 가치를 깨닫게 한다. 그것이 행복이다."

댄 밀먼(Dan Millman, 미국.『평화로운 전사의 길』 저자. 자기 발견과 깨달음에 관한 강연가)

13. "행복은 마음의 상태이며, 감사는 그 마음의 뿌리이다."

잭 캔필드(Jack Canfield, 미국.『영혼을 위한 닭고기 수프』 공동저자. 자기계발 분야의 베스트셀러 작가)

14. "감사는 오늘을 기적으로 만들고, 그 기적이 행복이다."

이얀라 반젠트(Iyanla Vanzant, 미국. 영적 카운슬러이자 TV 진행자. 치유와 변화의 메시지를 전달)

15. "감사는 외부 조건이 아니라 내면에서 행복을 일으킨다."

캐롤라인 미스(Caroline Myss, 미국,의료 직관가 및 영성 작가. 에너지와 치유에 관한 연구로 유명)

16. "행복은 감사하는 사람의 얼굴에서 먼저 피어난다."

레오 부스카글리아(Leo Buscaglia,미국.'사랑의 박사'로 불리는 교수. 사랑과 인간관계에 관한 강연으로 유명)

17. "감사는 과거를 의미 있게 만들고, 현재를 평화롭게 하며, 미래를 희망

차게 한다.”

멜로디 비티,(Melody Beattie 미국,공동의존 회복 및 감사의 삶 강조. 자기치유 저술가)

18. “감사하는 사람은 불행 중에도 행복을 본다.”

로버트 홀든 (Robert Holden, 영국.행복 심리학 전문가. BBC 다큐멘터리 ‘행복 프로젝트’ 주인공)

19. “행복은 감사하는 마음이 주는 선물이다.”

웨인 다이어(Wayne Dyer,미국.『행복한 이기주의자』 등 저술. 영적 성장과 긍정사고의 전도사)

20. “감사는 삶의 고난을 껴안는 용기를 주며, 그 자체가 행복이다.”

장 바니에(Jean Vanier,캐나다. 지적 장애인을 위한 공동체 ‘라르슈’ 설립자. 인간 존엄성 강조)

21. “행복은 감사의 언어로 매일 자신을 위로할 때 자란다.”

캐서린 센터,(Katherine Center 미국,희망과 회복을 그린 소설가. 『행복이 머무는 집』 등 저술)

22. “감사는 행복으로 가는 내면의 나침반이다.”

마크 네포,(Mark Nepo미국.시인이자 영성 작가. 『마음의 책』 저자. 삶의 의미와 고요함 탐구)

23.“감사할 줄 아는 삶은 그것만으로도 이미 축복된 삶이다.”

레이첼 나오미 레멘(Rachel Naomi Remen, 미국.의사이자 서사 치료 전문가. 인간성과 치유에 대한 책 집필)

24.“행복은 감사의 습관에서 시작된다.”

윌리엄 제임스(William James, 미국. 철학자, 심리학자, 19~20세기)

25. "감사는 행복의 문을 여는 열쇠이다."

헨리 반 다이크(Henry van Dyke,미국. 작가이자 목사, '감사하는 삶 (Living Gratefully)' 운동의 리더. 치유와 감사의 실천가.)

26. "감사는 행복의 토대이다."

아리스토텔레스(Aristotle,고대 그리스. 철학자.서양 철학과 과학의 기초 세움)

27. "감사하는 삶이 행복한 삶이다."

노자(Laozi, 중국. 고대 철학자, 도가 사상 창시자, 기원전 6세기)

28. "감사는 우리를 행복으로 이끄는 길이다."

오프라 윈프리(Oprah Winfrey,미국. 여성방송인,기업가,자선가)

29."감사는 행복의 문을 여는 열쇠이다."

헨리 밴 다이크(Henry van Dyke,미국의 작가이자 목사)

30. "감사는 사랑과 행복을 자라게 한다."

마크 트웨인(Mark Twain,미국. 아동작가,'톰소여의 모험','허클베리 핀의 모험'저자.) 3 1. "행복의 3요소는 유전적 요인 (5 0 %), 환경적 요인 (1 0 %), 의지적 요인(4 0 %)이다."

소냐류보머스키(Soja Lubomsky, 러시아출신,미국. 행복심리학 교수,'행복은 무엇인가'저자)

32. "감사는 행복을 키우는 작은 씨앗이다."

윌리엄 아서 워드(William Arthur Ward, 미국. 작가, 20세기)

33. "감사는 삶의 문을 열어주는 열쇠이며, 행복의 시작이다."

메리 데이비스(Mary Davis, 영국. 작가, 21세기)

34. "감사하는 마음은 행복의 근본이다."

마르쿠스 아우렐리우스(Marcus Aurelius, 고대 로마. 황제, 철학자, 2세기)

35. "행복은 가진 것이 아니라, 감사하는 마음에서 온다."

프랭클린 D. 루스벨트(Franklin D. Roosevelt, 미국. 32대 대통령, 20세기)

36. "감사를 통해 행복을 발견하는 사람은 어떤 어려움도 극복할 수 있다."

헬렌 켈러(Helen Keller, 미국. 3중고 작가,수필가 및 활동가, 20세기)

37. "행복은 순간을 감사하는 데서 피어난다."

톨스토이(Leo Tolstoy, 러시아. 소설가, 19~20세기)

38. "감사할 때 우리는 진정한 행복을 발견한다."

랄프 왈도 에머슨(Ralph Waldo Emerson, 미국. 철학자, 19세기)

39. "감사하는 마음이 행복의 문을 연다."

달라이 라마(Dalai Lama, 티베트. 정신 지도자, 현대)

40. "감사는 사랑과 행복을 자라게 한다."

마크 트웨인(Mark Twain,미국.플로리다 출생, '톰소야의 모험'작가, 발명가. 유머리스트)

41. "감사는 행복으로 가는 짧은 길이다."

마야 안젤루(Maya Angelou, 미국. 시인 및 작가, 20세기)

42. "매일의 작은 감사가 큰 행복을 만든다."

오프라 윈프리(Oprah Winfrey, 미국. 방송인, 자선가, 감사일기 실천

가. 21세기)

43. "행복은 감사의 눈으로 세상을 보는 것이다."

로버트 루이스 스티븐슨(Robert Louis Stevenson, 스코틀랜드. 작가,
19세기)

44. "감사하는 마음은 행복의 불꽃을 지핀다."

헨리 데이비드 소로(Henry David Thoreau, 미국. 자연주의 철학자,
소설가. 19세기)

45. "행복은 감사와 사랑이 만나 피어난다."

프리드리히 니체(Friedrich Nietzsche, 독일. 철학자,'짜라투스트라는
이렇게-'저자.)

46. "감사를 아는 자만이 참된 행복을 누린다."

세네카(Seneca, 고대 로마. 철학자, 사상가. 1세기)

47. "감사하는 마음은 행복한 인생의 시작이다."

달라이 라마(Dalai Lama, 티베트. 불교 정신지도자, 현대)

48. "행복은 지금 가진 것에 감사할 때 시작된다."

에크하르트 톨레(Eckhart Tolle, 독일. 출신 영성 지도자, 21세기)

49. "감사는 행복을 향한 문을 열어준다."

벤자민 프랭클린(Benjamin Franklin, 미국. 정치가, 발명가, 18세기)

50. "행복은 감사하는 삶의 자연스러운 결과다."

알베르트 슈바이처(Albert Schweitzer, 독일. 의사, 철학자,아프리카
선교사. 20세기)"

51. "감사는 행복의 시작이다."

에픽테토스(Epictetus,고대 그리스. 스토아 철학자, 기원전 1세기.)

52. "감사는 행복을 지속시키는 열쇠다."

라이언 홀리데이(Ryan Holiday,현대 미국. 스토아철학 저자,)

53. "감사는 행복의 문을 여는 확실한 열쇠다."

에이미 모린(Amy Morin,심리학자, 자기계발 작가)

53. "감사는 진정한 행복의 근원이다."

부처(Buddha,고대 인도. 철학자, 영적 지도자)

54. "감사는 일상 속에서 행복을 발견하게 해주는 안경이다."

마이클 J. 폭스,(Michael J. Fox, 캐나다.배우이자 파킨슨병 연구 재단 설립자. 고난 속에서도 긍정과 감사 강조)

55. "미워하는 마음은 가장 고상한 정신세계의 산물이고, 감사는 경외에 의한 갑절이된 행복이라고 생각한다."

G.K 체스터턴(G.K Chesterton, 20C 영국. 영향력있는 작가,언론인, 소설가,수필가,'브라운 신부의 추문'저서)

56. "심령이 가난한 자는 행복이 있나니 천국이 저희 것임이요"

예수,(Jesus, 유태국. 마태복음서. 5장3절)

57. "행복은 기다리는 것이 아니라 가꾸는 것이다."

공자(Confucius, 기원전 551년-479, 중국. 유교의 시조,고대 중국의 정치가, 사상가)

58. "밤이 이으면 낮이 있게 마련이다. 행복에 상응하는 슬픔이 부재하다면, 행복은 그 의미를 상실해 버리고 만다."

카를 구스타프 융(Carl Gustav Jung, 스위스. 정신의학자, 분석심리학의 창시자)

59. "행복은 세상의 사회규범을 따르기보다 자연의 흐름에 몸을 맡겨야 행복하다."

노자(Lazoi, 고대중국. 춘추전국시대 초나라의 철학자(기원전 571-471(100세)

60. "하나님과의 실존적 관계를 통해서 자신을 발견함으로 진정한 행복은 찾고, 그것은 인간과 인간의 관계로 검증되어야 한다."

키에케골(Kiekegol,독일. 철학자, 소설가, '죽음에 이르는 병'저자)

61. "행복은 즐거움과 의미가 만나는 곳에 있다."

탈벤 샤흐르(Tal.Ben. sahr,이스라엘출신,미국. 하버드대긍정심리교수,'해피이어'저자)

62. "감사의 힘은 평범한 순간을 행복의 기적으로 바꾼다."

Barbara De Angelis(바버라 디 안젤리스, 미국. 인간관계 및 영성 분야 작가. 사랑과 자기치유에 관한 저서 다수)

63. "감사하는 마음은 행복의 가장 빠른 지름길이다."

마시 시모프(Marci Shimoff, 미국, 『행복 프로젝트』 공동저자. 긍정심리학 강연가)

64. "행복은 감사라는 씨앗에서 자라난다."

로빈 샤르마(Robin Sharma, 캐나다. 『리더는 마지막에 먹는다』 저자, 리더십과 자기계발 전문가)

65. "감사할 줄 아는 마음이야말로 행복의 본질이다."

아밋 레이(Amit Ray, 인도. 명상가이자 평화 운동가. '인공지능과 영성' 통합 저자)

66. "감사의 힘은 순간을 영원한 행복으로 바꾼다."

닐 도널드 월쉬(Neale Donald Walsch, 미국. 『신과의 대화』 저자.
영성 및 자아 발견 분야의 대표 작가)

67. "행복한 사람은 감사할 줄 아는 사람이기도 하다."

지그 지글러,(Zig Ziglar, 미국.동기부여 연설가, 자기계발 작가. 실용
적 조언과 긍정 철학 전파)

68. "감사는 지금 이 순간의 가치를 깨닫게 한다. 그것이 행복이다."

댄 밀먼(Dan Millman, 미국. 『평화로운 전사의 길』 저자. 자기 발
견과 깨달음에 관한 강연가)

69. "행복은 마음의 상태이며, 감사는 그 마음의 뿌리이다."

잭 캔필드(Jack Canfield, 미국.『영혼을 위한 닭고기 수프』 공동저
자. 자기계발 분야의 베스트셀러 작가)

70. "감사는 오늘을 기적으로 만들고, 그 기적이 행복이다."

이얀라 반잰트(Iyanla Vanzant,미국.영적 카운슬러이자 TV 진행자.치
유와 변화의 메시지를 전달)

71. "감사는 외부 조건이 아니라 내면에서 행복을 일으킨다."

캐롤라인 미스(Caroline Myss, 미국. 의료 직관가 및 영성 작가. 에너
지와 치유에 관한 연구로 유명)

72. "행복은 감사하는 사람의 얼굴에서 먼저 피어난다."

레오 부스카글리아(Leo Buscaglia, 미국.'사랑의 박사'로 불리는 교수.
사랑과 인간관계에 관한 강연으로 유명)

73. "감사는 과거를 의미 있게 만들고, 현재를 평화롭게 하며, 미래를 희망차
게 한다."

멜로디 비티,(Melody Beattie 미국.공동의존 회복 및 감사의 삶 강조.

차기치유 저술가)

74. "우리는 모두 행복한 삶을 살고 싶어 한다. 사는 모습은 달라도 행복해지기를 원하는 것은 누구나 마찬가지다."

안네 프랑코(Anne Frank, 독일 태생, 나치 형무소로간 유태인 소녀, '안네의 일기'저자)

75. "감사하는 사람은 불행 중에도 행복을 본다."

로버트 홀든(Robert Holden, 영국.행복 심리학 전문가, BBC 다큐멘터리 '행복 프로젝트' 주인공)

76. "감사는 삶의 고난을 껴안는 용기를 주며, 그 자체가 행복이다."

장 바니에(Jean Vanier, 캐나다.지적 장애인을 위한 공동체 '라르슈' 설립자)

77. "행복은 감사의 언어로 매일 자신을 위로할 때 자란다."

캐서린 센터(Katherine Center, 미국. 희망과 회복을 그린 소설가.『행복이 머무는 집』 등 저술)

78. "감사는 행복으로 가는 내면의 나침반이다."

마크 네포(Mark Nepo,미국.시인이자 영성 작가. '마음의 책'저자. 삶의 의미와 고요함 탐구)

79. "감사할 줄 아는 삶은 그것만으로도 이미 축복된 삶이다."

레이첼 나오미 레멘,(Rachel Naomi Remen 미국. 의사이자 서사 치료 전문가. 인간성과 치유에 대한 책 집필)

80. "감사는 행복의 토대이다."

아리스토텔레스(Aristotle,고대 그리스. 철학자,서양 철학과 과학의 기초를 세움)

81. "감사는 사랑과 행복을자라게 한다.“

마크 트웨인(Mark Twain, 미국의 작가이자 유머리스트)

82. "좋은 환경을 수동적으로 받아들이기보다, 가치있는 활동에 적극 참여하고 목표를 향해 갈 때 더욱 행복해진다."

에드 디너(Ed Diner,미국. 긍정심리학 교수, 주관적 안녕감 발제자, 웰빙의 아버지라함)

83. "더 행복해지고 싶어 하는 사람이라면 돈과 미모와 인기와 관련된 목표보다는 성장과 연결과 기여와 관련된 목표나 강요당하여 어쩔 수 없이 해야 하는 목표보다는 스스로 흥미를 느끼고 개인적으로 중요하게 생각하는 목표에 초점을 맞춰야 한다."

케넌 셸던(미국, 미주리대 교수)

84. "행복한 사람은 감사할 줄 아는 사람이다."

카를 융(Carl Jung, 스위스. 정신과 의사, 분석심리학 창시자,'죽음에 이르는 병' 저자.)

85. "감사는 행복을 키우는 작은 씨앗이다."

윌리엄 아서 워드(William Arthur Ward, 미국 작가, 20세기)

86. "감사는 삶의 문을 열어주는 열쇠이며, 행복의 시작이다."

메리 데이비스(Mary Davis, 영국. 작가, 21세기)

87. "감사하는 마음은 행복의 근본이다."

마르쿠스 아우렐리우스(Marcus Aurelius, 로마. 황제, 철학자, 2세기)

88. "행복은 가진 것이 아니라 감사하는 마음에서 온다."

프랭클린 D. 루스벨트(Franklin D. Roosevelt, 미국. 32대 대통령, 20

세기)

89. "감사를 통해 행복을 발견하는 사람은 어떤 어려움도 극복할 수 있다."

헬렌 켈러(Helen Keller, 미국. 수필가 및 자선활동가, 20세기)

90. "행복은 순간을 감사하는 데서 피어난다."

톨스토이(Leo Tolstoy, 러시아. 소설가, 19~20세기)

91. "감사할 때 우리는 진정한 행복을 발견한다."

랄프 왈도 에머슨(Ralph Waldo Emerson, 미국. 철학자, 19세기)

92. "감사하는 마음이 행복의 문을 연다."

달라이 라마(Dalai Lama, 티베트. 불교정신 지도자, 현대)

93. "행복은 감사하는 사람의 마음속에 머문다."

헬렌 켈러(Helen Keller, 미국. 3중고 수필가 및 자선가, 활동가)

94. "감사는 행복으로 가는 짧은 길이다."

마야 안젤루(Maya Angelou, 미국. 시인 및 작가, 20세기)

95. "매일의 작은 감사가 큰 행복을 만든다."

오프라 윈프리(Oprah Winfrey, 미국. 방송인,자선가,감사일기 실천가. 21세기)

96. "행복은 감사의 눈으로 세상을 보는 것이다."

로버트 루이스 스티븐슨(Robert Louis Stevenson, 스코틀랜드. 작가, 19세기)

97. "감사하는 마음은 행복의 불꽃을 지핀다."

헨리 소로(Henry David Thoreau, 미국. 자연주의 철학자,'월든','침묵의 봄' 저자)

98. "행복은 감사와 사랑이 만나 피어난다."

프리드리히 니체(Friedrich Nietzsche, 독일. 철학자,'짜라투스트라는 이렇게 말했다'.저자)

99. "감사를 아는 자만이 참된 행복을 누린다."

세네카(Seneca, 고대 로마. 철학자, 사상가, 1세기)

100. "감사하는 마음은 행복한 인생의 시작이다."

달라이 라마(Dalai Lama, 티베트. 불교정신 지도자, 현대)

101. "행복은 지금 가진 것에 감사할 때 시작된다."

에크하르트 톨레(Eckhart Tolle, 독일. 출신 영성 지도자, 21세기)

102. "감사는 행복을 향한 문을 열어준다."

벤자민 프랭클린(Benjamin Franklin, 미국. 정치가, 발명가, 18세기)

103. "행복은 감사하는 삶의 자연스러운 결과다."

알베르트 슈바이처(Albert Schweitzer, 독일. 의사, 철학자,선교사. 20세기)

104. "감사하는 마음은 행복을 증폭시킨다."

오프라 윈프리(Oprah Winfrey, 미국 방송인, 기업가, 자선가, 감사일기 실천가. 21세기)

105. "행복은 감사하는 사람의 삶에 머문다."

헬렌 켈러(Helen Keller, 미국. 3중고의 수필가 및 자선가. 활동가,'20세기)

106. "감사하는 마음이야말로 행복의 씨앗이다."

윌리엄 아서 워드(William Arthur Ward, 미국. 작가, 20세기)

107. "행복은 매일 감사하는 사람에게 온다."

조셉 머피(Joseph Murphy, 미국. 작가, 20세기)

108. "감사하는 삶이 행복한 삶이다."

노자(Laozi, 중국. 고대 철학자, 도가 사상 창시자, 기원전 6세기)

109. "행복은 감사하는 마음의 자연스러운 결과이다."

에픽테토스(Epictetus, 고대 그리스. 철학자, 스토아학파, 1세기)

110. "감사는 행복한 영혼을 만든다."

메리 데이비스(Mary Davis, 영국. 작가, 21세기)

111. "행복은 감사의 습관에서 시작된다."

윌리엄 제임스(William James, 미국. 철학자, 심리학자, 19~20세기)

112. "감사하는 마음은 행복의 토대이다."

프랭클린 D. 루스벨트(Franklin D. Roosevelt, 미국. 32대 대통령, 20세기)

113. "행복은 지금 가진 것에 감사할 때 비로소 찾아온다."

에크하르트 톨레(Eckhart Tolle, 독일. 출신 영성 지도자, 21세기)

114. "감사하는 마음이 행복을 만들어낸다."

마야 안젤루(Maya Angelou, 미국. 시인 및 작가, 20세기)

115. "행복은 마음먹기 달려있다."

에이브러햄링컨(Abraham Lincoln, 미국. 1 6 대대통령,노예해방자)

116. "행복을 찾아 노력하는 것을 멈추어라, 그러면 정말 행복해질 수 있을 것이다."

이디스 워튼(Edith Wharton, 미국. 소설가, 『순수의 시대』로 퓰리처상 수상)

117. "행복으로 이르면 문은 밖으로 열린다."

쇠뢴 키르케고르(Søren Kierkegaard,덴마크. 철학자·종교사상가, 『죽음에 이르는 병』 저자.)

118. "감사는 우리를 행복하게 만들 수 있는 가장 간단한 방법이다."

오스카 와일드(Oscar Wilde,아일랜드. 시인·극작가, 『도리언 그레이의 초상』 저자)

119. "감사는 진정한 행복의 원천이다."

다이앤 소이어(Diane Sawyer,미국. 언론인·앵커, ABC 뉴스 전 앵커)

120. "행복은 당신이 이루어낸 성공에는 관심이 없다."

에밀리 젤렌스키(Emily Zelenksy, 미국. 행복 분야 작가)

121. "지금의 축복을 생각하라, 과거의 불행을 생각하지 마라."

찰스 디킨스(Charles Dickens, 영국. 19세기 소설가, 『위대한 유산』 저자)

122. "행복으로 이르는 문은 밖으로 열려있다."

쇠뢴 키르케고르(Søren Kierkegaard, 덴마크. 철학자·신학자)

123. "우리를 행복하게 해주는 사람들에게 감사해야 한다. 그들은 우리의 영혼에 꽃이 피도록 가꾸어 주는 신비스러운 정원사와 같기 때문이다."

마르셀 프루스트(Marcel Proust, 프랑스. 작가, 『잃어버린 시간을 찾아서』 저자)

124. "행복은 원하는 것만큼 이루어지고 불행도 만찬가지다."

에이브러햄 링컨(Abraham Lincoln, 미국. 제16대 대통령, 노예 해방 선언)

125. "현대인은 자기가 바라는 것이 무엇인지 알고 있다는 환상 속에 살고 있다. 그러나 실제로는 그것을 바라만 보고 있을 뿐이다."

에리히 프롬(Erich Fromm,독일출신 미국. 정신분석학자, 『소유냐 존재냐』 저자)

126. "자유롭고 행복하게 살려면 지루함을 희생해야 한다. 언제나 손쉬운 희생은 아니지만."

리처드 바크(Richard Bach, 미국. 『갈매기의 꿈』 저자)

127. "행복해지려는 노력을 멈추는 것만으로도 상당히 멋진 시간을 보낼 수 있다."

이디스 워튼(Edith Wharton, 미국. 여성 작가, 『여름』 저자)

128. "얼마나 행복한지는 얼마나 기꺼이 행복해지려고 하는지에 달려 있다."

에밀리 젤렌스키(Emily Zelenksy, 미국. 인기저술가, 행복 작가)

129. "행복의 추구는 불행의 가장 중요한 원천 중 하나이다."

에릭 호퍼(Eric Hoffer, 미국. 사회철학자, 『맹신자들』 저자)

130. "행복을 내보내는 것이 바로 행복을 추구하는 것이다."

빅터 프랭클(Viktor Frankl,오스트리아. 정신과 의사, 나치수용소체험자,『죽음의 수용소에서』 저자)

131. "삶의 가장 중요한 목표가 행복이 될 때, 행복은 언제나 손이 닿지 않는 곳에 있는 듯 하다."

에밀리 젤렌스키(Emily Zelenksy, 미국. 인기작가,행복 분야 저술가)

132. "언제나 현재에 집중할 수 있다면 행복할 것이다."

파울로 코엘료(Paulo Coelho, 브라질. 『연금술사』 저자)

133. "때로는 행복을 추구하는 일을 멈추고, 그저 행복을 느껴라."

기욤 뮈소(Guillaume Musso, 프랑스. 소설가, 『그 후에』 저자)

134. "행복한 삶은 선한 삶과 대단히 흡사하다."

버트런드 러셀(Bertrand Russell, 영국. 철학자·수학자, 『행복의 정복』 저자)

135. "본능을 따라 강물처럼 흐르는 삶에 몸을 맡길 때, 우리는 가장 큰 행복을 발견할 수 있다."

버트런드 러셀(Bertrand Russell,영국. 철학자·수학자, 『행복의 정복』 저자)

136. "모든 사람들이 다 행복할 수는 없다."

새뮤얼 존슨(Samuel Johnson.영국. 사전 편찬자·문학평론가)

137. "행복은 위치가 아니라 방향이다."

시드니 J. 해리스(Sidney J. Harris, 미국. 저널리스트, 『성공자와 실패자』 저자)

138. "태초의 창조계획에 인간이 행복해야한다는 의도는 당초에 포함되지 않았다."

지그문트 프로이트(Sigmund Freud, 오스트리아. 심리학자, 정신분석학 창시자,'쾌락의 원칙을 넘어서' 저자.)

139. "감사는 또 우울한 기분과 불안감을 덜어주며,우리를 행복하게 만드
는 가장 효과적이고 오래 지속되는 방법이기도 하다."

로버트 에먼스(Robert A. Emmons, 미국. 긍정심리학자,
『Thanks』 저자)

140. "행복은 나비와 같다. 잡으려 하면 도망가지만, 가만히 있으면 어깨에
내려앉는다."

너새니얼 호손(Nathaniel Hawthorne.미국. 『주홍글씨』 저자)

141. "행복으로 가는 길은 정해진 여행이 아니다. 너무 좁아 한 사람만 겨
우 지나간다."

블라디미르 나보코프(Vladimir Nabokov.러시아계 미국 작가.『롤리
타』 저자)

142. "행복해지려는 노력을 멈추는 것만으로도 상당히 멋진 시간을 보낼수
있다"

이디스워튼(Edith Wharton, 미국. 여성작가,퓰리쳐상수상최초여성.)

143. "행복이란 희망을 그리며 자신이 원하는 욕망이 충족되어 만족하거나
즐거움을 느끼는 상태를 정의한다."

에릭호프(Eric Hoffer, 미국.사회철학자,사상가'길위의철학자)

144. "사람들은 스스로 결심한 만큼 행복해 진다"

에이브러햄링컨(Abraham Lincoln,미국. １６대 대통령,노예해방자.
독학자.)

145. "이 세상에서 가장 행복한 사람은 일하는 자, 사랑하는 자, 희망이있
는자."

조셉에디슨(Joseph Addison, 영국,수필가,정치가, 1 6 7 2 1 7 1 9)

146. "가장 행복한 삶은 가장 재미있는 생각을 하는 삶이다."

티모시 드와이트(Timothy Dwight,미국. 교육자, 신학자, 예일대총장.)

147. "행복한 사람은 자신의 삶에 기쁨과 의미를 가져다줄 명확한 목표를 세우고 온 힘을 다해 그것을 추구한다. "

탈벤 사흐르(Tal.Ben. sahr, 이스라엘출신. 하버드대 긍정심리학교수, '해피이어' 저자.)

148. "돈과 행복은 둘 다 인생에 없어서는 안 될 필수품으로, 절대 서로 대치 되는 개념이 아니다."

탈벤 사흐르(Tal.Ben. sahr, 이스라엘출신, 하버드대 긍정심리학 교수, '해피이어' 저자)

149. "돈을 목적으로 살아가는 사는 사람이 행복하지 못한 이유는 그들에게 다른 선택의 여지가 없어서가 아니다. 물질을 행복보다 더 높은 자리에 올려놓은 그들의 결정이 자신을 불행하게 만든 것이다"

탈벤 사흐르(Tal.Ben. sahr,이스라엘출신,하버드대 긍정심리학 교수, '해피이어'저자.)

150. "돈은 인생의 행복을 가늠하는 척도가 아니다. 돈이 많다는 것은 생활이 부유하다는 뜻일 뿐, 행복을 보장하지는 않는다."

장사오헝(중국인,하버드대긍정심리학,베스트셀러작가,베이징대철학수업저자,하버드행복노트, 탈벤 사흐르 교수 제자.)

151. "행복한 사람은 자신만의 목표와 방향을 가지고 있다. 그리고 그 목표를 이루는 과정에서 진정한 행복을 느낀다."

장사오헝(중국인,하버드대긍정심리학,베스트셀러작가,베이징대철학수업저자,하버드행복노트, 탈벤 사흐르 교수 제자.)

152. "어떤 사람은 남이 보았을 때 행복할 만한 조건을 충분히 갖추고도 여전히 불행하다고 생각한다. 꿈도 이뤘고, 성공도 했는데 말이다. 반대로 어떤 사람들은 항상 문제와 어려움을 겪으면서도 늘 삶에 대한 감사함을 잊지 않는다."

탈벤 사흐르(Tal.Ben. sahr, 이스라엘출신, 하버드대 긍정심리학 교수, '해피이어' 저자)

153 "실패하는 법을 배우라, 아니면 배우는 데 실패할 것이다."

탈벤 사흐르(Tal.Ben sahr,이스라엘출신,하버드대긍정심리교수,'해피이어'저자)

154. "당신에게 주어진 시간은 유한하다. 그러니 남의 인생을 사느라 그 시간을 낭비하지 말라. 도그마(독단적 신념이나 학설)의 덫에 빠지지 말라. 그것은 다른 사람이 내린 결론에 맞추어 사는 것을 말한다."

스티브 잡스(Steve Jobs(1955-2011.10.05), 애플 이사회 의장,월트 디즈니 이사)

155. "만약 이 웅장한 베토벤의 운명 교향곡을 아직도 들어보지 않았다면 당신은 지금까지 단 한 번도 좋은 음악을 들어보지 못한 것이다. 내면의 뜨거운 열정을 따라 당신은 진정한 행복을 찾았을 것이다."

F.엥겔스(Fridrich Engels, 독일. 사회주의철학자,경제학자,유물론의 창시자)

156. "마음이 다른 곳에 가 있는 성직자보다는 일에서 진정한 의미와 행복을 찾고 바른 동기를 가진 사업가가 훨씬 더 경건하고 성스럽다."

탈벤 사흐르(Tal.Ben. sahr,이스라엘출신,하버드대긍정심리교수, '해피이어' 저자)

157. 국가 경제와 국민이 누리고 있는 자유와 행복을 정책의 수단이나 방법으로 삼는 일은 용납될 수 없다.

김형석(Kim Hyung Seok,(1920년생) 한국. 연세대 명예교수, 106세 철학자의 백년의 유산,기네스 공식 인증. '고독이라는 병' '백년을 살아 보니','우리는 무엇으로 행복해지나' 저서)

158. "우리는 은신처에서 숨어 지내는 비참하고 불안한 환경 속에서도 희망을 잃지 않았고, 모두 행복한 삶을 살고 싶어 한다.

안네 프랑코(Anne Frank, 독일 태생, 나치 형무소로간 유태인 소녀, '안네의 일기' 저자)

159. "행복한 인생을 걸을 수 있는 마스터의 키는 감사이다. "

김의원 총장(한국, 천안 백석대 부총장)

160. "밤이 있으면 낮이 있게 마련이다. 행복에 상응하는 슬픔이 부재하다면, 행복은 그 의미를 상실해 버리고 만다."

카를 구스타프 융(Carl Gustav Jung, 스위스. 정신의학자, 분석심리학의 창시자)

감사의 영성
(189항)

믿음, 신앙, 영성, 189선

신앙의 서문

"기독교신앙 안에서 감사는 단순한 덕목이 아니라, 하나님과의 깊은 관계를 이루는 삶의 중심입니다. 기도와 예배 속에서 우리는 받은 은혜와 축복을 기억하며, 고난 속에서도 신뢰와 희망을 발견하게 됩니다.

감사는 신앙인의 마음을 겸손하게 하고, 사랑과 선행으로 이어지며, 교회공동체 안에서 화합과 평화를 만들어 냅니다.

『감사명언 2000선』에서 모은 지혜는 성경적 가치와 선각자들의 통찰을 통해, 감사가 영적 성장과 삶의 풍요를 동시에 가져오는 힘임을 보여줍니다.

이 책을 펼치는 순간, 독자들은 감사가 단순한 표현이 아니라, 그리스도 예수 안에서 주의 뜻을 행하라고 명하셨습니다.

바로 "범사에감사하라"는말씀이십니다. 이는믿음 속에서 삶을 변화시키는 강력한 영적 도구임을 체험하게 될 것입니다.

오늘의 감사가 신앙인의 삶을 더욱 빛나게 할것입니다."

영성의서문

"우리는 모든 것을 하나님의 손으로부터 받았습니다. 명예와 영광도 하나님의 손으로 받고 모욕과 조사도 하나님의 손으로 받습니다. 좋은 일이든 궂은일이든 똑같은 기쁨과 이들은 감사의 마음은 미래의 축복을 위해 기도하는 것보다 지금까지 은혜에 감사하는 것이 영적 생활에 더욱 진보를 가져다줍니다."

쇠렌키르케고르(Kierkegaard, Søren. 덴마크 중세철학자, 신학자, 실존주의의 선구자,'죽음에이르는병'저자)

. . . .

"미래의 축복을 위해 기도하는 것보다 지금까지 은혜에 감사하는 것이 영적 생활에 더욱 진보를 가져다준다."

W. 템플(Temple, William영국 성공회 캔터베리 대주교, 사회 정의와 기독교 윤리를 강조한 신학자)

1. "감사는 크리스챤의 기본자세이다."

마틴 루터 킹(Martin Luther King Jr. 미국 침례교 목사, 인권운동가, 노벨평화상 수상)

2. "감사는 아픈 기억을 큰 기쁨으로 바꿔 놓는다."

본 회퍼(Dietrich Bonhoeffer,독일 루터교 목사, 신학자, 나치 저항운동가)

3. "감사 충만이 성령 충만이다."

무디 선교사(Moody, Dwight L. 미국 복음주의 목사, 선교사, 무디 성경학교(Moody Bible Institute) 설립자)

4. "감사하며 사는 것이 은혜을 통하는 관문이다."

이리다나 허밍톤(Iridana Harmington)

5. "삶의 비밀이란 모든 것에 감사하는 것이다."

앨버트 아인슈타인(Albert Einstein,독일출신 미국. 물리학자, 상대성이론 창시자)

6. "감사는 우리의 마음을 부흥시켜주고 삶은 더욱 아름답게 만든다."

알버트 슈바이처(Albert Schweitzer,독일. 신학자, 의사, 철학자, 노벨평화상 수상자)

7. "감사는 삶에 깊은 고마움을 느끼고, 모든 것을 당연한 것으로 보지 않는다."

조엘 오스틴(Joel Osteen,미국. 목사, 저술가, 레이크우드 교회 담임)

8. "나의 80세 인생을 한마디로 표현한다면 무엇일까 생각하다가 떠오르는 말이 '하나님 감사합니다' 이였다."

한경직(Kyung-Chik Han,한국. 영락교회 설립자, 목사, 아시안 최초 템플턴상 수상)

9. "은혜의 주님을 바라보면서 감사하는 삶을 살아보면, 더욱 놀라운 은혜와 축복을 경험할 수 있습니다."

   이영훈(Young Hoon Lee,여의도 순복음교회 담임목사.'감사의 기적' 저자)

10. "우리는 비처럼 쏟아지는 풍요한 축복에 젖어 있고, 어디를 바라보든 크나큰 기적들이 무수히 보인다."

   장 칼빈(John Calvin,프랑스. 출신 개혁신학자, 기독교 개혁운동 지도자)

11. "선한 사람은 있는 것을 생각하고 감사하지만, 악한 사람은 없는 것을 생각하고 불평한다."

   마틴 루터(Martin Luther,독일. 종교개혁가, 루터교 창시자)

12. "아무리 뛰어난 행동을 해도 하나님을 향한 감사의 마음이 없다면, 생명 있는 신앙생활을 할 수 없다."

   우찌무라 간조 (Kanzo,Uchimura,일본. 기독교 목사, 무교회주의 창시자)

13. "미래의 축복을 위해 기도하는 것보다. 지금까지의 은혜에 감사하는 것이 영적 생활에 진보를 가져다 준다."

   W. 템플(William Temple,영국 성공회 캔터베리 대주교)

14. "기독교인들의 세 가지 덕목인 믿음, 소망, 사랑에 하나를 더 추가한다면 당연히 감사이다."

   라인홀드 니버(Reinhold Niebuhr, 미국. 신학자, 윤리학자, '신정통주의' 사상가)

16. "세상은 감사하는 자의 것이다."

   레오 버스카글리아(Leo Buscaglia,미국. 교육학자, 작가, '사랑의 철

학자')

17. "감사는 믿음의 열매이며, 하나님을 향한 사랑의 첫 번째 표현이다."

마틴 루터(Martin Luther,독일. 종교개혁자, 루터교 창시자)

18. "감사는 우리 안의 슬픔과 상처를 희망으로 바꾸는 영적 훈련이다."

헨리 나우웬(Henri Nouwen, 네덜란드 출신의 미국. 천주교 사제이자 작가)

19. "믿는 자와 불신 자와 차이는 바로 감사가 있고 없음의 차이다."

칼 바르트(Karl Barth, 스위스 개혁교 신학자, 현대 조직 신학의 아버지)

20. "감사하는 마음은 그리스도인의 영적 건강을 보여주는 지표이다."

존 스토트(John Stott, 영국. 성공회 신학자, 복음주의 지도자)

21. "가장 감사해야 할 것은 신이 주신 능력을 제대로 이용하는 것이다."

트릴로프((Trilloff , 1 9 0 0 년,영국 성공회 선교사,강화성당 창건)

22. "당신은 무슨 일을 시작하기 전에 감사의 기도를 드립니까? 좋은 일이다. 하지만 나는 콘서트와 오페라가 시작되기 전에 감사기도를 드리고, 연극과 팬터마임이 시작되기 전에 감사의 기도를 드리고, 스케치, 그림, 수영, 펜치, 권투, 산책, 놀이, 춤을 시작하기 전에 감사의 기도를 드리며, 책장을 열기 전에 감사기도를 드리며, 잉크에 펜을 담그기 전에 감사기도를 드린다.

G.K 체스터턴(G.K. Chesterton,영국. 작가, 신학자, 수필가)

23. "우리가 보고 듣는 모든 아름다운 것을 주신 하늘 아버지께 감사드립니다."

R.W. 에머슨(Ralph Waldo Emerson, 미국. 자기계발과 리더십 강연자,저자)

24. "감사는 하나님의 뜻 안에 머물려는 순종의 표현이다."

프랜시스 챈(Francis Chan, 미국. 복음주의 목사, 『미친 사랑』 저자)

25. "감사는 환경의 문제가 아니라, 믿음의 문제이다."

매튜 헨리(Matthew Henry, 영국. 목사, '성경주석'으로 유명한 성서 학자)

26. "말로만 감사하는 것은 진정한 감사가 아니다. 진정한 감사는 마음으로 감사하고 행동으로 나타내는 것이다."

W.블레이크(William Blake ,영국 시인, 화가, 신비주의적 기독교사상가)

27. "주께서는 매일 우리로부터 작고 겸손한 예배를 원하시지, 추수감사절 에 한 번 드리는 감사의 선언은 원하지 않으신다."

B.힐스(B.Hills,미국,영성 작가, 목회자로 신앙 칼럼리스트 추정됨,AI 확인)

28. "믿음의 동산에서 피는 꽃 중에서 가장 자랑스런 꽃은 바로 " 감사의 꽃이다."

밥 존슨(Bob Johnson,미국.'감사.영성' 지역 목회자 추정됨(AI확인)

29. "감옥이라도 감사가 넘치면 수도원이 될 수 있다."

마쓰시다 고노스케(Konosuke Matsushita,일본. 기업가,(파나소닉 창 립자)

30. "감사하는 마음을 가져라. 왜냐하면 감사는 우리가 삶과 세상을 경험 하는 방식을 영원히 바꿔놓을 것이니까 말이다."

존 밀톤(John Milton,영국. 시인, 청교도, 『실낙원』 저자)

31. "사람은 은혜를 모르고 감사할 줄 모르면 금수(동물)와 같다"

한국 속담 (KOREAN Proverb, 민간 전승의 교훈적 속담)

32. "감사가 불러 일으키는 기적을 믿으며, 어렵게 사는 모든 이에게 감사의 기적을 맛보시길. 기원해 봅니다.

최성균(Sungkyun Choi, 한국. 사단법인 미래복지경영 이사장, 박사. 국민훈장 수상.)

33. "항상 감사하는 사람과 사귀면 만사가 행복하다."

한경직(Kyung-Chik Han, 한국. 영락교회 설립자, 영락 원로목사)

34. "절대 감사, 절대 긍정의 신앙"이 우리 순복음교회의 교훈입니다.

이영훈 (Young Hoon Lee,한국. 여의도 순복음교회 목사, '감사의 기적' 저자)

35. "감사는 하나님을 향한 신뢰의 표현이다."

이찬수(Chan-Soo Lee, 분당 우리교회 담임목사.감사일기 쓰기를 장려)

36. "감사는 축복의 문을 여는 열쇠입니다. 작은 일에 감사할 때, 하나님은 더 큰 것을 맡기십니다."

오정현(Jung-Hyun Oh,한국, 사랑의교회 담임목사)

37. "불평 대신 감사를 선택하면 삶이 놀랍도록 변화됩니다."

조정민(Jung-Min Cho, 한국. 전 MBC 기자, 베이직교회 목사)

38. "감사는 환경을 바꾸지 않지만, 감사를 통해 환경을 바라보는 우리의 눈이 달라집니다."

이동원(Dong-Won Lee,한국. 지구촌교회 원로목사)

39. "감사는 고난 속에서도 우리를 지켜주는 방패와 같습니다. 감사가 있는 곳에 소망이 있습니다."

유기성(Ki-Sung Yoo, 한국. 선한목자교회 원로목사)

40. "감사할 때 마음이 열리고, 하나님의 은혜 더욱 선명하게 다가 옵니다."

이재훈(Jae-Hoon Lee, 한국, 온누리교회 목사)

41. "감사는 하나님의 선물을 발견하는 눈을 열어줍니다. 작은 것에서부터 감사를 시작하세요."

박성민(Sung Min Park,한국 대학선교회 CCC대표 목사)

42. "감사는 습관은 삶을 변화 시킵니다. 작은 감사가 쌓여 큰 축복을 이루어 냅니다."

홍정길(Jung Gil Hong,한국, 밀알복지재단 이사장, 복음주의의 일세대 목사)

43. "감사는 하나님의 마음을 기쁘시게 합니다. 감사할 때 하나님과 더 가까워집니다."

손기철(Ki Chul-Son,한국. 장로, '고맙습니다 성령님' 저자)

44. "감사는 하나님의 선하심을 인정하는 것입니다. 감사하는 순간, 우리는 하나님의 은혜 안에서 거합니다. "

김양재(Yang Jae Kim, 한국. 우리들교회 담임목사)

45. "예수께서 열 명의 나병환자는 어디에 있고, 한 사람의 사마리아인만이 엎드려 감사 하는냐? 하시고 이어 예수께서는 "네 믿음이 너를 구원했다" (누가 17장 17-19)고 하셨다. 바로 감사는 표현이다."

신민규(Min-Gyoo Shin,한국. 나사렛성결교, 상암동교회 담임목사, 미국. 에모리대학 목회상담학 박사, 나사렛대학교 총장, 본대학교 이사장, '희망의 끈' 저서 등 다수)

46. "활동적인 믿음은 이루어지지 않은 약속에도 감사를 드릴 수 있다. 하

나님의 약속은 이미 이루어진 것과 같기 때문이다.

매튜 헨리(Matthew Henry,17C 영국의 장로교 목사,성경 주석가)

47. "감사는 기도의 문을 여는 열쇠입니다. 감사할 때 기도의 응답이 더욱 풍성해집니다."

홍정길(Jung Gil Hong, 한국. 밀알복지재단 이사장, 한국복음주의 일 세대 목사)

48. "감사는 믿음의 표현이며, 하나님께서 우리 삶을 인도 하신다는 증거입 니다"

정필도(Pil Do Jung,한국, 부산 수영로교회 원로목사)

49. "하나님께서 감사하는 삶은 영혼을 살찌우고, 매일을 은혜로 채웁니다."

김서택(Suh Taek Kim,한국. 대구 동부교회, 3 대 원로목사)

50. "감사하는 순간 우리는 하나님이 이미 일하고 계심을 깨닫게 됩니다."

이기복(Ki BokLee,한국. 바른여성 선교회, 공동대표 목사)

51. "감사는 주어진 상황을 뛰어넘는 영적인 태도입니다. 감사는 곧 믿음 입 니다."

김진홍(Jin Hong-Kim,한국. 두레공동체 운동대표, 전두레교회 목 사,'새벽을 깨우리라' 저서)

52. "감사는 단순한 기분이 아니라, 하나님이 주신 삶의 태도입니다."

최종상(Jong Sang-Choi, 한국. 남서울 은혜교회 선교사)

53. "감사는 곧 순종입니다. 하나님께서 모든 상황 속에서 합력하여 선을 이루실 것을 믿으십니다."

김성로(Sung Ro-Kim,한국. 춘천 한마음교회 목사)

54. "감사는 우리의 입술에서 시작되지만, 결국 우리의 삶을 변화시키는 능력이 됩니다."

송태근((TaeGeun-Song, 한국. 삼일교회 목사)

55. "우리의 일생은 감사의 일생이 되어야 합니다. 우리 모두 절대 감사, 무조건 감사, 한평생 감사하며 살아갑시다."

이영훈(Young Hoon-Lee. 한국 여의도 순복음교회 담임목사,'감사의 기적' 저서)

56. "감사의 과학적 비밀"에서의 감사를 재발견 하니, 진정 가슴을 뛰게 하고 감동을 안겨 준다"

옥성석(Sung Seok-Ok,한국, 일산 충정교회 원로목사)

57. "사람으로로부터 받은 은혜도 마땅히 기억해야겠지만 우리 하나님을 섬기며 사는 성도들은 무엇보다도 하나님의 은혜를 잊지 말고 기억하며 감사하면서 살아야 한다."

송수천(Soo Chun-Song,한국. 목사)

58. "감사가 최우선 순위에 두는 사람은 감사일기와 감사편지를 습관화, 생활화를 해야 할 것이다."

안남웅(Nan Woong-AN, 미국. 미주 침례교회목사.'１００감사' 창시자)

59. "감사는 기독교와 유대교의 교리와 신앙에 깊이 뿌리박은 윤리의식이다. '감사(Thanks)'라는 단어와 유사어는 구약성서와 신약성서에는 합쳐서 '감사'는 １７７회 이상 등장하고, 명령어인 '감사 하라'는 명령은 ３３번이나 등장한다."

R.A.이먼스(R.A. Emmons,미국. 캘리포니아대 데이비스캠퍼스 심리학 교수, 긍정심리학자, 『Thanks』 저자).

60. "진정한 그리스도 교인은 어떤 순간에도 그리스도를 통해 하나님이 하신 일을 잊지 않은 사람이며, 감사가 모든 행동에 깊이 뿌리박혀 있는 사람이다."

존 베일리(John Baillie,스코틀랜드. 장로교 목사, 신학자, 조직신학 교수 역임)

61. "'불행의 인식'이 종교적 축전의 결정적 측면이라고 하며 추수감사절의 전통과 의식에서 드러나는 행복감은 대개의 경우, 상실이나 역경과 동일 선상에 있다."

하비콕스(Harvey Cox, 미국. 하버드대학교 신학교수, 『The Secular City』 저자.)

62. "하늘을 향한 감사, 그 자체가 기도이다."

스펄젼(Charles H. Spurgeon,영국. 침례교 목사, 설교자, "설교의 왕자"로 불림)

63. "위대한 성자는 기도를 많이 했다든지, 금식을 많이 했다든지, 자선을 많이 베풀었다는 사람이 아니라, 범사에 감사하는 사람이다."

윌리암 로우(William Law,영국. 성공회 사제, 신비주의적 기독교 영성 사상가 저자)

64. "숨을 쉬며 살며, 꿈을 꾸는 삶은 당연한 것이 아니라 은혜 입니다."

가스펠 (Gospel,'찬양'은혜' 가사), 특정 개인이 아닌 복음성가 장르로 분류 가사 인용)

65. "당신이 처해 있는 어려움의 가짓 수를 세느라, 당신이 누리는 감사를 놓치기보다는 당신이 누리는 감사에 이름을 붙이느라 세던 수를 잊은 것이 좋다."

멀트비 배브콕(Maltbie D. Babcock,미국 장로교 목사, 시인, "This is My Father's World" 찬송가의 작사자)

66 "우리 안에 불은 꺼졌지만 다른 사람의 불씨로 불이 다시 살아 나는 일이 있다. 우리는 자신 안에 불꽃을 피워준 사람들에게 깊은 마음으로 감사해야 할 이유가 있다."

알베르트 슈바이처(Albert Schweitzer 독일출신 프랑스. 국적의 아프리카 의료선교사, 신학자, 철학자, 오르간 연주자. 노벨평화상 수상자 (1952.)

67. "배은망덕은 자연스런 들풀 같아서 가꾸지 않아도 무성하지만, 감사는 장미와 같아서 물을 주거나 곱게 사랑해야 잘 자란다."

앤드류 카네기(Andrew Carnegie, 스코틀랜드, 미국 기업인 겸 자선사업가.철강왕,평생 수입 4 분의 3 을 기부함.'그는 부지로 죽는 것은 수치다'라고함)

68. "감사하다고 말하는 것은 예의 바르고 기분 좋은 것이며, 감사하는 마음을 실천하는 것은 마음이 넓고 고귀한 것이다. 하지만 감사하는 마음으로 살아가는 것은 하늘에 닿는다".

요하네스A. 게르터너(Johannes A. Gaertner,독일 태생 미국. 시인, 신학자, 미술사, 교수. 영성과 시를 잇는 명상적 작품 활동으로 알려짐)

69."저는 우리의 고난에서 숨겨진 축복을 받을 준비가 되어 있습니다. 제가 이 고난이 주는 교훈을 깨닫고 지금보다 더 강하고 더 지혜로운 사람 될 수 있게 해주소서 기도합니다."

다니엘 페랄타(Daniel Peralta,미국계 심리상담사, 영성과 심리치료 분야 강연 활동)

70. "복권에 당첨된 사람들의 행복수준을 조사했는데 복권 당첨자들은 한 달도 안돼서 원래의 행복 수준으로 돌아 갔다. 마찬가지로 사고로 반신불수가 된 사람들도 대부분 1년이면 사고 당하기 이전의 행복의 수준을 회복한다."

필립 브릭먼 (Philip Brickman, 미국. 심리학자, 긍정심리학 선구자

중 한 명, "행복의 적응 이론" 연구 주도)

71. "하나님의 은혜는 포기할 수 없는 자를 포기하지 않는다."

필립 얀시(Philip Yancey, 미국. 기독교 작가, 『놀라운 하나님의 은혜』, 『하나님, 고통에 침묵하시다』 등 베스트셀러 저자.)

72. "감사는 우리가 신성과 연결되는 다리가 된다."

디팩 초프라(Deepak Chopra), 인도계 미국인. 내과의사, 영성 작가)

73. "기도는 우리가 하나님께 말하는 것이고, 감사는 하나님이 우리 안에 말씀하시는 것을 듣는 순간이다."

마더 테레사(Mother Teresa, 알바니아 출신, 인도. 수녀, 노벨평화상 수상자)

74. "미래의 축복을 위해 기도하는 것보다 지금까지 은혜에 감사하는 것이 영적 생활에 더욱 진보를 가져다 준다."

W. 템플(Temple, William,영국. 성공회 캔터베리 대주교, 기독교 윤리 신학자)

75. "감사는 삶을 하나님의 예배로 바꾸는 능력이다."

맷 레드먼(Matt Redman, 영국. 예배 인도자, 찬양 사역자)

76. "행복하려면 스스로 자신 속에 갇히거나, 다른 이를 지배하려 더는 이 기심에 반하는 삶을 살아야 한다."

드 샤르댕(Pierre Teilhard de Chardin,프랑스. 예수회 신부, 신학자, 지질학자. 진화와 신앙의 통합을 주장한 사상가)

77. "신을 아는 지식은 이 땅의 어떤 행복도 비교할 수 없으나, 이 땅에 사는 동안에는 신을 아는 것이 행복이다."

버나드 쇼(George Bernard Shaw,아일랜드 출신 극작가, 사회주의자, 노벨문학상 수상(1925), 종교적·윤리적 주제 다수 다룸).

78. "정신은 그 자체로 독자적인 세계다. 그 안에서 지옥을 천국으로, 천국을 지옥으로 만들 수 있다."

존 밀턴(John Milton, 영국. 시인, 청교도 사상가, 『실낙원』(Paradise Lost) 저자)

79. " 감사는 하나님 안에서 기쁨을 발견하는 마음이다."

조나단 에드워즈(Jonathan Edwards,미국. 신학자, 제1차 대각성 운동의 지도자)

80. "감사를 통해 인생은 풍요해진다."

본회퍼(Dietrich Bonhoeffer, 독일. 루터교회 목사, 히틀러 나치 반대 운동자)

81. "감사하는 영을 개발하라. 그러면 그대는 영원한 잔치를 즐길 것이다."

맥더프(Macduff, 1 9 C. 스코틀랜드. 장로교 목사)

82. "하나님께 감사할 때, 우리는 가장 어두운 시간에도 빛을 보게 된다."

에이미 카마이클(Amy Carmichael, 아일랜드. 신의 선교사, 인도 아동 구호 활동)

83. "감사는 성숙한 신앙인의 특징이며, 작은 일에 감사할 줄 아는 사람이 큰 일에도 감사할 수 있는 것이다."

(한국기독공보,2025.06.05. '감사의 신앙'에서)

84. "감사는 단지 말이 아니라, 모든 삶을 통해 하나님을 기쁘게 하려는 자세다."

리차드 박스터(Richard Baxter, 미국. 청교도 목사 작가, 『성도의 영원한 안식』 저자)

85. "사람이 얼마나 행복한가는 그의 감사의 깊이에 달려 있다."

존 밀러(John Miller,미국목사,기도의 성찰,기도는 하나님과의 대화의 저술가.)

86. "감사하면 감사할 일이 계속 생겨 감사가 넘치게 된다."

이기홍 목사(미국. 미주 사우스 베이선교 교회 원로 목사)

87. "감사는 하나님께 드리는 귀한 제물이며, 가장 가난한 자도 드릴 수 있는 것이며, 드림으로써 더욱 부유해진다."

A.W. 토저(A.W. Tozer,미국. 복음주의 목사, 작가, 신학자. 대표 저서 The Pursuit of God. 깊은 경건과 영성을 강조한 설교로 유명)

88. "진정한 감사는 입술의 움직임이 아니라, 마음의 애정에서 우러나오는 행위이다."

존 파이퍼(John Pipe, 미국. 개혁주의 신학자, 목사, 작가. 'Desiring God'사역 설립자, 베들레헴 침례교회 전 담임목사)

89. "감사하지 않는 마음은 이미 하나님의 은혜를 잊은 것이다."

웨슬리(John Wesley. 영국. 감리교 창시자, 영국 부흥운동 지도자.)

90. "행복과 완전함으로 가는 가장 짧고 확실한 길은 모든 일에 하나님께 감사하고 찬양하는 것이다."

윌리엄 로우(William Law, 18세기 영국. 성공회 신학자, 경건주의 작가.대표 저서 A Serious Call to a Devout and Holy Life)

91. "감사하라. 하나님은 우리를 위해, 그리고 하나님의 영광을 위해 감사하라고 명하셨다. 그것은 폭군의 위협이 아니라, 언제든지 하나님께 가까이 나아갈 수 있는 초대이다."

낸시 드모스 울게무스(Nancy DeMoss Wolgemuth, 미국. 기독교 작가, 라디오 설교자, Revive Our Hearts설립자. 여성 신앙 회복 운동

선도자)

92. "모든 운명에 감사해야 한다. 좋은 운명에는 그 자체로, 나쁜 운명에는 인내와 겸손, 세상에 대한 경멸, 그리고 영원한 나라에 대한 희망을 가져다 주기 때문이다."

C.S. 루이스(C.S. Lewis, 영국. 기독교 변증가, 옥스퍼드대 교수, 저자)

93. "감사의 영은 주님께 마음이 맞춰진 그리스도인의 가장 뚜렷한 특징 중 하나이다. 시련과 박해 속에서도 하나님께 감사하라."

빌리 그레이엄(Billy Graham, 2 0세기 미국. 복음주의의 전도자,전 세계적으로 수많은 대규모 복음전도 집회 (한국은 여의도)를 인도한 인물.)

94. "감사하는 마음은 천국을 지옥으로, 지옥을 천국으로 바꿀 수 있는 정신의 힘이다."

존 밀턴(John Milton, 1 7 C 영국. 시인,정치 사상가,대표작'실낙원')

95. "감사하지 않는 마음은 어떤 자비도 발견하지 못한다. 그러나 감사하는 마음은 하루 종일 하늘의 축복을 발견한다."

헨리 워드 비처(Henry Ward Beecher, 1 9 C. 미국. 성직자, 사회운동가, 노예제 반대운동 및 기독교 윤리 강조.)

96. "감사하는 영을 개발하라. 그러면 그대는 영원한 잔치를 즐길 것이다."

맥더프(Macduff, 1 9 C. 스코틀랜드. 장로교 목사.신앙 저서 다수)

97. "세상에서 감사를 표하는 이의 행동보다 더 아름다운 것은 없다."

라 브뤼에르(Jean de La Bruyère, 1 7 C. 프랑스. 철학자,작가,풍자적 수필가)

98. "믿음은 모든 것의 시작이며 끝이다."

마더 테레사(Mother Teresa,인도.카토릭 수녀, 노벨평화상 수상)

99. "감사하지 않는 마음은 이미 하나님의 은혜를 잊은 것이다."

웨슬리(John Wesley, 감리교 창시자, 영국. 부흥운동 지도자)

100. "감사하는 마음은 그리스도인의 영적 건강을 보여주는 지표이다."

존 스토트(John Stott)"네덜란드 출신의 천주교 사제이자 작가, 영국 성공회 신학자, 복음주의 지도자)

101."감사는 믿음을 행동으로 옮기는 가장 단순한 방법이다."

노렌 커닝햄(Loren Cunningham,열방을 위한 청년들(YWAM) 창립자, 중국 내지 선교회(CIM) 설립자, 영국. 선교사)

102. "내 손에 쥔 많은 것을 잃었지만, 하나님의 손에 맡긴 것은 여전히 내게 있다."

코리 텐 붐(Corrie ten Boom,네덜란드. 출신 크리스천 작가, 유대인 구출 활동으로 유명한 신앙인. 대표 저서 'The Hiding Place')

103. "가장 축복받은 사람이 되려면 가장 감사하는 사람이 되라."

C.쿨리지(Calvin Coolige,미국. 제30대 미국 대통령, 보수주의자, 정치철학자.)

104. "행복과 완전함으로 가는 가장 짧고 확실한 길은 모든 일에 하나님께 감사하고 찬양하는 것이다."

윌리엄 로우(William Law, 18C.영국. 성공회 사제,경건주의 사상가,기독교인의 성령' 저자 .)

105. "감사하는 신앙은 감사할 이유를 찾는 것이며, 감사함을 표현하는 것이며, 삶을 통해 헌신하는 것이다."

신민규(Min -Gyoo Shin,한국 나사렛성결교,상암동교회 목사,미 에모

리대학 목회상담학 박사, 6 대 나사렛대학교 총장, 본대학교 1 6 대 이사
장, '희망의 끈' 저서 등 다수)

106. "모든 운명에 감사해야 한다. 좋은 운명에는 그 자체로, 나쁜 운명에
는 인내와 겸손, 세상에 대한 경멸, 그리고 영원한 나라에 대한 희망을
가져다 주기 때문이다."

C.S. 루이스(C.S. Lewis, 영국. 기독교 변증가, 작가, 옥스퍼대 교수,
나니아 연대기 작가.)

107. "우리가 누군가에게 의존하고 있다는 사실을 겸손히 받아들이게 한다.

디트리히 본회퍼(Dietrich Bonhoeffer, 독일. 루터교 목사, 반나치 저
항운동가)

108. "신앙적 체험을 한 사람은 자연법칙과 질서를 바꾸는 것이 아니라, 정
신적 가치와 질서의 존귀성을 믿으면서도 신앙적 가치와 하나님의 은총
의 질서를 체험하게 된다."

김형석(Kim Hyung-Seok, 한국 최고령 철학자, 수필자, 기독교인, '예
수' '남아 있는 시 간을 위하여', '백년의 유산'. 기네스 공식 현존 최고령
저자 인증)

109. "하나님께 감사하는 것은 성도의 특권이자 의무이다. 감사는 믿음의
꽃이다."

찰스 스펄전(Charles Spurgeon) 영국. 침례교 설교가, '설교의 황태
자'로 불림)

110. "감사는 우리 마음속에 하나님의 주권을 다시 새기게 한다."

제리 브리지스(Jerry Bridges, 미국. 복음주의자, 『하나님을 신뢰한
다』 저자)

111. "감사는 깨진 세상 속에서 하나님의 은혜를 붙드는 손길이다."

앤 보스캠프(Ann Voskamp, 캐나다. 기독교 작가 '1000개의 선물' 저자)

112. "감사는 겸손한 영혼의 고백이며, 하늘의 평안을 여는 열쇠이다."

토마스 아 켐피스(Thomas à Kempis,독일.‘그리스도를 본받아』 저자, 독일 수도사).

113. "감사의 영은 주님께 마음이 맞춰진 그리스도인의 가장 뚜렷한 특징 중 하나이다. 시련과 박해 속에서도 하나님께 감사하라."

빌리 그레이엄(Billy Graham,20세기 미국. 복음주의 전도자,여의도집 회 주관자)

114. "하나님께 감사하는 마음은 고통 속에서도 그 분의 뜻을 신뢰하는 것 이다."

엘리자베스 엘리엇(Elisabeth Elliot)미국. 선교사, 순교자 짐 엘리엇 의 아내)

115. "감사는 단지 말이 아니라, 모든 삶을 통해 하나님을 기쁘게 하려는 자세다."

리차드 박스터(Richard Baxter,미국. 청교도 목사, 작가, 『성도의 영 원한 안식』,저자.)

116. "나는 하나님께 어두움 속에서도 빛을 느낄 수 있음에 감사한다."

헬렌 켈러(Helen Keller,미국 장애인 교육가, 작가, 시각·청각 장애 극 복자)

117. "감사하지 않는 마음은 이미 하나님의 은혜를 잊은 것이다."

존 웨슬리(John Wesley.감리교 창시자, 영국. 부흥운동 지도자)

118. "진정한 기도는 감사로 시작되고 감사로 끝난다."

토마스 머튼(Thomas Merton), 미국. 트라피스트 수도사, 신비주의 작가)

119. "감사는 영혼의 부흥과 회복을 이끄는 첫걸음이다."

찰스 핀니(Charles Finney, 미국. 부흥운동가, 제2차 대각성 운동 지도자)

120. "감사하는 삶은 우리가 창조주 하나님을 기억하며 사는 방식이다."

베데(Bede the Venerable.미국 의 수도사, 초기 교회사 저술가)

121. "감사는 하나님께 대한 올바른 신학의 자연스러운 결과이다."

R.C. 스프로울(R.C. Sproul,미국. 개혁주의 신학자, 리고니어 미니스트리 설립자)

122. "하나님께 감사할 때, 우리는 가장 어두운 시간에도 빛을 보게된다."

에이미 카마이클(Amy Carmichael, 아일랜드 출신의 선교사, 인도. 아동구호활동)

123. "진정한 감사는 하나님 안에서 기쁨을 발견하는 마음이다."

조나단 에드워즈(Jonathan Edwards,미국. 신학자, 제1차 대각성 운동의 지도자)

124. "감사는 하나님의 뜻 안에 머물려는 순종의 표현이다."

프랜시스 챈(Francis Chan.미국. 복음주의 목사, 『미친 사랑』 저자)

125. "감사는 믿음의 열매이며, 하나님을 향한 사랑의 첫 번째 표현이다."

마틴 루터(Martin Luther.독일. 종교개혁자, 루터교 창시자)

126. "모든 시련은 결국에는 축복이 되기 마련이다."

리처드 바크(Richard Bach, 미국. 작가, '갈매기의 꿈' 저자.)

127. "우리가 기도할 때마다 하나님께서 우리 안에 그분의 영을 주셔서   기도하게 하신다는 사실에 진심으로 감사하자. 감사는 우리의 마음을 하나님께 향하게 하고, 우리 자신에서 벗어나 성령께서 우리 마음에 자리

잡도록 한다."

앤드류 머레이(Andrew Murray,남아프리카공화국. 개신교 목사이자
작가. 성화와 기도에 관한 책을 집필한 경건운동의 지도자)

128. "감사하는 것은 느끼는 것이고, 감사드리는 것은 행동하는 것이다. 감사
는 감정이고, 감사 드림은 행동이다."

팀 켈러(Tim Keller,미국. 개신교 목사, 작가, 설교자. 그레이스 커뮤
니티 교회(Grace Community Church) 담임목사 및 마스터스 신학
교 설립자)

129. "우리가 불안과 걱정에 빠지는 대신 감사의 기도를 선택할 때, 우리는
하나님에 대한 변함없는 신뢰를 보여주는 것이다."

프리실라 쉬러(Priscilla Shire, 미국. 기독교 작가, 성경 교사, 영화배
우. 'War Room' 영화 출연, 여성 제자훈련과 기도 사역자)

130. "감사는 깊고 지속적인 기쁨을 만들어 낸다. 왜냐하면 우리는 하나님께
서 우리의 삶 속에서, 심지어 어려움 속에서도 일하고 계심을 알기 때문
이다."

찰스 스탠리(Charles Stanley)미국. 침례교 목사, 인 터치 미니스트리
(In Touch Ministries) 창립자. TV와 라디오 사역으로 널리 알려짐)

131. "조나단 에드워즈는 더 깊고 본질적인 감사의 형태를 '은혜로운 감사'
라고 불렀다. 그것은 받은 것에 대한 감사가 아니라, 하나님의 성품, 그
분의 선하심, 사랑, 능력, 탁월함에 대한 감사이다."

척 콜슨(Chuck Colson,미국. 정치인 출신 복음주의자. 닉슨 대통령의
특별보좌관이었으며, 수감 후 '감옥 선교회(Prison Fellowship)' 창립)

132. "'모든 일에 감사하라'는 말씀은 잘 알려져 있다. 우리의 실망은 하나님
의 명령일 뿐이다."

A.W. 핑크(A.W. Pink.영국. 개혁주의 신학자이자 설교자.성경 해설

서 저술로 유명)

133. "감사는 의지의 결정이다. 그리고 의지의 결정이라면, 선택은 전적으로 우리에게 달려 있다. 감사하기로 결정하는 것은 쉬운 일이 아니다. 그것은 노력과 훈련이 필요하다."

척 스윈돌(Chuck Swindoll, 미국. 복음주의 목사, 라디오 방송인, 저술가.'Insight for Living' 설립자)

134."감사하는 것은 하나님께서 우리에게 주신 모든 것에서 그분의 사랑을 인식하는 것이다. 우리가 숨 쉬는 모든 호흡은 그분의 사랑의 선물이며, 존재의 모든 순간은 그분의 은혜이다."

토마스 머튼(Thomas Merton,미국. 트라피스트 수도사, 신학자, 사회운동가.『칠층산』 (The Seven Storey Mountain) 저자)

135. "감사의 DNA는 기쁨이다."

폴 데이비드 트립(Paul David Tripp,미국. 복음주의 상담가, 설교자, 저술가. 기독교적 삶의 변화와 상담에 관한 책 다수 집필)

136. "내가 성공하면 감사하겠습니다. 실패하면 그분의 은혜를 구하겠습니다."

맥스 루케이도(Max Lucado, 미국. 복음주의 작가, 설교자. 수십 권의 기독교 도서출간)

137. "받은 자비에 대한 신중한 감사는 성령 안에서의 강력한 기도이다. 그것은 말로 표현할 수 없을 정도로 하나님과 함께하는 것이다."

존 번연(John Bunyan,17세기 영국 청교도 설교자이자 작가. 『천로역정(The Pilgrim's Progress)』 저자)

138. "우리의 상황이 어떠하든, 우리는 감사할 이유를 찾을 수 있다."

데이비드 제레마이아(David Jeremiah)미국 침례교 목사, 'Turning Point Ministries' 설립자. 성경 예언과 현실 적용에 대한 설교로 유명)

139. "하나님, 나는 '가시'에 대해 감사한 적이 없습니다! 나는 '장미'에 대해
수천 번 감사했지만, '가시'에 대해서는 한 번도 감사하지 않았습니다.
고통의 길을 통해 주님께 나아갔음을 보여주소서."

조지 매더슨(George Matheson,19세기 스코틀랜드. 시각장애를 가진
신학자, 목사, 찬송가 작사가. "O Love That Wilt Not Let Me Go"로
유명)

140. "주님은 때때로 우리를 고난에 처하게 하시지만, 그것은 우리가 마땅히
받아야 할 것보다 훨씬 적은 것이다. 그러므로 우리는 겸손하고 감사하
며 인내할 수 있는 은혜를 구하자."

존 뉴턴(John Newton,전 노예 상인이었던 영국. 성공회 사제. 유명
찬송가 『Amazing Grace』 작사가)

141. "누군가가 당신에게 행복과 완전함으로 가는 가장 짧고 확실한 길을 말
해준다면, 그는 당신에게 일어나는 모든 일에 대해 하나님께 감사하고
찬양하라고 말할 것이다."

윌리엄 로우(William Law,18세기 영국. 성공회 신학자이자 경건주의
사상가, 『기독교인의 심령』 등의 경건서 저자)

142. "일상생활에서 우리는 우리가 주는 것보다 훨씬 더 많은 것을 받고 있음
을 거의 인식하지 못한다. 감사함으로만 삶은 풍요로워진다."

디트리히 본회퍼(Dietrich Bonhoeffer,독일. 루터교 목사, 신학자, 나
치에 순교.『나를 따르라』(The Cost of Discipleship) 저자)

143. "삶에서 중요한 것은 당연하게 여기는가, 감사함으로 받아들이는가이다."

G.K. 체스터턴(G.K. Chesterton, 영국. 작가, 철학자, 기독교 변증
가.『오소독시(Orthodoxy)』 저자)

144. "감사는 진정한 기도에서 분리될 수 없다. 그것은 거의 본질적으로 연결
되어 있다. 항상 기도하는 사람은 고통 중에도 찬양을 드린다."

존 웨슬리(John Wesley,영국 성공회 사제, 감리교 창시자. 복음주의
부흥운동 주도).

145. "사실, 하나님은 당신이 감사하는 것을 요구하시는 것이 아니다. 그분은
당신이 감사를 드리기를 원하신다. 하나는 감정에 관한 것이고, 다른 하
나는 상황에 대한 당신의 선택과 결정, 의도에 관한 것이다."

조니 에릭슨 타다(Joni Eareckson Tada,미국 장애인 사역자, 작가,
라디오 진행자. 전신마비 장애인이자 설립자)

146. "'감사'는 '자유'(gratis = free)와 같은 어원에서 나왔다. 감사는 자유로
운 마음이 자유롭게 주신 분께 드리는 표현이다."

라비 재커라이어스(Ravi Zacharias,인도계 미국,기독교변증가, 국제
사역(RZIM)창립)

147. "우리가 가진 것이 얼마나 많은가가 아니라, 그것을 얼마나 감사하며 즐
기는가가 행복을 만든다."

찰스 스펄전(Charles Spurgeon,영국침례교 설교자. '설교의 왕자'로
불리며,런던 메트로폴리탄 교회 목사)"

148. "감사하는 마음은 영혼에 피어나는 가장 아름다운 꽃이다. 아울러 선
교의 시작이며 끝이다."

임스 허드슨 테일러(Hudson Taylor,남아프리카공화국 개혁파 목사,
영성 작가)

149,"고통 중에도 하나님의 성품을 신뢰하는 선택이다."

랠리 크랩(Larry Crabb,미국. 기독교 심리학자, 작가, 상담 전문가)

150. "감사는 마귀의 거짓말을 이기는 진리의 무기다."

닐T. 앤드슨(Neil T. Anderson,미국 『그리스도 안에서의 승리』 저
자, 자유를 위한 복음 사역 설립자)

151. "감사는 영적 건강의 좌표다."

데메츠(Demetz, Peter)독일. 출신 미국 문화비평가, 예일대 및 하버드대 교수,)

152. "모든 참된 삶은 진정한 만남에서 시작한다."

마틴 부버(Buber, Martin, 오스트리아-이스라엘. 유대 철학자, 신비주의와 관계, 철학, '나와 너'의 저자, 중심 사상가)

153. "세상을 떠날 때는 나를 위했던 명예도 소유욕도 소멸한다. 남는 것이 있다면 오직 '감사하다'라는 말로 사랑을 나누었던 사람들과의 마음이다."

김형석(Kim Hyong Soek, 한국 최고령 106세, 철학자, 수필가, 연세대 철학과 명예교수, 저서로 '예수' , '남아 있는 시간을 위하여' '백년의 유산' 등106세 기네스 공인, 현존 인류 최고령 저자)

154. "진정한 크리스챤은 어떤 순간에도 그리스도를 통해 하나님이 하신 일을 잊지 않는 사람이며, 감사가 모든 행동에 깊이 뿌리 박혀 있는 사람 이다."

존 베일리(Baillie, John,스코틀랜드 신학자, 신앙적 실존과 감사 신학을 강조한 저술가)

155. "신이 우리에게 행복을 내려주기를 바라고만 있지 말고, 스스로 행복을 얻기 위해 노력해야 한다."

임마뉴엘 칸트(Kant, Immanuel, 독일. 철학자, 근대 철학의 아버지,)

156. "하나님을 감사하는 자에게 더 감사할 것을 주신다. 감사하다고 인사하는 것은 또 다시 받을 길을 열어 놓은 것이다."

론다 번(Byrne, Rhonda)호주출신, 미국.『The Secret』『The Magic』등 저자)

157. "별빛에 감사하는 자에게는 달빛을 주시고, 달빛에 감사하는 자에게 햇빛을 주시고, 햇빛에 감사하는 자에게는 영원히 지지않은 주님의 은혜의 빛을 주신다"

찰스 하돈 스펄전(Spurgeon, Charles Haddon, 영국. 침례교 설교자)

158. "하나님, 이 기쁨의 문둥병을 주시오니 정말 감사합니다. 그러나 나의 성대만은 상하지 않게 하여 주옵소서.

다미앙 신부(Damien of Molokai,벨기에 출신 카톨릭 선교사, 하와이. 나병 환자 공동체에서 헌신적 봉사)

159. "하나님에 대한 우리의 지식은 감사에 의해 완전해 진다."

토마스 머턴(Merton, Thomas, 미국. 트라피스트 수도사, 신비주의자, 『Seven Storey Mountain』 저자.)

160. "감사는 고결한 영혼의 얼굴이다."

토마스 제퍼슨(Jefferson, Thomas,미국. 제3대 대통령, 미국 독립선언서의 기초자, 계몽주의 사상가.)

161. "희랍어 '유카리스(Eucharistia)'는 하나님께 감사한다는 뜻이며, 하나님은 곧장 샘물(泉)에 비유하면서, 인간이 가까이 있고 생명을 주며 모든 선함의 원천이라는 뜻에서 장.칼빈의 신앙은 원천신학(原泉神學)이라 칭했다."

장 칼빈(John Calvin,프랑스. 종교개혁자, 개신교 신학의 주요 인물)

162. "이웃에 대해 사랑을 느끼고 하나님께서 축복을 받았다고 느끼는 사람은 감사의 영역, 즉 천상의 상태에 있는 것이므로 하늘나라에 있는 것과 같다."

엘마누엘 스웨덴보리(Immanuel Swedenbory, 스웨덴. 신학자, 작가, 철학자, 신학자,천문학자)

163. "감사하지 않으면, 축복도 짐이 된다."

필립 얀시(Philip Yance,미국 기독교 작가, 『내가 고통당할 때 하나님은 어디 계신가』 저자)

164. "은혜란 받을 자격이 없는 자에게 주어지는 하나님의 사랑이다."

찰스 스윈돌 Charles R. Swindoll, 미국. 복음주의 목사, 달라스신학교 총장,)

165. "영성은 삶의 태도에서 드러나는 하나님의 임재에 대한 응답이   다."

유진 피터슨(Eugene H. Peterson, 미국 장로교 목사, 『메시지 성경』 번역자, 신학자, 리젠트 칼리지 교수.)

166. "치유는 감사의 심장에서 시작된다."

헨리 나우웬(Henri J.M. Nouwen, 네덜란드 출신 가톨릭 사제, 심리학자, 영성 작가, 『상처 입은 치유자』 저자)

167. "사람들은 살아가면서 주는 것보다 훨씬 많이 받고 있다는 사실을 거의 깨닫지 못한다. 오직 하나님께 감사만이 우리 삶을 풍요롭게 할 수 있다고 믿는다."

D.본 회퍼(Dietrich Bonhoeffer, 독일. 루터교 목사, 반나치 저항운동가, 순교자)

168. "감사는 근본적인 종교적 태도이며, 모든 영성의 기초이다."

매튜 폭스(Matthew Fox, 미국. 생태신학자)

169. "내가 받은 축복을 하나씩 세어보기 시작하자. 나의 삶 전체가 좋아지기 시작했다"

닐라C 넬슨(Nilla C. Nelson, 미국. 정신심리치료사. 감사책, 자기계발 저자)

170. "감사로 충만한 삶은 영혼의 안식처다."

새라 영(Sarah Young, 미국.『예수님과 함께하는 시간』 저자, 기독교 영성 작가)

171. "감사하는 마음에는 언제나 축복의 축제가 열린다. "

W.J.케머런(W.J. Cameron, 미국. 포드자동차 홍보 책임자이자 기독교 사상가)

172. "과거의 불행을 생각하지 말고, 지금의 축복을 생각하라."

찰스 디킨스(Charles Dickens, 영국의 대표적 소설가, 《올리버 트위스트》, 《크리스마스 캐럴》 저자)

173. "하루의 끝에 감사하는 습관은 영혼을 정화한다."

리처드 포스터(Richard J. Foster, 미국. 기독교 영성가,『기도』 저자)

174. "하나님에 대한 우리의 지식은 감사에 의해 완전해 진다."

토머스 머턴(Thomas Merton,미국. 트라피스트 수도사, 신비주의 신학자, 《칠층산》 저자)

175. "우리가 받은 은혜를 기억하는 것이 신앙의 시작이다."

팀 켈러(Timothy Keller, 미국. 리디머교회, 복음 신학자)

176. "하나님은 항상 감사하는 자에게 축복을 주시며 그의 축복을 교만한 자의 손에서는 거두시나, 겸손한 자에게는 언제나 허락하신다."

토마스 A.켐피스(Thomas à Kempis,독일. 수도사, 《그리스도를 본받아》 저자)

177. "감사하는 마음은 삶의 가장 큰 축복이다. 우리가 가진 모든 것에 감사하는 것은 우리를 더 행복하고 만족스럽게 만들어 준다."

빅터 플랭클(Vikto Frankl, 오스트리아 정신분석학 의사, 나치 포로수용소에서 석방, 《죽음의 수용소에서》 저자.)

178. "감사를 잊은 배은은 야비함의 진수이다."

칸트(Immanuel Kant,독일 철학자, 근대 철학의 기초를 세운 사상가)

179. "땅에서 태어난 것 중, 은혜를 모르는 인간보다 더 역겨운 것은 없다."

아우소니우스(Decimus Magnus Ausonius, 고대 로마. 후기의 시인, 교육자, 철학자)

180. "하나님이 감사의 절대적 기준이 될 때, 우리는 범사에 감사할 수 있다."

C. 시몬스(Charles Simmons,미국. 작가 및 금언 수집가.)

181. "기도하지 않는 삶은 영혼 없는 육체와 같다."

레오나르도 보프(Leonardo Boff,브라질 해방신학자, 전 수도자)

182. "가장 큰 기적은 깨달음이다. 감사는 그 열매다."

프레드릭 뷰크너(Frederick Buechner, 장로교 목사,미국 소설가, 『마음으로 듣는 설교』 등 다수의 작품 집필)

183. "기도는 하나님의 임재에 우리를 잠기게 하는 수단이다."

마담 귀용(Jeanne Guyon,프랑스. 가톨릭 신비주의자, 내면 기도의 대표 인물, 17세기 영성가)

184. "은혜는 받을 자격이 없는 자에게 끊임없이 주어지는 은혜는 하나님의 기적이다."

T.D. 제이크스(T.D. Jakes, 미국. 오순절 대형교회목사, The Potter's House설립자,)

185. "배은은 받은 사랑을 저버리는 어둠이다. 감사는 그 어둠을 밝히는 이다."

리 로버트슨(Lee Robertson, 미국. 침례교 목사, 템플대학교 설립자,)

186. "기도는 마음을 하나님의 뜻에 일치시키는 도구이다."

에드워드 맥켄드리 바운즈(Edward M. Bounds, 미국. 감리교 목사, 기도와 영성에 관한 고전 『기도하는 사람의 능력』 저자)

187. "감사는 내면의 평화와 하나님의 임재를 연결하는 다리다."

사라 영(Sarah Young, 미국. 기독교 작가, 『예수님은 오늘도 너에게 말씀(Jesus Calling)』 저자, 신비주의적 묵상 글로 유명)

188. "하나님의 은혜는 우리가 가장 약할 때 가장 강하게 역사한다."

맥스 루케이도(Max Lucado, 미국. 목회자 및 베스트셀러 작가, 『은혜』 등 집필)

189. 오늘, 현실은 답답하고 한 숨만이 나올지라도, 우리에게 주신 은혜는 '10,000가지'를 찾아 봅시다

매태 레드맨(Matt Redman, 10,000 Reasons, song by M. Redman, 영국.예배 인도자, 찬양사역자)

감사의 불행&역경
(110선)

불평, 불만, 역경, 101선

불행의 서문

인생은 때로 예상치 못한 시련과 역경으로 우리를 시험합니다.

하지만 역경 속에서도 감사의 눈을 잃지 않는 사람은

고난을 단순한 불행으로만 받아들이지 않고, 성장과 배움의 기회로

바꿀 수 있습니다.

감사는 고통 속에서도 희망을 발견하게 하고,

절망의 그림자를 밝히는 작은 등불이 됩니다.

작은 일에도 감사하는 마음은 마음의 평화를 가져오며,

역경 속에서도 흔들리지 않는 내면의 힘을 길러줍니다.

결국 감사는 우리를 단순히 견디게 하는 도구가 아니라,

역경을 뛰어넘어 삶의 의미와 가치를 재발견하게 하는 열쇠입니다.

고난의 순간에도 감사의 마음을 지닌 사람에게,

어둠은 빛으로, 좌절은 성장으로 변합니다.

역경의 서문

"인생은 때로 예상치 못한 시련과 역경으로 우리를 시험한다.

하지만 역경 속에서도 감사의 눈을 잃지 않는 사람은

고난을 단순한 불행으로만 받아들이지 않고, 성장과 배움의

기회로 바꿀 수 있습니다.

감사는 고통 속에서도 희망을 발견하고,

절망의 그림자를 밝히는 작은 등불이 됩니다.

작은 일에도 감사하는 마음은 마음의 평화를 가져오며,

역경 속에서도 흔들리지 않는 내면의 힘을 길러줍니다.

결국 감사는 우리를 단순히 견디게 하는 도구가 아니라,

역경을 뛰어넘어 삶의 의미와 가치를 재발견하게 하는

열쇠가 됩니다.

고난의 순간에도 감사의 마음을 지닌 사람에게,

어둠은 빛으로, 좌절은 성장으로 변합니다."

"삶은 축제가 아니라 역경이다."

조지 산타아냐(George Santayana, 스페인계 미국철학자, 작가, 시인, 인식론의 대표작 'The Life of Reason' 저자, 명언작가)

⋯⋯⋯⋯⋯⋯⋯⋯⋯⋯⋯⋯⋯⋯⋯⋯⋯⋯⋯⋯⋯⋯⋯⋯⋯

"불평은 희망을 마르게 하고, 감사는 희망을 피운다."

마틴 루터 킹 주니어(Martin Luther King Jr. 미국목사, 인권운동가)

1. "불행이 묻습니다. '얼마나 가졌나?', 행복이 묻습니다. "얼마나 감사하니?"

데이비드 소퍼(Dr. David Soper,미국. 목사,'신을 피할 수 없다' 저자.)

2. "지나친 욕심은 버리고 항상 자신의 현재 상황에 대해 감사하는 마음을 가져라."

슈린(Shurin, 중국, 하버드대 긍정심리 교수, 인기 작가, 탈벤 사흐르 교수 제자)

3. "과도한 걱정은 창의력을 발휘하는 데 걸림돌이 될 뿐만 이다."

엘리J. 젤렌스키(Ernie J. Zelinski,미국. 베스트셀러 작가이자 강연자)

4. "감사는 감사의 열매를 맺고, 불평은 불평의 열매를 맺는다."

루이스 헤니(Louis Henny,미국. 작가.)

5. "우리는 불평을 갖기 때문에 불평을 말하게 되는데, 모든 것을 참고, 감사하면 불평은 없어진다."

헬렌 켈러(Helen Keller,미국. 시각 및 청각 그리고 언어의 장애를 극복한 교육자, 작가, 사회운동가로, 장애인 권리 향상에 기여)

6. "감옥과 수도원의 차이점은 두 곳이 '고립, 무원'은 비슷하나, 단지 불평하느냐 감사 하느냐의 차이다."

데이비드 소퍼(Dr. David Soper,목사. '신을 피할 수 없다' 저자.)

7. "인생에 불평, 불만의 마음가짐보다 감사하는 마음가짐에서 얻는 이익이 아주 크다는 값진 교훈이다."

콜린 파월(Colin Powell 미국. 최초의 아프리카계 국무장관으로, 군인 출신 정치인)

8. "불행할 때, 감사하면 불행이 끝나고, 형통할 때, 감사하면 형통이 연장된다."

스펄전(Charles H. Spurgeon, 19세기 영국. 침례교 목사, 설교가, 작가.)

9. "미래의 어느 때에 불행해질 것이라고 해서, 지금 불행해 하는 것은 진실로 어리석은 일이다."

대니얼 카너먼(Daniel Kahneman, 이스라엘계 미국. 심리학자, 노벨경제학상 수상자, 행동경제학의 창시자)

10. "과도한 걱정은 창의력을 발휘하는 데 걸림돌이 될 뿐만 아니라, 우리의 목표와 희망, 열망, 꿈, 생산성 모두를 좀먹기도 한다."

엘리J.젤렌스키(Ernie J. Zelinski,미국. 베스트셀러 행복의 작가, 강연자,)

11. "희열의 순간은 언제나 불행하다고 느낄 때 온다. 그 순간이 어려움은 추진력이 되어 시련을 박차고 나갈 올바른 해결책을 찾게 해준다."

스코트 펙(M. Scott Peck, 미국. 정신과 의사, 작가, 『The Road Less Traveled』 등의 저서, 자기계발과 심리학)

12. "왜 호랑이를 만들었나 신께 불팽하지 말고, 호랑이에게 왜 날개를 달지 않은 것에 감사하라."

인도 속담(Indian Proverb)

13. "한 가정의 부부가 이혼 시에는 감사의 대화가 없을 시는 94%가 이혼 결정자이다."

존 카트맨(John Cartman, 미국 심리학 교수)

14. "스스로 노력하지 않아도 모든 욕망이 완전히 충족되고 아무런 희망이나 욕망, 투쟁 없이 사는 것보다 인간에게 더 큰 저주는 없을 것이다."

새무얼 스마일스(Samuel Smiles, 1 9 C. 스코틀랜드. 작가, 개혁가, 『Self-Help』 저서, 자기계발 운동가.)

15. "미래 어느 때에 불행해질 것이라고 해서, 지금 불행해 하는 것은 진실

로 어리석은 일이다."

세네카(Seneca, 기원전 로마. 철학자, 사상가, 스토아 철학을 대표)

16. "감사와 불행은 동시에 느낄 수 없는 것이다."

톰 코스타(Tom Costa, 미국. 작가)

17. "당신이 감사하는 마음을 가지지 않게 된다면, 당신은 곧 모든 것에 대해 불행하기 시작될 것이다."

토마스 머톤(Thomas Merton, 미국의 트라피스트 수도사이자 작가로, 영성과 사회 정의에 대한 저술)

18. "이것을 기억하라. 장미에 가시덤불이 있다는 것에 대해 불평할 수도 있고 가시덤불에 장미가 있다는 것에 대한 감사할 수도 있다는 것이다."

알폰수 카(Alphonse Karr, 19C. 프랑스. 소설가, 언론인, 풍자로 유명.)

19. "늘 모든 일에 감사하게 되면 우리의 근심, 걱정도 풀린다."

존 템플턴(John Templeton, 영국계 미국. 투자자, 자선가, 템플턴 재단 설립, 과학과 종교의 융합을 추구.)

20. "불평은 눈을 멀게 하고, 감사는 마음을 열게 한다."

엘리자베스 길버트(Elizabeth Gilbert, 미국. 작가, '먹고 기도하고 사랑하라' 저자.)

21. "불행한 일들이 일어나지 않았다는 이유만으로도 축복인 것들을 매일 떠올리면 삶 속에서 늘 감사가 끊이지 않으리라."

M.J. 라이언(M.J. Ryan, 미국. 언론인, '감사의 태도' 저자, 감사와 긍정적인 삶 강조.)

22. "이혼하려는 부부에게 이를 막으려 하면, 감사라는 사랑과 존경을 실천하려는 원동력이 필요하다."

존 카트만(John Cartman,미국. 심리학 교수. ‘결혼을 성공하거나 실패하는 이유’저자.)

23. “진정한 여행이란 새로운 풍경을 찾는 것이 아니라, 새로운 눈을 가지는 것이다.”

마르셀 프루스트(Marcel Proust,프랑스. 소설가, ‘잃어버린 시간을 찾아서』 저자.)

24. “조금도 위험을 감수하지 않는 것이 인생에서 가장 위험한 일인 것이라 한다.”

오프라 윈프리(Oprah Winfrey,미국. 방송인, 배우,자선가,‘The Oprah Winfrey Show’를 통해 대중적인 인기)

25. “사소한 불행에 인생을 내어주지 마라.”

요한 크라우네스(Johann Kraunes,스토아파 철학자,‘사소한 불행에 인생을 내어 주지 마라’ 저자.)

26. ‘준비에 실패라는 것은 실패를 준비하는 것이다.”

데일 카네기(Dale Carnegie,미국. 작가, 강연자, 『How to Win Friends and Influence People』 등의 자기계발서를 저서 집필.)

27. “아무것도 하지 않는 사람보다, 차라리 실패하는 사람이 일보 전진 한다.”

알랭(Alain, 프랑스. 철학자, 수필가.)

28. “사람들은 언제나 단순한 진리를 외면하고 복잡한 거짓을 믿는다.”

알베르 카뮈(Albert Camus,프랑스. 철학자, 소설가, 『이방인』, 『페스트』 저자.)

29. “우리는 고생을 각오해야 할 것이다. 신앙을 통해 행복이란 고통이 수반되어 완성된 걸작이다.”

니커러스 케이턴(Nicholas Keaton,미국. 행복 저서의 저술가.)

30. "불평을 멈추는 순간, 당신은 감사의 첫걸음을 내딛는 것이다."

월 보웬(Will Bowen,미국. 목사, 작가, '불평 없는 세상' 저자)

31."감사는 가진 것을 축복으로 만들고, 불평은 그것마저도 앗아간다."

멜로디 비티(Melody Beattie, 미국, 자기계발 작가, '코드펜던시 No More' 저자)

32."감사는 불평이라는 습관을 바꿔주는 최고의 훈련이다."

캐롤라인 리프(Caroline Leaf, 남아프리카공화국, 신경과학자)

33."불평은 상황을 바꾸지 못하지만, 감사는 마음을 바꾼다."

로이 T. 베넷(Roy T. Bennett, 미국, 작가, '긍정의 힘' 시리즈 저자)

34."불만은 무지의 소리요, 감사는 깨달음의 언어다."

루마 다스(Ram Dass, 미국, 심리학자, 영적 지도자)

35."세상을 탓하지 말고, 감사를 연습하라. 그것이 진짜 자유다."

바이런 케이티(Byron Katie. 미국, 강연가, 자기성찰법 'The Work' 창시자)

36."작은 일에 불평하지 말고, 그 작은 일에도 감사해보라."

오프라 윈프리(Oprah Winfrey, 미국, 방송인,기업가, 자선가).

37."불평은 어두운 구름이고, 감사는 그 구름 뒤의 햇살이다."

톰 크라우더(Tom Krause,미국, 동기부여 연설가, 교육자)

38."불평하는 입을 닫을 때, 비로소 마음의 귀가 열린다."

노자,(Laozi, 중국, 철학자, 도가사상 창시자)

39."불평은 문제를 확대시키고, 감사는 해결을 부른다."

   존 맥스웰(John C. Maxwell, 미국, 리더십 전문가, 작가)

40."우리는 늘 없는 것을 말하지만, 정작 있는 것에 대한 감사는 잊는다."

   헬렌 켈러(Helen Keller, 미국, 교육자, 작가, 시청각 장애인 권리운동가)

41. "불평은 입버릇이고, 감사는 마음 버릇이다."

   짐 론(Jim Rohn, 미국. 사업가, 자기계발가, 강연가.)

42. "감사는 결핍을 풍요로 바꾸는 언어다."

   도로시 네이더스(Doris Day, 미국, 배우, 가수)

43. "불평은 나를 약하게 만들지만, 감사는 나를 다시 일으킨다."

   브렌 브라운(Brené Brown, 미국. 감사 연구자, '취약성의 힘' 저자)

44. "불평 대신 감사로 응답하라. 그것이 마음의 평화를 부른다."

   틱낫한(Thich Nhat Hanh, 베트남. 불교 명상가, 평화운동가.)

45. "불평은 현재를 도둑질하고, 감사는 현재를 축복한다."

   브렌던 버처드(Brendon Burchard, 미국. 자기계발 강사, 작가)

46. "감사는 고요함의 시작이다. 불평은 소란의 씨앗이다."

   수잔 제퍼스(Susan Jeffers,미국. 심리학자, '두려움을 넘어' 저자)

47. "불평하는 대신 감사하면, 당신의 에너지가 달라진다."

   로빈 샤르마(Robin Sharma, 캐나다. 자기계발 작가, '리더는 마지막
   에 먹는다' 저자)

48. "감사는 결핍을 수용하는 능력이다."

칼 로저스(Carl Rogers,미국. 심리학자, 인본주의 상담 창시자)

49. "감사는 마음의 소란을 잠재우는 최고의 약이다."

에디 힐섬(Etty Hillesum,네덜란드. 작가, 유대인 일기 작가)

50. "불평은 삶을 더 나아지게 하지 않는다. 감사는 삶을 향상시킨다."

조이스 마이어(Joyce Meyer), 미국의 기독교 작가, 방송 설교가)

51. "감사하는 마음을 가진 사람은 시련을 극복하고 행복해 질 수 있다."

탈벤 샤흐르(Tal Ben Shahar.이스라엘계 미국. 하버드대 긍정심리교수, 작가)

52. "감사에는 상한 것을 치유하는 위력이 있다. 감사는 절망의 순간에 희망을 비춘다. 감사는 역경에 대처하는데 도움이 된다."

R. 이먼스(Robert Emmons.미국 심리학자, 'Thanks'저자, 감사 연구의 권위자)

53. "위기가 지난 후, 서로 감사하는 시간을 가지면 위기가 기사회생의 기회로 바뀐다."

키라 뉴먼(Kira Newman.미국. 'GGGS' 매거진 편집인)

54. "화 나고, 우울하고, 불안하고, 외로울 때, 가장 좋은 방법은 사소한 일에도 감사하는 마음입니다."

나태주(Na Tae Joo, 한국. 시인,초등학교 선생,교장,'감사노트'저자)

55. "암초를 벗어나려면, 신을 찾되 열심히 노를 저어야 한다."

인도 속담(indian Proverb)

56. "실패한 고통보다 최선을 다하지 못했음을 깨닫는 것이 몇 배는 고통스럽다."

앤드류 매투스(Andrew Matthews.호주. 작가, '행복을 그리는 철학자')

57. "스스로 감사할 줄 아는 마음을 가져라. 그러면 삶은 더 크고 긍정적인 차원으로 옮겨갈 것이다."

조 디스펜자(Joe Dispenza.미국. 신경과학자, 작가)

58. "임종 시, 가장 후회하는 말은 '사랑하는 사람에게 고마워요(Thank you!)'라고 말하지 않았던 것이다."

오쓰 쉬피치(Otsu Shibata.일본. 요양원 의사, 작가)

59. "우리가 태어났을 때, 우리는 울었고 세상은 기뻐했다. 우리가 죽을 때는 세상이 울고 우리는 기뻐할 수 있는 그런 삶을 살아야 한다."

화이트 엘크(White Elk.미국. 인디안 원주민 지도자)

60. "네가 평생을 바친 것이 무너지는 것을 보고도 낡은 연장을 집어들고 다시 세우려는 의지가 있다면 비로소 너는 어른이 된 것이다."

키플링(Rudyard Kipling.영국. 작가, 시인)

62. "나는 귀머리가 된 것이 감사합니다. 왜냐하면 주변 잡소리가 들리지 않으니까 좋습니다."

토마스 에디슨(Thomas Edison.미국. 발명왕, 기업가)

63. "혼신의 힘을 다해 장애물을 넘는다면, 나머지는 저절로 해결된다."

노먼 빈센트 필(Norman Vincent Peale.미국. 목사, 긍정적 사고 운동가)

64. "이루어가고 넘어지고 만나러 가는 그 모든 과정이 감사합니다."

고도원 (Do Won-Go. 한국. 작가, 대통령 연설 전문가, 강사)

65. “우리는 얼마나 많은 감사와 행복의 조건에 살고 있다. 나의 역경 때문에 나 자신, 나의 일을 발견하여 감사하다.”

헬렌 켈러(Helen Keller.미국. 사회사업가, 저자, 시각 청각 언어 3중 장애 극복자)

66. “잃은 것, 없어진 것을 한탄할 것이 아니라, 남아있는 것을 헤아려 감사하라.”

헤럴드 러셀(Herald Russell.미국. 작가, 장애 극복 운동가)

67. “어려운 일을 만났을 때에는 우선 감사할 만한 것을 구하여 그것에 대해 정직하게 감사하라.”

칼 힐티(Carl Hilty.스위스. 법률가, 철학자)

68. “시련이 아무리 크다 할지라도 구원받은 하나님의 백성들은 감사할 이유를 언제나 발견할 수 있다.”

빌립 E. 하워드(Philip E. Howard, 미국. 신학자)

67. “질병, 장애 혹은 끔찍한 상실과 같은 살면서 겪을 수 있는 가장 나쁜 일과 마주했다 하더라도 언젠가는 새로운 이해, 새로운 연결 그리고 새로운 관계가 새로운 감사가 찾아온다.”

하워드 마틴(Howard Martin.미국. 작가, 목회자)

68. “위기는 삶을 정화시킨다. 당신은 위기 속에서 진정한 자신의 모습을 발견하면서 감사하는 사람이다.”

앨런 K. 차머스(Allen K. Chalmers.미국. 상담가)

69. “유럽의 청교도들이 고통스러운 180톤의 작은 배를 타고, 험난한 3개월 동안의 대서양 항해 도중에 단 한 명도 신대륙에서의 ‘신앙의 자유’를 포기하고 뒤돌아가자고 하는 사람이 없었음을 감사합니다.”

미국 청교도 감사문(American Puritan Thanksgiving)

70. "나는 나의 두 아들을 총살 시킨 공산주의자 원수를 회개시켜 내 아들을
만들어 상고하는 사랑을 주신 하나님께 감사합니다."

손양원(Son Yang won,한국. 순천 애향원목사, 항일운동가)

71. "하나님은 그대를 억누를 때, 하나님께 감사하라. 그리고 하나님이 그를
다시 해방할 때, 하나님께 감사하라."

괴테(Johann Wolfgang von Goethe.독일. 문학의 상징, 시인, 철학자)

72. "역경을 당할 때, 그런 때에는 우선 감사할 만한 것을 구하여 그것에 대
해 정직하게 감사하라."

칼 힐티(Carl Hilty.스위스의 사상가,법률가.행복론 저자)

73. "역경을 극복하는 것이 성공을 이루어 낸다."

라요스 코슈터(Lajos Kossuth. 헝가리. 독립운동가)

74. "삭막한 사막이 아름다운 것은 그것이 어디엔가에 우물을 감추고 있기
때문이다."

앙투안 드 생텍쥐페리(1 9 4 3 년 저서 『어린 왕자』 중에서)

75. "적은 것에 감사하지 않는 사람은 많은 것도 감사하지 않는다."

에스토니아 속담(Estonian Proverd)

76. "나는 역경에 감사한다. 그 역경 때문에 나 자신, 나의 일, 나의 하나님을
발견했기 때문이다."

헬렌 켈러(Helen Keller,미국. 3중 장애자 수필가, 사회사업가, 서술
가, 자선가)

77. "나는 오늘 죽을지, 내일 죽을지 모른다. 그러나 오늘 내가 살아 있다는
것 자체만으로도 하나님께 감사합니다."

　　스티븐 호킹(Stephen Hawking.영국. 이론물리학자)

78. "어둠이 있어야 별이 빛난다. 고통이 있어야 감사할 수 있다."

　　헬렌 켈러(Helen Keller.미국. 청각·시각,언어 장애자, 장애인 권리운
　　동가, 작가)

79. "시련은 우리를 연단 시키고, 감사는 우리를 강하게 만든다."

　　루이스 하우스톤(Lewis Houston.미국. 목사, 작가)

80. "감사는 고난을 통과하는 빛과 같다."

　　도로시 데이(Dorothy Day.미국. 사회운동가, 작가)

81. "고난은 우리의 마음을 정화시키고, 감사는 그것을 채운다."

　　마틴 루터(Martin Luther.독일. 신학자, 종교개혁자)

82. "실패했을 때, 감사할 줄 아는 사람만이 다음 성공을 준비한다."

　　데일 카네기(Dale Carnegie.미국. 자기계발 작가)

83. "역경 속에서도 작은 행복과 감사의 씨앗을 찾아라."

　　틱낫한(Thich Nhat Hanh.베트남. 승려, 평화 운동가)

84. "죽음은 삶의 끝이 아니라, 감사할 기회의 또 다른 시작이다."

　　레프 톨스토이(Leo Tolstoy.러시아. 소설가, "전쟁과 평화, 부활")

85. "가장 깊은 상처는 가장 큰 감사로 치유된다."

　　오프라 윈프리(Oprah Winfrey.미국. 방송인, 자선가)

86. "시련은 감사할 수 있는 새로운 길을 보여준다."

  토니 로빈스(Tony Robbins.미국. 동기부여 연설가)

87. "감사는 역경을 견뎌내는 영혼의 힘이다."

  엘리 위젤(Elie Wiesel.루마니아. 출신 미국 작가,홀로코스트생존자
  노벨평화상)

88. "후회하지 말고, 감사하며 앞으로 나아가라."

  에크하르트 톨레(Eckhart Tolle, 독일출신,미국. 영성 작가)

89. "어두움 속에서도 감사의 빛을 발견하라."

  마야 안젤루(Maya Angelou.미국. 시인, 활동가)

90. "감사는 삶의 고통에 대한 최고의 대응이다."

  빅터 프랭클(Viktor Frankl.오스트리아. 신경정신과 의사, 로고테라피
  창시자, '죽음의 수용소에서',저자)

91. "어려움을 겪으면서도 감사하는 마음이 평화를 가져온다."

  달라이 라마(Dalai Lama.티베트 불교 지도자)

92. "우리의 시련은 우리가 될 사람을 만든다. 감사는 그 길을 밝힌다."

  엘렌 굿맨(Ellen Goodman,미국. 칼럼니스트)

93. "역경을 맞이할 때, 감사하는 마음이 우리를 자유롭게 한다."

  헨리 데이비드 소로(Henry David Thoreau.미국. 자연주의 사상가,
  작가)

94. "삶이 끝날 때, 감사하는 마음만이 우리를 영원으로 데려간다."

  시드니 스미스(Sydney Smith.영국. 작가, 신부)

95. "죽음 앞에서도 감사는 가장 강력한 용기이다."

스티븐 호킹(Stephen Hawking, 영국. 이론물리학자

96. "실패하는 법을 배우라, 아니면 배우는데 실패할 것이다."

탈벤 사흐르(Tal.Ben. sahr,이스라엘 출신,미국. 하버드대 긍정심리학
교수, '해피이어' 저자)

97. "감사할 때, 우리는 상처를 받더라도 사랑하는 용기 있는 사람으로 변
할 수 있다."

M.J. 라이언(M.J. Ryan.미국. 방송인, 작가, '감사' 주제 저술가)

98. "나는 죽는 순간 기도가 '제발'이 아니라, '고맙습니다'가 되어야 한다.
마치 남의 집을 떠날 때, 어려운 중에 초대 해주신 주인에게 고마움의 인
사를 반드시 하듯이 받아드리라."

애니 딜러드(Annie Dillard, 미국.소설가,비평가,문화아카데미상 수상)

99. "타인의 은혜에 감사할 줄 아는 마음, 그것은 건실한 인간의 첫 번째 조
건이다."

괴테(von Goethe,독일. 대표 문학자, 시인, 소설가, 고전주의 철학자,
과학자, '파우스트','젊은 베르테르의 슬픔'저자,1749.8.28.-1832.3.22)

100. "서양 묘비 명의 첫째 줄, '나도 전에는 당신처럼 그곳에서 그렇게 서 있
었소.' 둘째 줄. '나도 전에는 당신처럼 그곳에서 그렇게 웃고 있었소.' 마
지막 세 번째 줄, '이제 당신도 나처럼 죽을 준비를 하세요!!'"

장보연 교수(Jang bo yhun,서울대 컴퓨터학,죽음 앞에서 겸손하라에서)

101. "하나님께서 그 사람에게 말했다. '어리석은 사람아! 오늘 밤 네 영혼
을가져갈 것이다. 그러면 네가 준비한 것을 누가 가겠느냐? 이런 사람은
자신을 위해 재물을 쌓고 하나님께 대하여 부요하지 못한 사람이다."

예수(Jesus, 쉬운성경: 누가복음 12장 20-21절, 어리석은 부자의 비유
중에서)

102. "그 어떤 환경 가운데서도 감사와 찬양을 드리면 하나님께서 그 절망의
감옥을 무너뜨려 주시고 고통의 쇠사슬를 풀어주십니다."

최종태 (mission world.net.미션 월드넷, 목사. 극동방송)

103. "세상이 혼란스러울수록 내면의 삼독(탐욕, 성냄, 어리석음)을 내려놓은
지혜가 필요하다. 나를 비운 자리에 이웃을 향한 감사와 작은 나눔을
채운다면 우리 사회는 한층 더 밝아질 것이다."

법안스님(Monk Beop-an, 충남 논산 안심정사 회주)

104. "무슨 일이 잘 안 되고 역경에 처해도 감사하는 사람이 있습니다. 이런
감사가 가장 고차원적인 감사입니다.

오성용 (Oh Seong -Yong, 담임목사. 인천 서부교회 주보에서)

105. "결코 넘어지지 않는 것이 아니라 넘어질 때마다 일어서는 것, 거기에 삶
의 가장 큰 영광이 존재한다.

넬슨 만델라(Nelson Mandela,남아프리카. 사회운동가.세계 최초 흑
인 대통령, 노벨평화상 '자유를 위한 긴 여정'저서)

106. "많은 실수, 큰 실수 없이 위대해진 사람은 없다."

윌리엄 E. 글래드스턴(William E. 글래드스톤, 영국.19C 총리,자유주
의,평화주의 신봉자)

107. "결코 포기하지 말라! 실패하고 거부당하는 것이야말로 성공으로 가는
유일한 첫 걸음이다.

지미 발바노(Jimmy Valvano, 미국. 농구선수, 코치, 방송인,'포기하지
마세요'연설문,암으로 사망)

108. "최고의 교훈은 과거의 실수로부터 배울 수 있다. 과거의 잘못은 미래의 성공을 위한 지혜가 된다."

데일 테너 (Dale Tenor, 미국. 박사의 최고의 교훈)

109. "실수조차도 가치있는 성과를 얻는 데 필수적인 것으로 드러날 수 있다. 할 수 있다고 믿든, 할 수 없다고 믿든 믿는대로 될 것이다."

헨리 포드(Henry Ford, 미국. 자동차 기술자, 포드 자동차 회사 건립자,대량생산의 시스템화)

110. "인간은 무언가가 목표에 불을 당겨주면 불가능도 가능하게 하는 그런 존재다."

장 드 라 퐁텐(Jean De la Fontaine,프랑스. 시인,'토끼와 거북이,우화,누가 가장 큰 죄를 지었나?'저서)

감사 유전자 CD38

"감사유전자 CD38"이란 무엇인가?

우리 몸에는 약 2만 3천 개의 유전자가 있는데,

그중 CD38 유전자는 "감사의 유전자"라고 불립니다.

우리 인체 속의 유전자 CD38은 미국 보스톤 다나페이버 암센타

E.L. 레인헤르츠(Reinherz)박사 연구팀에서 1980년에 최초로 발견하였습

니다. 이 유전자 CD38은 단순한 이름이 아니라,

우리 몸속 세포의 표면에 있는 단백질을 만드는 유전자로,

사람의 감정·사회성·신뢰감과 깊은 관련이 있습니다.

이 유전자가 하는 일은 '옥시토신(oxytocin)'이라는 호르몬을

활성화 시키는 것입니다.

옥시토신은 흔히 '사랑의 호르몬', '신뢰의 호르몬'이라고 부르며,

타인에게 친밀감과 공감, 감사의 마음을 느끼게 해 줍니다.

즉, 감사 유전자로 알려진 CD38이 활발히 작동하면

우리는 더 따뜻하고 감사한 감정을 잘 느낄 수 있게 되는 것입니다.

하버드대학교와 버지니아대, 그리고 일본 도호쿠대 등의 연구에 따르면,

이 CD38의 감사유전자가 잘 작동하는 사람은 감정 조절 능력이 뛰어나고,

타인과의 관계에서 신뢰와 긍정성을 잘 유지합니다.

아울러, 하버드대는 다이어트 효과, 버지니아대에서는 건강수명의 장수에 영향

을 준다고 한다.

반면, 이 유전자의 활동이 약하면 불안, 외로움, 분노를 더 쉽게 느낀다고 합니다. 흥미로운 점은, 감사하는 습관이 CD38 유전자의 활동을 높일 수 있다는 사실입니다.

'감사합니다, 고맙습니다'라는 말을 자주 하고, 좋은 일을 떠올리며 감사일기와 감사편지를 쓰는 행동이 실제로 우리 뇌의 호르몬 시스템을 자극해 감사유전자 CD38의 발현을 증가시킨다고 합니다.

즉, 유전자는 타고나는 것만이 아니라 마음의 태도와 생활 습관으로 변화시킬 수 있는 것입니다.

결국 "감사유전자 CD38"은 생명과학적으로도 감사하는 마음이 건강과 행복을 만든다는 사실을 보여주는 증거입니다.

과학이 밝혀낸 이 유전자는 인간이 서로를 사랑하고 돕는 이유를 설명해 주는 생명의 언어이기도 합니다. 감사는 단순한 예의가 아니라 우리 몸이 건강하고 마음이 따뜻해지는 자연의 법칙입니다.

'감사유전자 CD38'는 그 놀라운 비밀을 품은 유전자, 곧 인간다움의 과학적 증거입니다.

#참고 도형 : "감사유전자 CD38"의 구조모형과 개념적 다이어그램

A.. 단백질 3D 구조 : CD38의 외부도메인 구조가 리본 형태로

 표현된 모형이미지로 보입니다. (맨 아래 2도형상)

__(성경, 데살로니카전서 5장18절(Korean KRV.).

 <범사에 감사하라. 이는 그리스도 예수 안에서 너희를 향하신 하나님의 뜻

이니라.>

 (In every thing give thanks: for this the wil of God inChrist Jesus

 concering you)

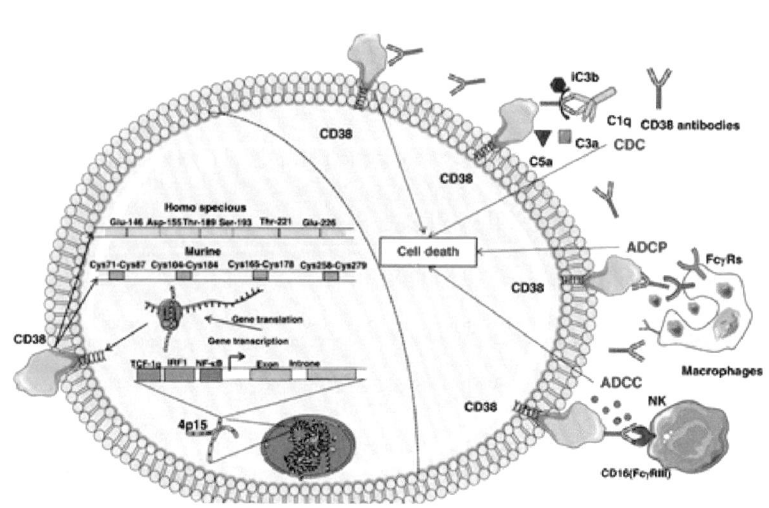

〈감사유전자 CD38 확대도형임〉

371.END